U0584267

国家社会科学基金重大项目"《张伯驹全集》
编纂与研究"（22&ZD277）阶段性成果

张伯驹与文化名人

张恩岭◎著

河南人民出版社
·郑州·

图书在版编目(CIP)数据

张伯驹与文化名人 / 张恩岭著. — 郑州 ：河南人
民出版社, 2024. 6
ISBN 978 - 7 - 215 - 13326 - 6

Ⅰ. ①张… Ⅱ. ①张… Ⅲ. ①张伯驹(1898 - 1982)
- 生平事迹 Ⅳ. ①K825. 4

中国国家版本馆 CIP 数据核字(2023)第 069081 号

河南人民出版社 出版发行

(地址：郑州市郑东新区祥盛街 27 号 邮政编码：450016 电话：0371-65788053)

新华书店经销　　　　　　　　河南省四合印务有限公司印刷

开本　710毫米×1000毫米　　　　1/16　　　印张　16.25

字数　240 千字

2024 年 6 月第 1 版　　　　　　　　　2024 年 6 月第 1 次印刷

定价：48. 00 元

张伯驹与
文化名人

楼宇烈题

張伯駒（刘文清 绘）

张伯驹（刘文清　绘）

张伯驹与张大千（刘文清　绘）

张伯驹与潘素（刘文清　绘）

序

我已写过一部《张伯驹传》，现在又写了《张伯驹与文化名人》。我觉得，这部书是"张伯驹传"的另一种形式、另一种角度，内容当然也有很多不同的地方。

耿云志先生曾说过："一个人的思想的形成，其事业的成败利钝，都和他的人际交往有重大关系……所以，研究历史人物，要特别关注他的人际关系。找到这些关系，了解相关人物的主要经历，与研究对象交结的重要事实，了解其对研究对象的思想、活动及其事业之成败产生何种影响。"（耿云志《关于历史人物研究的若干问题》，载《史学理论研究》2020年第6期）因此，我写这部书的目的，就是想通过张伯驹与别人的交往，既从一个侧面展示那段历史的本来面目，展示张伯驹的生平事迹，又来展示张伯驹的胸怀与做人风范，以及这些人对张伯驹的影响，从而也帮助人们理解人生和人性。

那么，通过张伯驹与众多人物的交往，我们看到了什么呢？

我们看到了张伯驹的词作才华和智慧，看到了张伯驹的收藏情怀和业绩，看到了张伯驹京剧票友的逸闻和趣事，也看到了张伯驹那文人书画的风采与独特的风格。

当然，最主要的是我们更深切地理解了张伯驹是怎样一代名士，是怎样一个大写的人。具体说来，我们的感受就是：

张伯驹是一个最无私而善良的人；

是一个最真诚而天真的人；

是一个最纯粹而痴情的人；

是一个最任性而率真的人；

是一个最正直而热心的人；

是一个最老实而毫无心机的人；

是一个貌似冷漠而内心友好的人；

是一个天性豁达而乐天的人；

是一个无畏生死而执着的人；

是一个拥有民族大义、赤诚爱国的人。

冯其庸先生只用两句话，就形象地道出了张伯驹是一个"绝世天真绝世痴，心头郁郁唯情醇"的人。

而张伯驹的这些精神品格、为人处世的个性修为也一定会体现在他与人，特别是与朋友的交往中，这也是我编写这部书的初衷之一。同时，对于这部书所选取的每一个人物，我也争取尽量介绍一下他们的一些事迹，以展现其人生概貌与性格特点。

还需要说明的是，张伯驹一生交游甚广，朋友众多，但我所发掘的材料有限，一定还会有许多与他交往、情感甚深的人没有写到，如黄君坦、萧芳、启功、夏承焘、陈云诰等，这一切，只能寄希望于广大读者的帮助，待以后补充了。

同时，限于本人水平，书中缺点及不当之处，敬请读者、专家不吝指正。

张恩岭

2023 年 3 月

目　录
CONTENTS

　　章士钊是中国 20 世纪近百年历史中的一位风云人物。他是中国共产党的朋友、毛泽东的故交，是红色女外交家章含之的父亲、著名的外交部部长乔冠华的岳父。他一生跨越晚清、民国、新中国三个时期，驰骋于政、学两界。他既是孙中山的密友，也是陈独秀、李大钊的生死之交；既资助过毛泽东，也施教过蒋介石、张学良。他无党无派，亦官亦士，却是与国共两党都有密切关系的著名人士。同时他也是张伯驹的表兄和最亲近的朋友，是改变张伯驹晚年命运的关键人物。

兄弟加诗友

　　章士钊（1881—1973），字行严，号孤桐，湖南善化（今长沙）人。中国爱国民主人士、学者、教育家和政治活动家。曾任中央文史研究馆馆长，全国政协常委、全国人大常委会委员。

　　1920 年，毛泽东为组织革命活动以及一部分同志去欧洲勤工俭学，急需一笔数额较大的款项，在上海拜见章士钊，求予资助。章士钊当即在上海工商界名流中筹集了两万银圆，全部交给了毛泽东。新中国成立后，从 1963 年起，毛泽东特批每年归还 2000 元给章士钊，10 年还清。

　　抗日战争时期，他是国民参政会参政员，依然是国民党政府的座上宾。1945年抗战胜利后，毛泽东在重庆与蒋介石谈判期间，曾拜访章士钊。章写一个"走"字，并附耳向毛泽东说"三十六计，走为上"，劝毛泽东速离险境，毛泽东因而对章更存感激之心。

1951年，章士钊被聘为中央文史研究馆副馆长，1959年10月任馆长。中央文史研究馆是毛泽东亲自倡议设立的，其馆长、馆员均由国务院总理周恩来聘任。可见章士钊享受荣誉之崇高。

章士钊又是如何认识张伯驹并一生友情不渝呢？

原来，章士钊与张伯驹早年是有亲戚关系的，张伯驹喊章士钊为表姐夫，只是这亲戚有点拐弯儿。

先说章士钊，章士钊的原配妻子吴弱男，生于1887年，比章士钊小6岁，比张伯驹大11岁。吴弱男的父亲是与谭嗣同、丁惠康、陈三立等共称"清末四公子"的吴保初，祖父就是著名的淮军将领吴长庆。而吴长庆与袁世凯的养父袁保庆是结拜兄弟。早在1882年，袁保庆就把袁世凯托付给吴长庆。是年，袁世凯随吴长庆东渡朝鲜平叛，深得吴长庆赏识，袁世凯就把吴长庆认作恩公。因此，吴弱男就喊袁世凯为四伯。说起章士钊与吴弱男的结合，也挺有趣：20世纪初，章太炎、吴弱男、章士钊都在日本留学。章太炎看章士钊是个才子，便想拉他加入同盟会，无奈章士钊虽然也反清，但不愿加入任何党派。于是，章太炎就请吴弱男去说服章士钊。这样，日久生情，章士钊依然没有加入同盟会，却和吴弱男成了恋人，人们就嘲笑章太炎是"赔了夫人又折兵"。

再说张伯驹的姑母，也就是张伯驹父亲张镇芳的一位堂姐，嫁给了袁世凯的大哥袁世昌，这样，张伯驹就喊袁世凯为四伯，顺理，喊吴弱男为表姐。1909年，吴弱男与章士钊结为夫妻，吴弱男和章士钊都喊张镇芳为五舅。张伯驹时年12岁。

张伯驹和章士钊这个表姐夫就是这样认识的。

章士钊比张伯驹大17岁，当时正在英国留学。回国后，1922年便当上了北京农业大学校长，不久又任段祺瑞执政府司法总长兼教育总长。但最令张伯驹佩服的是，章士钊当时已是出名的才子，既擅书法，又工诗词、联语。

章士钊一生写诗达 70 年之久，写了 5000 多首诗词。有人评价章士钊是"近代诗坛上建立的一座无人跨越的丰碑"。潘伯鹰先生曾在《诗战中的章士钊》一文中说章士钊"作诗神态很有趣。往往坐在安乐椅上，手里拿了一支纸烟，仿佛闭目养神。不一刻，拿起笔来，一写就是十几首，或者几个朋友同在房间中吃茶谈天，他也听也谈。往往他只听不谈了，忽然跑到书桌前振笔疾书，一大篇古体诗便产生了。没有看见过他写诗的人，不会相信世上真有这样'会者不难'的事"。张伯驹此时也对诗词、联语、书法很感兴趣，所以常常向章士钊求教。

1923 年，张伯驹赴任陕西督军署参议兼驻京代表，在北京的时间就更多了。一次，张伯驹刚到章士钊家里，章士钊便拿出自己刚写的一首诗让张伯驹看。诗是这样的：

> 你姓胡，
>
> 我姓章；
>
> 你讲什么新文学，
>
> 我开口还是我的老腔。
>
> 你不攻来我不驳，
>
> 双双并坐，各有各的心肠。
>
> 将来三五十年后，
>
> 这个相片好作文学纪念看。
>
> 哈，哈，
>
> 我写白话歪诗送把你，
>
> 总算老章投了降。

张伯驹看了大笑，说："这哪里是诗啊，不是顺口溜吗？你老兄不是反对白话文吗，怎么就轻易投降了呢？"于是，章士钊解释了写这一白话诗的原委，说是一次宴会上见到了胡适，饭后合了影，这首诗就是写在照片后面的。章士钊说着，又把胡适的和诗拿给张伯驹看，和诗是：

但开风气不为先，龚生此言吾最喜。

同是曾开风气人，愿长相亲不相鄙。

张伯驹看了点点头，说："胡适先生的胸怀还是蛮宽厚的嘛。"说罢，二人大笑。

不久，章士钊又在《甲寅》月刊上发文反对新文化运动。《甲寅》的封面画有一虎，于是人们又称章士钊为"老虎总长"。一次，张伯驹又去章士钊家里，章士钊递给张伯驹一期《甲寅》，张伯驹看了几页，说："我就知道你这'老虎总长'会反叛的，又反对白话文了不是？"章士钊听后大笑。

1929年，吴弱男与章士钊分手，带着三个儿子在欧洲定居。此事虽令张伯驹感到无奈和惋惜，但并没有怎么影响到他和章士钊的关系。

1943年，张伯驹和潘素在重庆时，潘素画有一幅《雪峰图》，为其题咏者凡数十家，当时文坛耆宿莫不赞赏。章士钊题词云：

太白山头雪未残，人间滋有几分寒。

未知粉本传神否，转地携将比并看。

分妙处，到毫端，冰心一片在壶边。

更夸夫婿工词笔，已遗张炎号玉田。

1973年5月，章士钊不顾90多岁的高龄，前往香港为祖国和平统一事业而奔忙，7月1日，最终在香港病故。就在此前的4月1日，吴弱男在上海去世。这一对曾经的夫妻同年谢世，何其哀也，令人叹惋。

传承文化乐趣多

在章士钊和张伯驹的交往中，让张伯驹记忆最深且得意的一件事是，

1937 年张伯驹庆寿演出《失空斩》(亦称《空城计》) 时，章士钊写了一首小诗，张伯驹一生都没忘记其中的两句。

这场戏是张伯驹平生最看重的一件事。因为在这场演出中，张伯驹自饰主角诸葛亮，其他配角则由清一色的京剧泰斗或大腕饰演，例如须生泰斗、张伯驹的老师余叔岩饰演王平，武生泰斗杨小楼饰演马谡，杨宝森饰演张郃，可谓名家荟萃，都来捧场，所以当时平、津、沪等地的戏剧画报都称这场演出是"此曲只应天上有，人间哪得几回闻"。

张伯驹早早邀请了章士钊前来观戏，且坐在头排。那一天的演出盛况空前。张伯驹虽然扮相、招式都不错，但就是嗓音不高，再加上掌声阵阵，喝彩声不断，他的唱腔就没人听清楚了。演出以后，章士钊当场给张伯驹作了一首打油诗："坐在头排看空城，不知守城是何人……"张伯驹闻听大笑，只是后来忘记了后两句，但就是这前两句，让张伯驹陶醉了一辈子，直到70 多岁时，还写了一首诗回忆：

羽扇纶巾饰卧龙，帐前四将镇威风。

惊人一曲空城计，直到高天尺五峰。

张伯驹和章士钊还都很喜欢一个活动，就是"打诗钟"。诗钟也属于中国韵文的一种，只是这种活动现在几乎失传了。打诗钟的过程是：每人事先在纸条上写好一字，然后将纸团起，杂放在一起，每人随意抓起两个，将二字嵌入自己将要创作的七言联中，嵌入第几个字，就称为几唱，且这两句诗要符合律诗要求，上下对仗，平仄相对，意义关联。同时，另置一铜盘，在铜盘上空悬一丝线，下系铜钱一枚，挨着丝线横置线香一根，燃着，等香烧到丝线时，线断钱落，掉在铜盘里发出响声，如同击钟。此时尚未作出一联诗的人就算输，或是罚酒或是请客，由众人事先议定。

诗钟还有许多格式，如"分咏格""集句分咏"等。张伯驹和章士钊都是打诗钟的行家，他们在一起打诗钟最为活跃的时候是 1956 年前后。那时候张伯驹住在后海南沿，章士钊、夏枝巢、黄君坦、萧劳、郑天挺等人常来张伯驹家一起打诗钟。他们常采用的格式是分咏格或集句分咏。分咏就是分别咏唱毫不相干的一人和一物，或毫不相干的两种物事，这人或物事就称为"钟题"。至于集句分咏，则是从古诗中找出两句，分别暗指钟题。

一次，他们抓取的钟题是"废园""月份牌"。由章士钊先咏，章士钊想了想，脱口而出："去无所逐来无恋；月自当空水自流。"大家一片叫好！是啊，月份牌就是日历啊，一张张翻过去，一张张迎过来。过去的日子没有追求，来到的日子也不留恋。"月自当空水自流"不就是没人管理的花园吗？可惜了月光流水，一天天美好的风景无人欣赏，当然是废园了。

轮到张伯驹了，他从容不迫，张口唱道："主人不在花长在；世事何时是了时。"然后顿了顿又道："集钱起、张继。"就是说，这两句诗，一句是钱起的诗句，一句是张继的诗句。大家又是一片叫好之声。这个难度，显然是超过了章士钊。"主人不在花长在"出自钱起《故王维右丞堂前芍药花开凄然感怀》，其中有两句是"主人不在花长在，更胜青松守岁寒"，张伯驹即以钱起这句诗来咏废园；"世事何时是了时"，语出张继《安公房问法》，其中有"流年一日复一日，世事何时是了时"之句。这两句诗显然与月份牌有内在的关联性，都是指日复一日没有终了的事情。

这一轮打诗钟结束，是张伯驹技高一筹，但中午仍然是张伯驹请客，只是让章士钊多喝了几杯。

过了一个月，大家又来到后海南沿张伯驹家里打诗钟。这一次由黄君坦拟写钟题，只见黄君坦慢悠悠抓出一把纸团，堆放在桌上，由两人各取一个，两个纸团打开后，竟然是"科甲翰林""聋子"。众人大笑，但笑过之后，都觉得这两个钟题有点难度，一个个面面相觑，左顾右盼。黄君坦说："这一次打诗钟限定集句分咏。"大家一听，知道是难上加难了。时间到了，每人咏出一联，轮到张伯驹时，他张口便道："一朝选在君王侧；终岁不闻丝竹声。"众人大笑，叫好！是啊，这两句诗全是白居易的诗句。"一朝选在君王侧"出自《长恨歌》一诗，原指杨贵妃一朝被选入宫，在这里大家明白，"科甲翰林"就是皇帝身边的近臣啊，也算贴题；"终岁不闻丝竹声"出自《琵琶行》一诗，原意是说浔阳地处偏僻，缺乏文化生活，更缺歌舞活动，用在这里是借用，一年到头听不到音乐的声音，那不就是聋子吗？

最后是章士钊吟咏。章士钊微微一笑，慢慢念道："高文大策人皆有；耳冷心灰百不闻。"大家一听，齐声叫好！"高文大策人皆有"是陆游《烟波即事》中的诗句，诗中有"高文大策人皆有，且听烟波十绝诗"之句。"高文大策"不就是指科甲翰林学问渊博吗？"耳冷心灰百不闻"出自苏东坡《赠孙莘老七绝》一诗，全诗是："嗟予与子久离群，耳冷心灰百不闻。若对青山谈世事，当须举白便浮君。"大家明白，"耳冷心灰百不闻"就是借指聋子。妙在最后两句诗有意思，"若对青山谈世事，当须举白便浮君"，多么符合大家聚会打诗钟的情形啊！人人会意，齐声叫好，一致评定章士钊胜出。章士钊非常高兴，端起一杯酒一饮而尽，十分爽快。

转眼到了1957年初春，除了打诗钟，章士钊又向大家建议成立北京韵文学会，并组织中国诗词研究社。因为章士钊、张伯驹深感社会上对传统诗词重视不够，更不用说打诗钟了，眼看着中国这一绝妙的文化传统就要失传了。于是，由张伯驹、叶恭绰等执笔，给周总理写了一封信，对中国古典诗歌的创作和继承提出了具体的看法和建议。这封信得到了周恩来的关注和肯定。大家一致推举章士钊任中国诗词研究社筹备会主席，张伯驹任副主席，郭凤惠为秘书，筹备活动开始运作。但不久，形势突变，反右派斗争在全国展开，成立中国诗词研究社的事也就不可能进行了。

大义智救张伯驹

世事沧桑，人生命运在风云激荡中沉浮。张伯驹在反右派斗争中被打成右派，失去了工作。

1961年，几年没有工作的张伯驹，因为吉林省艺术专科学校聘请他夫人潘素前去教学，便随妻子来到了长春，被安排到吉林省博物馆工作。

但是，张伯驹的好日子只有四五年的光景，"文化大革命"风暴骤起，张伯驹作为"摘帽"右派，自然又是在劫难逃，被打成了"现行反革命"。1970年被退职，下放到农村劳动，但农村不收，他只好随妻子再次回到北京。

但这一次回京，已不同于往日，他失去了工作，失去了户口，失去了工资，成了标准的"三无"人员，无处可住，也没饭可吃。这一遭遇是张伯驹从未经历过的，他彻底陷入了绝望的深渊。

一日，张伯驹忽然想起了他曾经的表姐夫、朋友章士钊。他知道章士钊一生为人真诚宽容，急公好义，乐于助人，且敢作敢为，从不迟疑。其时章士钊正任中央文史研究馆馆长。

人在孤独和困厄中，首先想到的是朋友，犹如在风急浪涌的茫茫大海里，看见了一座孤岛！

找到了章士钊，面前的张伯驹倒使章士钊大吃一惊：多年不见，哪里还是当年身板挺拔、面庞白皙、风流潇洒的张伯驹啊！过了国庆节，北京的天气已经很凉了，但张伯驹还穿着乡下人常穿的粗布夹衣，行动迟缓，已不见昔日风采。章士钊安排张伯驹吃了饭，便细问起这么多年的经历，张伯驹一一道来。章士钊听后便陷入了深思，他在心里盘算着：这样不行啊，一定要帮助张伯驹改变目前的处境。

天晚了，张伯驹起身告别，章士钊说："好吧，你先回去，让我想想，让我想想，过几天你再来一趟。"

嘤其鸣矣，求其友声。伸出援手，就是雪中送炭！

张伯驹走后，章士钊辗转反侧，久久难眠。他知道帮助张伯驹其实是很有风险的，因为张伯驹是敌我矛盾按人民内部矛盾处理的，帮助这样的人难免让人说政治立场不稳，也难起作用。但是，看着老朋友受难却袖手旁观，绝不是自己的行事风格！章士钊曾经对他的养女章含之说过："我希望你一生要与人为善，且莫加害他人，这是我一生信守的为人之道啊！"再说，张伯驹也真冤啊，明明是一心爱国，把自己一生倾家荡产收藏的文物无偿捐献给国家，却被打成右派，岂非咄咄怪事？管，一定要管，义不容辞！可是怎么管呢？章士钊想到了再给毛泽东写一封信的办法，可这办法有效吗？

忽然，章士钊眼前一亮，有了，自己不还是文史研究馆馆长吗，何不把张伯驹聘过来当文史馆馆员呢？想来想去，他决定让张伯驹给周恩来写一封信，然后再由他转交给周恩来，他相信周恩来是会过问的。

过了几天，张伯驹又来了，章士钊就和张伯驹商定，由张伯驹给周恩来写一封信，讲清楚目前的困难状况，请求解决问题。此信由章士钊代转，如周恩来对张伯驹问题作出批示，问题就好办了。于是，1971年10月26日，张伯驹写好了给周恩来的信，交给章士钊，请他代转。

章士钊看了张伯驹的信，不禁一阵紧张，他感到张伯驹在这封信中动了感情，委屈、愤懑之情溢于言表。信中说"溥溥大地，锥无可立"，这不是抱怨知识分子政策没有落实，自己到了无立足之地的地步吗？

信的最后又写道："章行严（士钊）先生卓著风义，笃念旧交，因托其转呈此函。毛主席对知识分子政策，不使其无生活出路，不使其有弃物弃材，用敢上陈下情，不胜屏营之至，函此，谨致。"

用这样的口气给总理写信且直接对知识分子政策未能落实表示不满，这在当时是非常危险的，会导致事情办不成，甚至再次招来批斗。但信中所显示出来的知识分子的风骨不正是自己欣赏的吗？张伯驹真是和自己彼此彼此，都是耿直敢言，不计后果的。

11月24日，章士钊瞅准了一个时机，也给周恩来写了一封信。他在信中说："张伯驹有函呈公，求为代陈，事具函内，不加赅缕，钊认为伯驹先生事紧迫，公如允中央文史馆馆员，即时发表，可免除该馆员其他一切困难，乞酌，张函附呈。"

周恩来收到章士钊和张伯驹的来信后，非常重视，因为他知道，没有迫切的事情，章士钊是不会张口的，遂于12月9日在章士钊的信上作了批示："张伯驹先生可否安置为文史馆员，望与文史馆主事者一商。"这种口气实际上就是让章士钊看着办。

章士钊根据批示精神，立即派人前往吉林了解张伯驹和潘素被辞职和下放的情况。12月29日，中央文史研究馆根据调查情况，撰写了《关于张伯驹政治历史情况的报告》。

当天，国务院的吴庆彤在报告上作了批示："同意张伯驹为中央文史馆馆员……"

隔了几天，已是1972年1月5日，中央文史研究馆拟出了聘书草样，等领导签字，再填写正式聘书发给张伯驹。而此时历史又演出了传奇性的一幕，竟将真实情况遮盖了。这就是民间传说的情况，说是 1972 年 1 月 10 日，毛泽东突然参加陈毅的追悼会，看到了张伯驹撰写的挽联，于是问张伯驹的情况，并安排周恩来关照一下。其实，之所以会产生这样的传说，只是因为聘任张伯驹的运作过程恰好在时间上与陈毅的追悼会巧合了。

当然，传说是美好的，群众津津乐道这样的传奇，心情是可以理解的，只是历史就是历史，我们了解真实的历史，才能获得历史的启示。有人说："凡是支付了高昂代价的历史事件，都不应该只是一道一抬腿就能跨过去的历史门槛。如果人们至多是像被绊了一跤，掸掸尘土，头也不回地就奔向前去，连一点真正的启示都没有得到，那么，历史岂不毫无意义了吗？"不错，历史，正是无数传记的结晶。张伯驹、章士钊，他们的命运和精神，给我们留下了深深的思考。

满怀深情悼孤桐

1972 年初，美国总统访问中国，中美关系出现了新的变化。1972 年下半年，章士钊产生了再去香港重新为祖国统一大业尽他最后一份力的念头。1973 年 5 月，毛泽东同意了他的想法，并安排周恩来做好章士钊赴港的一切工作。5 月中旬，章士钊启程赴港，一切顺利。章士钊赴港成了海峡两岸的轰动性新闻。可是，香港五六月的天气十分闷热，章士钊的住所在闹市区一幢楼房的底层，也没有花园可以透点新鲜空气。特别是室内的冷气空调，更让老人受不了。就这样，90 多岁的老人终因气候不适而于 7 月 1 日不幸去世。

7 月 11 日，章士钊的追悼会在八宝山革命公墓举行，毛泽东送了花圈。追悼会结束了，章士钊却永远孤独地留在了阴沉沉的骨灰堂大殿里。

相逢方一笑，相送还成泣！

张伯驹闻听章士钊遽然去世的消息后十分震惊而悲痛。他心里庆幸且感激他的老友在一年前帮助自己结束了颠沛流离的生活，像漂流无着的一叶小舟驶进了安全的港湾。想到这里，他不由提起笔来，填了一首词：

瑞鹧鸪

挽孤桐

云霄万里作神游，唔别缘悭不少留。座上光风忝骥尾，天南星宿望龙头。

捧觞寿满图犹在，击钵声沉烛已休。此去九原应一笑，伫看完璧整金瓯。

这首词的上片是说章士钊乘飞机直飞香港神游，但仅仅一个多月时间，就离开了人间，时间为什么这么吝啬，不肯多给一些啊，竟然不能唔老友一面。下片是回忆往昔和老友一起庆寿的热闹场景以及在一块打诗钟的欢快情景。如今老友为祖国统一大业而奔忙，不幸去世，那么，老友的心愿是不会落空的，祖国山河金瓯终有圆满的一天，以告慰老友的在天之灵。

时间到了第二年的清明，又是一个怀念先人和离世亲友的节日。张伯驹心里对老友的思念之情始终未能释怀，清明之际，他再次填词一首，遥祭孤桐：

瑞鹧鸪

甲寅清明遥祭孤桐

东华梦影旧同群，硕果于今独剩君。风势欲收山外雨，花光犹恋日边云。

堂空深柳莺仍在，楼倚高桐凤不闻。难挽客星天上云，垂纶终古几人文。

淡看世事去如烟，铭记恩情存如血！

这首词的上片是说清明时节，鲜花犹开，细雨纷纷，这个时候我想到老友，想到我们在北京的众多朋友，可以说一生卓越不凡、多才多艺、硕果累累之士就剩您章士钊一个人了。章士钊一生特立独行，是 20 世纪最杰出也是最富争议的风云人物，他交友遍天下。孙中山曾称赞他说："行严娇娇如云中之鹤，苍苍如山上之松……革命得此人，可谓万山皆响。"下片是写如今老友去世，风物依旧。章士钊一生十分推崇柳宗元，晚年著有《柳文指要》一书，这里的"堂空深柳莺仍在"，就是说《柳文指要》还在，但"孤桐"即章士钊这棵高大的梧桐树上，已没有凤凰来栖。如今您已去天上人间，像您这样的"垂纶"隐士，这样卓绝的民主人士，几百年来又有几人呢？

整首词可谓既对朋友之功业表现出极大的推崇之情，又对朋友的逝去流露出无限的叹息和怀念之情。

林语堂先生在其名著《京华烟云》第十三章中，描写过傅增湘先生："傅先生名叫增湘，消瘦，留着小胡子，可真是个想象高强才华出众的学者，他的两大癖好是游历名山大川，搜集并编辑古书，后来，他在大学讲版本学——他是公认的版本学的权威——坚持要躺在沙发上讲，学生们看着这位瘦高的老头，都怀有无限的敬意……"

要躺在沙发上讲课，的确是小说情景，但傅增湘实实在在是民国时期声誉卓著的一位大学者，一位曾任过民国教育总长的知名藏书家。

一见倾心忘年交

傅增湘比张伯驹大 26 岁，是上下两代人，他们是怎样结成忘年交的呢？还是先介绍一下傅增湘先生吧！

傅增湘（1872—1949），字沅叔，自署藏园居士、双鉴楼主人，四川江安人。傅增湘出身于书香门第之家，他和大哥、二哥三人先后进士及第，傅家就有了"江安三傅"之美誉。

傅增湘于 1898 年考中进士，并被选入翰林院为庶吉士，这一年张伯驹刚刚出生。1905 年，傅增湘在天津先后创建了女子公学、高等女学和女子师范，1917 年任民国教育总长。这时候，鲁迅正在教育部任佥事一职，相当于现在的一个处级干部。鲁迅曾在《谈所谓"大内档案"》一文中提及傅增湘："他是藏书和'考古'的名人。""F总长是深通'高等做官学'的。"这话听起来颇幽默,似乎含有微讽的意思。其实傅增湘并不深通为官之道,1919年5月初,五四运动爆发,傅增湘便因坚决反对解散北京大学、反对镇压学生运动和拒签罢免蔡元培北大校长的命令愤而辞职,教育总长总共当了一年多一点的时间,是一个很有气节的人。

傅增湘是出了名的藏书家,无论在藏书、校书方面,还是目录学、版本学方面,都堪称一代宗主。说起藏书的劲头,谁也比不上傅增湘,只要听说哪里有善本,他不惜跋涉千里,必求一得,倘若资金不够或主人不让,也必求一见。

但傅增湘最为人所称道的还是他是中国艺术界少有的伯乐,慧眼识才,发现并培养了当代文化艺术界两位顶尖级的大师。

第一位是国画大师徐悲鸿。傅增湘任教育总长时,徐悲鸿还未成名,为争取公费留学法国学画,徐悲鸿带着自己的作品拜访傅增湘。傅增湘并不认识徐悲鸿,但看了徐悲鸿的作品大加赞赏,表示要帮助徐悲鸿。但事与愿违,第一批留法公费名单公布出来,却没有徐悲鸿的名字,原因是名额被权势所占。傅增湘知道后气愤无比,可徐悲鸿却以为是傅增湘愚弄了自己,于是就写信严词诘问。傅增湘并不生气,决定第二批说什么也要帮助徐悲鸿。不久,第二批名单公布,徐悲鸿榜上有名。徐悲鸿这才知道傅增湘的一片苦心,于是亲自前往致谢。此后,双方成为挚友,徐悲鸿学成归国后,还专门给傅增湘先生画了肖像一幅。

另一位大师就是当代著名学者、书画家、文物鉴定家启功先生。当年正是傅增湘把启功推荐给了辅仁大学校长、历史学家陈垣。在陈垣先生的教导下,启功由一个普通中学生最终成为一代国学大师。

张伯驹结识傅增湘,还是因为有着共同的爱好。他经袁克文介绍,认识了傅增湘。袁克文是张伯驹的表兄,比张伯驹大8岁,也是文物收藏家、藏书家,并与傅增湘是好朋友。

张伯驹结识傅增湘后,很欣赏傅增湘的书法。傅增湘以楷书和行书为主,楷书兼容欧、柳，晚年又兼魏碑笔意，字迹端庄典雅，潇洒奇逸。行书以二王为基础，融唐碑笔意，于俊秀中添加了豪气，尤其是先生书写在书后的跋文，工整流畅且活泼，为文人字之典范。张伯驹认识傅增湘以后就常常向傅增湘请教书法艺术，傅增湘毫不保守，耐心地向张伯驹讲述自己学习书法的心得体会。

《平复帖》事助伯驹

在傅增湘与张伯驹的交往中，傅增湘给张伯驹最大的帮助就是倾心尽力说服溥心畬把中华墨皇法书珍品《平复帖》转让给张伯驹，由张伯驹收藏，从而使这一重要的祖国文物避免了可能流落国外的命运。

《平复帖》是西晋文学家、书法家陆机唯一存世的书法作品，也是中国现存最早的书法真迹，被收藏界尊为"中华第一帖"。

张伯驹"三求《平复帖》"的故事，说的就是这一国宝。张伯驹为什么这么看重《平复帖》，志在必得，又前后三求呢？这件事还得从唐韩幹的《照夜白图》流失海外说起，因为此事使张伯驹痛心不已。《照夜白图》也是溥心畬藏物。这幅画是唐代画马大家韩幹于天宝年间所画的最著名的代表作，上有南唐后主李煜题"韩幹画照夜白"，还有乾隆皇帝题跋及很多史上名家的印记。这幅画最终从溥心畬家流出，为上海画商叶叔重所得。张伯驹知道叶氏是做国际文物买卖的商人。当时宋哲元主政北平，张伯驹立即致函宋哲元，要其阻止《照夜白图》被外国人收买。但宋哲元一番察访后，给张伯驹的复函是："已为叶某携走，转售英国。"

其实，《照夜白图》是溥心畬通过老太监卫福海及其义子开的"宝云阁"画铺，再通过白坚甫的手，卖给日本人，日本人又转卖给英国人戴维德的。《照夜白图》从此离开祖国，开始了数十年的颠沛流离，于1977年被美国大都会博物馆永远收藏。

眼看着国宝《照夜白图》外流，而自己又束手无策，这让以传承文化为己任的张伯驹铭心刻骨。因此，溥心畬所收藏的另一件国宝书法作品《平复帖》，如果再流落海外的话，必将是中华文化之殇。所以张伯驹决定无论花多大代价都要把《平复帖》收藏到手，保存在国内。于是他开始了三求《平复帖》的艰难之路。

第一次求购是在1935年，张伯驹在北平为湖北举办的赈灾书画展上见到了《平复帖》，然后托琉璃厂悦古斋老掌柜韩德盛前往洽谈，但当时溥心畬并不缺钱，就说，如果要买，就20万大洋。张伯驹一听价格就明白了，溥心畬这是开了个天价，只好作罢。

第二次求购是在1937年，张伯驹托自己的朋友张大千前去做说客，因为张伯驹知道张大千和同为画家的溥心畬也是至交好友。溥心畬早年留学德国柏林大学，他幼承家学，精通经史和书画，回国后以绘画为业，并很快成为民国时期京派绘画的代表人物。当时画坛就有"南张北溥"的美誉。

不料过了一段时间，张大千给张伯驹回话说自己也没说动溥心畬，溥心畬依然要价20万大洋，张伯驹真是无可奈何。

第二次求购遭拒后，张伯驹并没有灰心，他想起了另一个朋友傅增湘。他想：一是傅增湘在社会上德高望重，有很大的影响力；二是傅增湘与溥心畬的父亲载滢贝勒有故交，故与溥心畬为世兄，且比溥心畬大了20多岁，溥心畬一向是很尊重傅增湘的。傅增湘找到溥心畬，说明了来意，溥心畬却说："张伯驹也真怪了，为什么一定要买《平复帖》呢？"傅增湘说："你问得好，我就给你说说。我是了解张伯驹的，伯驹曾说过，世世代代的收藏家，无不愿意自己家的宝贝，子子孙孙永宝之。但从古到今，还不都是'烟云过眼'，最终流入别人手里吗？张伯驹知道，《平复帖》也不可能在你家世世代代流传下去，《照夜白图》不就是例子吗？"溥心畬叹了口气说："《照夜白图》卖到外国，也非我所愿，我也不是有意为之。《平复帖》嘛，我谁也不卖就是了。"

傅增湘笑了笑："我还不知道你，到时候又恐怕是非你所愿，张伯驹最担心的就是这个，如果《平复帖》也像《照夜白图》一样流入外国，那老祖宗的脸面就丢大了。所以，张伯驹说：'予所收蓄，不必终予身为予有，但使永存吾土，世传有绪。'张伯驹是个重气节的人，你应该相信、尊重他啊！"

溥心畬听了傅增湘的话，也深受感动，就说："那好，张伯驹真君子也，《平复帖》我现在不卖，要卖，就卖给张伯驹，你放心好了。"

傅增湘看说到这个份儿上，也就不好再劝，只好说："好，君子一言，驷马难追，那就这样了。"

时光飞逝，转眼到了1938年1月28日，正是农历腊月二十七，张伯驹从天津乘火车回北京过年，在火车上正巧又遇到了傅增湘。傅增湘说："真是老天有眼，我正急着找不到你呢。你知道吗，心畬的母亲项大人去世一个月了，心畬可是个大孝子，他想把母亲的丧事办得排排场场，可是，自北平沦陷以来，各大银行业务终止，再说，心畬家也早是坐吃山空，正愁着没钱办丧事呢。我看，要买《平复帖》，正是时候。"

张伯驹说："溥心畬不是一直要价20万大洋，也不肯出售吗？"

傅增湘说，现在不一样了，他母亲的丧事要办得风风光光，但银行又取不出钱来，他只好贱卖《平复帖》。

张伯驹思考片刻，面露难色地说道："这不是有点乘人之危吗？要不他可以把《平复帖》质押在我这里，我先借给他一万块办丧事。"

傅增湘说："你确定收藏，我去跟心畬先生谈。另外，白坚甫你认识，他可是专做日本人书画生意的掮客，他已经知道了这件事，你几次三番求购《平复帖》不也是为了使这件国宝不外流吗？"

听到白坚甫这个名字，张伯驹就开始有些后怕了，毅然点头说道："傅老，那这件事全拜托您了！"

回到北平的第二天，傅增湘就给张伯驹回话说，心畬要价4万元，他的意思是不用抵押了，4万大洋买断。

于是，张伯驹立即决定，以4万元的价格彻底买断《平复帖》。第二天就是除夕，傅增湘已经把《平复帖》抱回自己家了。张伯驹连忙过去，与傅增湘一起观看欣赏起《平复帖》来，过了一个值得纪念的除夕。

过了春节，终于帮助张伯驹收藏了《平复帖》的傅增湘，开始郑重地为《平复帖》作跋。他在跋文中说："余与心畬王孙昆季缔交垂二十年，花晨月夕，觞咏盘桓，邸中所藏名书名画如韩幹《蕃马图》(即《照夜白图》)，怀素书《苦笋帖》、鲁公（颜真卿）书《告身》，温日观蒲桃，号为名品，咸得寓目，独此帖秘惜未以相示。丁丑岁暮，乡人白坚甫来言：心畬新遇母丧，资用浩穰，此帖将待价而沽。余深惧绝代奇迹，仓促之间所托非人，或远投海外流落不归，尤堪嗟惜。乃走告张君伯驹，慨掷巨金易此宝翰，视冯涿州（冯铨）当年之值，殆腾昂百倍矣。嗟乎！黄金易得，绝品难求，余不仅为伯驹赓得宝之歌，且喜此秘帖幸归雅流，为尤足贺也。翌日赍来，留案头者竟日，晴窗展玩，古香馥蔼，神采焕发……"

傅增湘不愧为翰林奇才，其跋文义理兼具，文采斐然，堪称民国散文佳作。

傅增湘帮助张伯驹得到《平复帖》的消息很快传遍了南北文化圈，收藏界都为国宝《平复帖》没有流落海外而称赞庆幸。

后来，张伯驹在《陆士衡平复帖》一文中谈到自己收藏《平复帖》的经过时，认为功劳应归傅增湘："在昔欲阻《照夜白图》出国而未能，此则终了宿愿，亦吾生之一大事，而沅叔先生之功，则为更不可泯没者也。"还是在这一文章中，张伯驹又写道："北京沦陷，余蛰居四载后，携卷入秦。帖藏衣被中，虽经乱离跋涉，未尝去身。日寇降后，余回京，沅老已病，不能语，旋逝世。"由此可见，张伯驹收藏《平复帖》是一波三折，而保护《平复帖》又是历经了千辛万苦，风险重重。

新中国成立后，张伯驹又毅然将《平复帖》等八件文物珍品捐献给故宫博物院，实现了"予所收蓄，永存吾土"的心愿。

"不堪再上倚云亭"

傅增湘除在张伯驹"三求《平复帖》"的过程中，不遗余力地帮助以外，平时和张伯驹的交往还是比较多的。傅增湘宅在北京西四石老娘胡同，即在今西四北五条，与张伯驹弓弦胡同宅相去不远。傅增湘也爱好诗词，时常参加张伯驹举办的诗词雅集活动。所以，傅增湘在跋文中还有一段记述他和张伯驹交往的话："伯驹家世儒素，雅擅清裁，大隐王城，古欢独契，宋元剧迹，精鉴靡遗，卜居西城，与余衡宇相望，频岁过从，赏奇析异，为乐无极，今者鸿宝来投，蔚然为法书之弁冕，墨缘清福，殆非偶然。"

　　傅增湘与张伯驹还常于每年清明节前后，邀请书画、诗词界的好友，结伴来到北平旸台山大觉寺去观赏杏花。他们还各自在大觉寺的杏林中，一南一北建造了两个亭子，分别叫作"北梅亭"和"倚云亭"。张伯驹建造的亭子被命名为"北梅亭"。为什么叫"北梅亭"呢？因为历史上有"梅花不过江"的说法，黄河以北栽不活梅花，所以北方文人雅士就把杏花当作梅花来看，并雅称为"北梅"。不过，随着科技的发展，梅花现在已在北方广为种植了。至于傅增湘建造的亭子叫作"倚云亭"，则是从唐朝诗人高蟾的诗句"天上碧桃和露种，日边红杏倚云栽"中选出"倚云"二字，把亭子命名为倚云，还是代指杏花。

　　关于观赏杏花及傅增湘帮助收藏《平复帖》一事，张伯驹一直念念不忘，心存感激。1961 年，张伯驹还在《素月楼联语》一书中留下了一段文字："晋陆机《平复帖》，溥心畬藏。余初见于鄂赈灾展览会，望洋兴叹者久矣……卢沟桥事变后，除夕前一日，余自天津回北京度岁，车上遇沅叔年伯云：心畬遭母丧，需费正急。因商定由其合作，后以三万元收得。除夕日取来于沅叔家同观。又每岁清明，皆去旸台山大觉寺同看杏，于花间共筑二亭，一名倚云，一名北梅。"

　　1942 年初，张伯驹在上海被绑架，赎回后，为避祸，又恐怕《平复帖》遭遇不测，就和夫人潘素去西安避难，直到抗战胜利后才回到北平。张伯驹再去看望傅增湘，不料傅增湘患了半身不遂，没几年光景，竟于 1949 年 9 月 20 日逝世。其时，周恩来已特派陈毅持自己的亲笔函，专程拜访，陈毅还未到，傅增湘已溘然长逝。

　　张伯驹闻听傅增湘去世的消息，悲痛异常，当即挥毫撰写了一副挽联：

　　　　万家爆竹夜，坐十二重屏华堂，犹记同观平复帖；

　　　　卅里杏花天，逢两三点寒食雨，不堪再上倚云亭。

上联是回忆和傅增湘一起同观《平复帖》的美好往事；下联是说，以后再逢小雨稀疏的清明时节，在那杏花开放烂漫无边的景色里，我怎么还能和你一块去倚云亭赏花呢？

这副挽联，寄托着张伯驹怀念傅增湘的绵绵哀思。

红花白雪，岁月匆匆，转瞬间，30多年过去了，但张伯驹始终未能忘却与傅增湘的情谊。每年春，不问阴晴寒暖，张伯驹必游旸台山大觉寺。

1979年春，某日，风沙特大，叠嶂重峦，一望杏花迷离，如在雾中。就是在如此的天气中，张伯驹照样来到了旸台山大觉寺看杏花，并填词《小秦王》四首，其第一首云：

小 秦 王
己未清明后游旸台大觉寺看花

清明节过喜初晴，词侣相携出风城。

新雨今来思旧雨，不堪重问倚云亭。

己未清明后二日，与诸词家同游大觉寺，忆昔与傅沅叔太史共筑两亭于杏林中，一名倚云，一名北梅，回思旧雨，人亡亭圮，不堪重闻矣！

张伯驹年年思念着傅增湘，但3年以后的1982年，还未等到清明，张伯驹也撒手人寰。大觉寺的杏花，再也等不来张伯驹了！

挽联，是哀悼逝者、治丧祭祀时专用的对联，表达对逝者生平、功绩和美德的追忆，寄托了对逝者的哀思。不用说，挽联是一个人逝去之后才可以撰写的。这是不该有例外的，但例外偏偏就发生了，张伯驹就对他一个非常尊重的人，在其尚在病中的时候，就为其预写了挽联，这个人是谁呢？这个人就是他戏剧方面的老师——"京剧老生三杰"之一的余叔岩。

"归来已是晓钟敲"——师从余叔岩

张伯驹第一次看戏是在他 7 岁的时候，他的父亲张镇芳正在天津任长芦盐运使。他看了杨小楼演的《金钱豹》，印象极深，从此，天津的茶园没有他不去的。那时，余叔岩也正以"小小余三胜"的艺名，常在天津下天仙茶园演出，愈唱愈红，观者空巷，小小年纪便成了下天仙的台柱子，每月包银达千元之多。张伯驹时常看余叔岩的演出，但就是看不太懂，直到 24 岁时，在北京再看他的戏，这才有所领悟，渐渐爱上了"余派"，也逐渐看懂了余派艺术，成了余派的"铁杆粉丝"，终身追求之，曾多次托人转达对余叔岩的仰慕之意。

张伯驹正式拜余叔岩为师是在 1928 年，其时，余叔岩尿血症发作，已不能坚持经常性的营业性演出，在养病期间，他仅勉力应付了几场堂会戏。在一次堂会上，余叔岩见到了张伯驹，张伯驹终于直接表达了想向余叔岩学戏的意思，但他心里很忐忑，不知道余叔岩会怎样答复他，想不到余叔岩很平和、亲切地说："我们凑凑，你学什么戏，我给你说。"张伯驹喜出望外，便正式拜了余叔岩为师。

为什么余叔岩这么让张伯驹心驰神往，仰之弥高呢？

余叔岩（1890—1943），祖籍湖北省罗田县，原名第祺，出身梨园世家。祖父余三胜、父亲余紫云都是红极一时的名演员，因此自幼得其家传。幼从吴联奎学京剧老生戏，用过"小小余三胜"艺名，后改用"余叔岩"名，拜谭鑫培为师，虚心请教，技艺大进。1917 年谭氏辞世后他开始自己挑班，演出《打棍出箱》《战太平》《空城计》等戏，无不贯通谭派精髓和神韵。他的演唱讲究字音声韵，行腔刚健苍劲更兼婉转细腻，意味醇厚，另有一层境界。社会公认他是谭鑫培之后京剧老生界的首席，称他的老生艺术为余派。他与杨小楼、梅兰芳在当时京剧界鼎立成三，被称为"三大贤"。余叔岩无论是唱戏的风格，还是为人的做派，都很有清高之气，能写一笔精彩的米字，交往的朋友多是有修养有身份的文人。听余派曾是文人高士的标配，如果说书法中有文人字，绘画中有文人画，那余派戏应该算是京剧里的文人戏了。

1937 年卢沟桥事变后，余叔岩宁肯忍受生活的艰难也不再登台演出，和梅兰芳、程砚秋一样保持了可贵的民族气节，可谓是"德艺双馨"的艺术家。

张伯驹拜余叔岩为师后，就常去余叔岩家的书房范秀轩，与满座的宾朋们听余叔岩说戏。在众人聊天时，张伯驹往往独坐一旁，或者往烟铺上一躺，只听不说。他有时等到下半夜听余叔岩吊嗓，有时则不然，每次离席，从不与任何人打招呼，抽身就走，独往独来，我行我素，有人就送他一个雅号"张大怪"。有一次他在园子里看戏，台上的演员以"余派"为招徕，可演来全然不是那么回事，张伯驹如坐针毡，越听越不耐烦，终于怒不可遏地冲到台上，高声在舞台上骂骂咧咧一阵，拂袖而去。张伯驹就是这个性格。

在范秀轩听余叔岩说戏，还要等到余叔岩过足烟瘾，已是夜静更深，师徒俩才一前一后来到后院练功吊嗓。给张伯驹说戏，每次都教到凌晨 3 点。张伯驹后来在《红毹纪梦诗注》中写道：

归来已是晓钟敲，似负香衾事早朝。

文武乱昆皆不挡，未传犹有太平桥。

张伯驹学戏时，与一般学生不同，他敢于提问，爱穷究戏理。这一点同余叔岩很对路，余叔岩爱读书，通文墨，对戏剧的学术问题也很感兴趣，钻研颇为深入。

时间一久，张伯驹和余叔岩就成了"不以利害相交的朋友，情趣相投的知己"。1933年12月，余叔岩的原配夫人、陈德霖之女陈淑铭病逝。1935年7月，余叔岩续弦，娶太医姚文卿的女儿姚凌敏为妻，张伯驹充任伴郎。由此可见余叔岩与张伯驹关系亲密的程度。余叔岩看张伯驹是有学问的雅士名流，并不靠演戏维持生计，所以心甘情愿地教他，且是倾囊相授。张伯驹也是拳拳服膺，下的功夫很深。余叔岩教他的开蒙戏是《乌盆记》，经过日复一日地勤学苦练，首演大获成功，更增强了张伯驹学戏的信心。

《打渔杀家》这出戏，虽是一出普通戏，但经梅兰芳、余叔岩重排之后，其身段、念白、神情与一般的戏大不相同。余叔岩对他说："一招一式皆须有准谱，必须下功夫排练。"于是，张伯驹每日下午去余家，自出场走步起，船桨渔网摇法撒法，上下船一招一式，内心神情，仔细排练。对于学这出戏的过程，张伯驹后来也写有一首诗：

人人皆演戏非殊，合作余梅庆顶珠。

一式一招皆有谱，排来匝月费工夫。

张伯驹学戏的"见缝插针"精神，无人能比。他几乎和余叔岩形影不离，余去哪儿，他陪到哪儿。有一次他随余叔岩到天津演戏，从北平到天津，一路上余叔岩向他说《奇冤报》反调。二人回京后，仍不停地排练，余叔岩抓紧时间向他示范，他则一丝不苟地学习。所以，张伯驹向余叔岩学戏近40出，比余的亲传弟子学的还多出几倍。

但是，余叔岩教张伯驹也是有针对性的。有一次，张伯驹提出学《坐楼杀惜》。余叔岩不愿教，并分析道："演员不是每一出戏都能学好，因为其人的身份与剧中人的身份大不相同。《坐楼杀惜》中宋江是个恶人，突然变脸，凶相毕露。你是个好人，儒雅书生身份，如你演《空城计》就一定能演好，因为你本身就是戏。而演宋江如果不会耍滑头，没有其凶恶本质，表演不出其内心，就不会演好。"

张伯驹牢牢地记住了师傅的这些话。余叔岩去世后，张伯驹又毫无保留地向青年演员传授余派艺术，为余派艺术的发扬光大作出了贡献。

"此曲只应天上有"——请老师当配角

在张伯驹的票戏生涯中，他请老师余叔岩给自己当配角，来演《空城计》，成为梨园界的一场盛事和千秋佳话。

1937年，适逢张伯驹四十初度之龄，打算大办一场堂会，一为做寿，一为乘机露一手，过把戏瘾。河南又于前一年发生旱灾，于是就以演戏赈灾募捐为名，在北京隆福寺街的福全馆办庆寿堂会。他的一群篾片朋友突发奇想，想邀请余叔岩为他配戏。张伯驹自然求之不得，可又不愿意开口，因为这是在请老师给自己当配角啊，倘若余叔岩不答应，岂不伤了师徒情分？于是，由张伯驹策划，设了一场便宴，请了众多朋友，其中就有余叔岩、杨小楼等。席间，一个朋友故意向余叔岩提出了请他在《空城计》里面为张伯驹配一个王平的请求。

余叔岩当然不同意，像他这样京剧老生界的首席哪能给一个票友，况且又是自己的徒弟当配角呢？可又不好当面驳朋友的面子，只好指着在座的杨小楼说，只要杨老板同意来个马谡，我这里没有问题。其实，余叔岩知道杨小楼不会唱马谡，所以故意借杨小楼之口来拒绝。谁知，杨小楼虽是武生，却是最愿意唱文角的，这马谡虽然是个架子花，可不折不扣是个文派人物。在朋友们的怂恿下，又有一个朋友答应教他，他居然同意了。这一下，余叔岩就无法推托了，只得答应出场。

余叔岩、杨小楼定下后，张伯驹又趁机邀请了王凤卿扮演赵云，程继先扮演马岱。到了正日那天，这场堂会如期开演。

这场"空前的堂会戏"消息传出后，戏票立刻成为抢手货了，张伯驹因势利导，也把它变成了一次公益性的演出。堂会开幕之前，张伯驹上台致辞，向来宾表示感谢，然后介绍河南灾情，希望来宾鼎力相助，并说当场不募捐，自即日起随时可将捐款送交盐业银行代收云云。

开场戏是郭春山的《回营打围》，次为程继先、钱宝森两位先生的《临江会》，第三出是魏莲芳先生的《女起解》。因为梅先生当时未在北京，只好请其高足参加。大轴是张伯驹饰诸葛亮的《空城计》，可谓群星荟萃，极一时之盛，何况是诸位名角甘心给张伯驹当配角呢，可见张的身份之特殊。不过，台下的戏迷倒不在乎诸葛亮唱得如何，而把目光投在那几个武将，尤其是余叔岩和杨小楼身上。余叔岩的王平起霸（起霸就是武将出场时整理自己衣冠的动作程式），一亮相就是响亮的满堂彩，他的扮相儒雅而有神采，台下掌声不断。杨小楼扮演的马谡第四位出场，急如雷雨，骤似闪电，威风凛凛，赢得观众阵阵叫好。

就在叫好声中，张伯驹饰演的诸葛亮登场。在拜寿和感激的心理支配下，所有来宾此刻都特别捧场。张伯驹出场有彩，念引子有彩，一招一式皆有彩。戏迷们事后则大呼过瘾：此曲只应天上有，人间哪得几回闻！

可以说，正是余叔岩甘当配角，这场演出成了"喧宾夺主"的佳构，连同张伯驹的票戏声名，一起彪炳史册了。张伯驹在晚年写的《红毹纪梦诗注》中，谈到这次演出时，仍然不无自豪地回忆道：

> 羽扇纶巾饰卧龙，帐前四将镇威风。
>
> 惊人一曲空城计，直到高天尺五峰。

"乱弹音韵益后人"——教学相长

在张伯驹和余叔岩共事生涯中，除了请余叔岩当配角一事，还有一件事让张伯驹最为得意，那就是他和余叔岩合编了《乱弹音韵》，全面分析、系统介绍了京剧音韵。可以说，这是中国第一部关于京剧音韵的论著，他们创立了一门新的学科，为汉语音韵学增加了一个新的分支。

张、余二人在编写这本书的过程中，关于尖团字曾有过分歧和争论，成书时，是按张的意见入书的，余认为不妥，继而把已经发到学员手中的《乱弹音韵》全部收回。但为了梨园界人士和青年演员、学员的需要，张伯驹主动放弃己见，答应照余的意见办。后来，张伯驹又对其进行增订，最后以《京剧音韵》书名，用线装本非正式出版，在京剧界和票界流传。

后来的学者多以余叔岩和张伯驹为"京剧音韵理论的首创者和奠基人"。

在张伯驹和余叔岩相交的过程中，余叔岩也从张伯驹精湛丰厚的诗词学养中吸收了许多宝贵的东西。当代著名书法家、学者欧阳中石先生曾在《〈红毹纪梦诗注〉序》中说："余叔岩先生之艺术为一代泰斗，成一时之法绳，有其成就之种种条件，自不待言，而多年与伯老相交甚厚，恐亦不无影响。"

张伯驹素精诗词音律早为世知，余叔岩之唱段新词多出自伯驹之手。如《沙桥饯别》"提龙笔"一段，即请张伯驹将此段改制，增词"四童儿，鞍前马后，涉水登山"，才使唱词更加完善。

再就是改换许多更为贴切之戏词，如《斩马谡》诸葛亮下场念对儿"虎入深山禽兽远，蛟龙得水又复还"之"得"字，虽然差强人意，但究竟不甚理想，张伯驹则为余叔岩改为"失"字，既意义允当且念起来也朗朗上口。大凡演员，那时文化水平都不甚高，常常于周围多请文士名家，过从熏陶，于艺术大有裨益。张伯驹之于余叔岩正是如此。他们在合作中实际上是教学相长的。

"只今顾曲剩周郎"——为余叔岩撰写挽联

张伯驹与余叔岩亦师亦友的关系长达 10 多年。在这 10 多年间，接触最为亲密和频繁，有时就是不分你我。在生活上，张伯驹对余叔岩极尽弟子之礼，加上张伯驹家境宽裕，又开着盐业银行，所以在物质生活上对余叔岩的支持和赠与也是十分慷慨的。1937 年张伯驹四十大寿的堂会戏，是余叔岩平生最后一次登台。此后，他的身体每况愈下，常常是缠绵病榻，就由张伯驹资助其生活。余家生活用项浩繁，还要维持剧团班底，开支不是一笔小数目，但张伯驹始终热心相助，无怨无悔。余叔岩病重期间，张伯驹也是尽心尽力，为他延请名医，到处抓药。

1942 年 10 月，张伯驹遭绑架被赎回数月后，他又来到余宅。病中的余叔岩在病榻静卧，夫人姚氏则在自家设的佛堂念经，求神保佑余叔岩。余宅不闻京胡响，只有木鱼念经声。满屋里香烟缭绕，一片朦胧和萧索。

在张伯驹决定去西安避祸的前夜，他再次来到余宅，向恩师辞行。余叔岩这时已不能起床了，病势沉重，时有昏厥。张伯驹深知，这一次恐怕就是生离死别了。余叔岩见了伯驹，强忍疼痛，轻声细语打了声招呼，张伯驹也不说自己将要离京之事，恐怕双方难免悲痛流泪，但张伯驹仍忍不住暗暗落泪，偷偷跑到外间擦掉。就这样两人对视了两个时辰，张伯驹依依不舍，告别回家，他自言自语："十余年朝夕相处，至此结束了。"他借着月光，一步一回头，看着他这么熟悉的四合院，留下他和余叔岩春夏秋冬风雨印痕的四合院，百般不舍地走了。第二天一早，他就偕妻女去了西安。

关于这一情节，张伯驹 77 岁，也就是 1974 年那一年，还有一首诗记述了这一生离死别的情形。诗云：

> 十年一梦是终场，死别生离泪夺眶。
> 流水高山人不见，只今顾曲剩周郎。

再说张伯驹去了西安后，次年2月，他在西安陇海铁路局看戏，恰好碰到《半月戏剧》主编张古愚。老友相见，张伯驹便请张古愚到家中叙话。张古愚告诉张伯驹，自己后天就要赶回上海，张伯驹便托他带给陈鹤孙一封信，内容是："预料叔岩兄之病凶多吉少，不能久长，兹拟好挽联一副，如其去世，务望代书送至灵前为感。"

为什么这个时候就写了这副挽联呢？因为那个时代音信难通，为表情义，事先就写了挽联。果然，不久，张伯驹就接到了陈鹤孙的回信，说余叔岩已于1943年5月19日晚逝世。遵照张伯驹的嘱托，挽联已放至余叔岩灵前。联为：

> 谱羽衣霓裳，昔日悲歌传李峤。
> 怀高山流水，只今顾曲剩周郎。

上联里面有几个典故。羽衣霓裳，即《霓裳羽衣曲》，是唐代著名的舞曲。李峤，唐代诗人，字巨山，是个才子，武则天时，曾任监察御史，后因罪被贬庐州别驾。相传，唐玄宗晚年曾夜登勤政楼，命梨园弟子唱曲，伶人便唱了一首李峤的旧作，唐玄宗听得百感交集，不禁潸然泪下，连连赞叹道："李峤真才子也。"这副挽联的上联就是借李峤之典以咏余叔岩的艺术水平之高，他演唱的剧目，都如同羽衣霓裳舞曲一样，精彩绝伦，而命运却同李峤一样悲哀。

这副挽联的下联也有两个典故。一是"高山流水"，即钟子期和俞伯牙的故事，俞伯牙弹琴，演绎高山流水，所寄托的情感，钟子期都能心领神会，伯牙知道遇见知音了。后来钟子期死了，伯牙悲痛欲绝，不再弹琴。这个典故就是"知音难得"的意思。"顾曲剩周郎"也是一个典故。三国时，周瑜精通音乐，如果他听到别人唱歌，中有失误，他必会听出来，听出来就一定会去纠正，所以当时有谣曰："曲有误，周郎顾。"下联就是把自己与余叔岩比作"高山流水"一样的知音，如今，余叔岩去世了，自己就像周瑜一样，再也听不到知音的乐曲了，是何等孤单悲凉啊！

这个预写挽联的故事，虽不合常理，却堪称传奇，见证了张伯驹对老师的哀思和真情。

张伯驹对于余叔岩的怀念之情，到了晚年更加深沉而强烈，他常常把与余叔岩的合影翻出来，一遍一遍地观看，并写下了这样的一段话：

叔岩素有才慧，平生绝艺大多传于余，惟不永年，至为可惜，某岁招摄影者至家，拍摄戏装像照片……与余合拍之《四郎探母》，余饰四郎，叔岩饰六郎，余戏装照片多佚失，独此合照至今犹存箧中，十余年交情，得留此吉光片羽，回首前尘，已隔天渊。

张伯驹又写下了这样一首诗：

平生绝艺感相传，才慧多怜不永年。

片羽吉光留合影，交期忍忆隔天渊。

1982 年张伯驹去世时，曾有人为其撰写挽联，上联为"忆当年福全楼馆，粉墨登场演卧龙，步叔岩余韵，堪称千古传绝唱"，就是在咏叹张伯驹和余叔岩的戏剧情缘。

1938 年农历正月的一天，曾教过叶嘉莹、周汝昌等著名学者、词人的文史大家，一位极出色的大师级的哲人巨匠顾随先生走进课堂，面容惨淡，先是在黑板上抄录了四首词，接下来当众大哭："昨天杨小楼死了，今后我再也不听戏了……"

杨小楼是谁？为什么他的死能令声誉卓著的顾随大师如此伤心痛哭？

初识"豹精"杨小楼

杨小楼（1878—1938），名三元，又名嘉训，安徽怀宁人，京剧武生演员，20 世纪二三十年代，和梅兰芳、余叔岩并称为"三大贤"，成为京剧界的代表人物，享有武生宗师的盛誉。

杨小楼出身于梨园世家。祖父杨二喜出生于第一次鸦片战争前 20 年的 1820 年。杨二喜是徽班武术演员，善耍大刀片，人称"大刀杨二喜"。父亲杨月楼是清末著名的文武老生。光绪十四年（1888）进入清宫，成了专为慈禧太后演出的"内廷供奉"。1889 年，杨月楼临终之际，将自己的三子小楼托付给他的结拜兄弟谭鑫培。于是，小楼拜在谭鑫培膝下为义子，名为嘉训。谭鑫培此时已被人们称为"须生泰斗"，是京剧历史中承前启后的人物。

杨小楼天性喜欢唱戏，他发誓一定要唱红舞台。29岁时，杨小楼已经成名，也被清宫升平署以"民籍教习"的身份挑选入宫，成了"内廷供奉"，至此，杨家父子两代先后为"内廷供奉"。

杨小楼生得高大魁梧，面阔耳大，疏眉朗目，仪表堂堂，站在台上，气宇轩昂，一派英挺飘逸的大丈夫气派，加之嗓音嘹亮，声腔激越，演赵云、姜维有威武雄豪之感。因此，梅兰芳对杨小楼极为尊重，他认为杨小楼对他影响很大。杨小楼大梅兰芳16岁，同台演戏，在后台扮戏时，常说起旧事，相视而笑，关系颇为融洽。1921年，梅兰芳、杨小楼合演《霸王别姬》，杨小楼扮项羽，威猛雄壮，梅兰芳饰虞姬，千娇百媚，真是珠联璧合。于是，"万人空巷瞻颜色，半为英雄半美人"，成了社会对他们合演《霸王别姬》的赞誉。

杨小楼不仅是一个技艺超群的演员，还是一个极有骨气的忧国忧民的爱国者。1931年九一八事变发生后，杨小楼用他独有的方式，表达自己的一腔愤慨。他集中人马，排演《甘宁百骑劫魏营》。杨小楼饰大将甘宁，威风凛凛，展现了真英雄折戟黄沙、裹尸而还的爱国壮志。

1937年，卢沟桥事变爆发，全国抗战开始。人到暮年的杨小楼，两次披挂演出《九伐中原》。剧中，他饰演的姜维已到了生命的终点，但北伐无望，汉朝天下难以统一，诸葛亮托付的事业尚未完成，不禁悲愤交加，目眦皆裂，念白道："四十五万铁甲雄兵，只剩下七人五骑……"这一段念白表达了杨小楼对日寇侵略我国，大好河山惨遭蹂躏的悲愤心情。

杨小楼大张伯驹整整20岁，几乎与张伯驹的长辈年龄相仿，他出科的时候，张伯驹还未出生，那么，张伯驹是怎么认识杨小楼，又成为终生忘年交的呢？

原来，杨小楼可以说是张伯驹的戏剧引路人，是杨小楼精彩的演出，把张伯驹领上了欣赏京剧艺术的道路。

1904年，张伯驹刚7岁，随父亲张镇芳住在天津南斜街。这一年端午节，时逢下雨。这一天则是张伯驹第一次去天津下天仙茶楼看戏，大轴为杨小楼的《金钱豹》。杨小楼饰豹精，结束时亮相扔叉，威风凛凛地大喊一声："你且闪开了！"声震剧场。杨小楼手里的钢叉，舞得溜，扔得准，气势狰狞威猛，博得了台下炸窝般的彩声。就是这一亮相扔叉和洪亮的喊声，使张伯驹为之夺魂，继而念念不忘。京剧武打是独具特色的表演艺术，融合了古典戏曲和民间舞蹈的优美动作，创造了丰富多彩、变化复杂的武打程式。杨小楼的表演艺术使张伯驹逐渐对京剧有了深入的认识。

从此以后，凡是杨小楼的演出，张伯驹没有不看的。长大以后，特别是他拜余叔岩为师以后，因为杨小楼是余叔岩的师兄，常在一起切磋技艺，张伯驹才真正地和杨小楼交往，并成了情投意合的忘年交。直到张伯驹晚年，他撰写《红毹纪梦诗注》一书时，开篇第一首诗就是回忆他7岁时初看杨小楼演出的印象。张伯驹写道：

油布遮车驶铁轮，端阳时节雨纷纷。

飞叉大闹金钱豹，凛凛威风欲夺魂。

诗后又注道："此为余生平观乱弹戏之首。至今已七十年，其印象犹似在目前也。"

小楼力圆伯驹梦

在张伯驹和杨小楼的交往中，令张伯驹终生感念的是1937年，张伯驹庆四十大寿兼为河南赈灾义演《空城计》时，杨小楼倾心支持，鼎力助演，终使这场演出圆满成功，也使张伯驹一生的票戏生涯达到了巅峰。

1937年农历正月，正是张伯驹40岁寿辰，他打算大办一场堂会，一为做寿，二为家乡河南赈灾，因为河南在前一年刚发生了旱灾，饥民载道，啼饥号寒。于是，就定在北平隆福寺街的福全馆办庆寿堂会。大轴戏就是《空城计》，张伯驹自然是扮演诸葛亮。至于配角，他想请自己的老师，又是京剧"须生泰斗"的余叔岩配演王平。但是请余叔岩给自己当配角，事体重大，不敢冒昧请求，并且也没有把握。如果当面碰了余叔岩的钉子，失了面子，以后也不好来往了，反倒伤了交情。为了慎重起见，张伯驹心生一计，在家里摆了一场便宴，请的有余叔岩、杨小楼、钱宝森及其他几位名伶。席间，大家初步研商戏码，张伯驹事前约好的一个朋友向余叔岩试探口气："先生四十大庆可是个好日子，他的《空城计》是您给说的，假如您捧捧朋友，合作一个王平，那可是菊坛盛事、千古佳话了，您看怎么样？"

余叔岩可不是一般演员，他对艺术，重视而珍惜，教张伯驹戏没问题，自己的徒弟嘛，可要给徒弟当配角怎么能行呢？张伯驹毕竟是个票友啊，自己哪能跟张伯驹一块起哄闹着玩呢？但是，他心里虽然十分不愿意，为着和张伯驹的交情，也不能当面说个不字呀！他看杨小楼也在座，就转移目标，说："好哇，如果杨小楼演马谡，那就精彩了，我就演王平。"说了，停了一下又说："怎么样？师哥！"（因为杨小楼是谭鑫培的义子，余叔岩是谭鑫培的徒弟）余叔岩心里明白，杨小楼从未演过马谡，所以故意借杨小楼之口来拒绝。只要杨小楼推了，他也就可以不接王平这个角儿了。

这时，全屋的人，目光都注视着杨小楼。小楼笑着对叔岩说："你可真会开玩笑。第一，我不是本工；再说，我也没学过马谡，我可不敢接这个帖。"

听了杨小楼的话，余叔岩又故作诚恳地说："师哥，您别客气了，什么活儿，您还不是一学就会呀！您要是演马谡，我一定陪您唱王平，咱们一言为定，您看怎么样？"余叔岩合算着是把这块烫手的山芋，扔给杨小楼了。

杨小楼一看这情势严重了，要造成僵局，他是何等聪明，便连连说："我想想，我想想！"

这杨小楼本就是德艺双馨的艺术大师，人品是非常高尚的，他待人宽仁厚道，他是真心想为张伯驹充当配角，为其在舞台增光添彩的。

就在这时，谁也没有想到，钱宝森对着杨小楼说："这有什么难的，我给你说戏！"

杨小楼听了这话，就动了心。本来，他虽是武生，却最愿意唱文角，也想过一回文戏的瘾，于是答应愿演马谡。这一下，余叔岩没话可说了，他心里想，这一回我可是"请君入瓮"，结果自己"入瓮"了。于是，余叔岩也答应演王平了。

既然敲定了王平和马谡这两个亘古未有的配角，其他角色，也都争取来了一流演员：王凤卿饰演赵云，程继仙饰演马岱，名票陈香雪饰司马懿，钱宝森饰张郃。

《空城计》演出的消息传出去以后，可以说是轰动了九城，福全馆中的热闹自不必说。

这天演《空城计》的戏，本来是内行们陪着张伯驹凑凑趣儿的，但因为配搭的都是大腕，大家为了自身的声誉和艺术责任，格外认真，就变成名角剧艺观摩比赛了。张伯驹倒成了配角。

台上一个个角色争强斗胜，台下观众也越看越起劲，鼓掌喝彩，台上台下互相呼应，精彩纷呈，令人目眩神移，叹为观止。这种情形，实属罕见。

最后斩马谡一场，"马谡""丞相""幼常""武乡侯"，诸葛亮、马谡的两番儿叫头，龙套"喔"了两次喊堂威之时，杨小楼就要做身段使像儿。杨小楼用了矮架儿，这是捧张伯驹的姿势，也是老伶工心细体贴人的地方，台下响起一片叫好之声。

张伯驹以演过这一出空前绝后大场面的《空城计》而驰名全国。后来，在其《红毹纪梦诗注》里，他回忆道：

羽扇纶巾饰卧龙，帐前四将镇威风。

惊人一曲《空城计》，直到高天尺五峰。

张伯驹知恩图报

张伯驹认为，这一次《空城计》的圆满演出，是自己一生的殊荣，而促成这一殊荣的关键就在于杨小楼宽厚仁义、成人之美的高贵品格。戏后，张伯驹送给杨小楼一部汽车相谢。

《空城计》演出后不久，卢沟桥事变爆发，全国抗战开始。为配合全国抗战，杨小楼再次披挂演出《九伐中原》，饰姜维。因为悲愤，情感投入过深，他在舞台上浑身颤抖，怒不可遏，念白时声震剧场，像姜维怒发冲冠口吐鲜血一样，居然也真的在舞台上口吐鲜血。谁也没有料到，杨小楼于连续演出后的第二年正月，溘然病逝。

张伯驹知道这一消息后，异常悲痛，他想到杨小楼虽然演艺出名，但家中并不富有，于是送去 3000 元赙仪，并撰写了挽联。同时，他想到，一定要把杨小楼的丧事办得风光一些。他要请一位德高望重的社会名流来担任杨小楼葬礼"点主仪式"的"点主"。

什么是"点主"呢？所谓"主"，即"神主"，又称"木主"，即牌位，就是写有死者姓讳、身份、官职等供人祭奠的灵牌。在传统文化的语境里，为故去的长辈制作灵牌的过程叫"作主"，而请人用朱笔补上灵牌上"主"字一点的仪式，就称为"点主"。点主仪式讲究多，影响大，成了人们"慎终追远"孝道观的重要载体。主持"点主"仪式并亲自点主者的身份、地位之高低，就代表着"点主"仪式的尊贵程度及死者的声望。

那么，张伯驹要请谁为杨小楼点主呢？他想请他所尊重的长辈、享有极高声望的傅增湘先生担任"点主"。傅增湘（1872—1949），字沅叔，别署双鉴楼主人，中国近代著名藏书家。他的藏书处是晚清以来继陆心源丽宋楼、丁丙八千卷楼、杨氏海源阁、瞿氏铁琴铜剑楼之后的又一著名藏书楼。无论是在藏书、校书方面，还是目录学、版本学方面，他都堪称一代宗主。他是光绪二十四年（1898）进士，选入翰林院为庶吉士；民国时曾任教育总长，1919 年初，因反对镇压学生运动，愤而辞职，因而在社会上享有极高的声望。能请傅增湘"点主"，也可以说杨小楼备极哀荣了。到了出殡这一天，杨宅扎起一片白彩，唯独那间厅房，遵循惯例扎的是红彩。傅增湘在张伯驹等社会名流陪伴下，用朱笔在丧主灵牌"王"字上着重地点上一点，依例完成了"点主"仪式。

杨小楼的出殡，由于得到张伯驹相助和傅增湘"点主"，办得格外隆重、体面，成为轰动北平的一大新闻。

这件事传开后，有人很不满，说什么杨小楼一个伶人，也要这么有身份的人点主，是谁的主意？朋友们告诉了张伯驹。

"世道竟有如此的不公？"张伯驹气愤至极，拍着桌子说，"国难当头，情势危急。而华北伪政府的委员长王克敏在 60 岁生日时，却设宴庆寿，大事铺张，有人趋之若鹜，为什么无人敢说？其他豪绅、权贵家点主为何无人敢问？"

不久后的一次聚会上，恰好有一个来头很大的人物见张伯驹也在场，便在众人面前煞有介事地追问起杨小楼点主一事。张伯驹顿时怒不可遏，指着他质问道："你给我说说，王三老爷是个汉奸，他可以做寿，杨大老爷堂堂一个中国人，为什么不能点主？在你眼里，何人尊贵，何人卑贱，你说个明白！"张伯驹的话说得那人瞠目结舌，无言作答，众人哗然。后来，张伯驹又在《红毹纪梦诗注》中写道："有人谓余曰：'杨小楼伶人也，也要题主？'时北京沦陷，日人组成伪政府，王叔鲁克敏任委员长，值其六十岁生日，广发征寿文启，设筵庆寿，余对曰：'王三老爷汉奸能做寿，杨大老爷伶人岂不能题主乎？'其人不能答。一时梨园传为快事。"

张伯驹的质问为杨小楼争了光，也为梨园界艺人争了气，一时成为街谈巷议的话题。

后来，张伯驹在《红毹纪梦诗注》中，还有一诗追记此事：

> 请来翰苑为题鸿，俗吏堪嗤礼未通。
> 岂可哀荣分贵贱，王三杨大不相同。

张伯驹为杨小楼撰写的挽联，更是寄托了自己的深深哀思，并对杨小楼的京剧艺术作出了高度的评价：

> 梦断凝碧池，叹百年文物沦亡，我亦下泪。
> 艺同广陵散，问千古英雄成败，谁为传神！

这副挽联用了两个典故，一是"凝碧池"，二是"广陵散"。凝碧池是指唐朝时，在都城洛阳禁苑（神都苑）中有一池，名为凝碧池，池上有凝碧亭，是君臣聚会的场所。后来安禄山起兵反唐，攻入洛阳，曾在凝碧池大宴部下。

后安禄山失败,凝碧池也一片败落。在这期间,唐代诗人王维曾写有《凝碧池》一诗:"万户伤心生野烟,百僚何日更朝天。秋槐叶落空宫里,凝碧池头奏管弦。"

张伯驹就用"凝碧池"指代戏剧舞台,意思是杨小楼逝世了,没有了杨小楼的京剧舞台也像凝碧池一样精彩不再了。想到这里,张伯驹不禁下泪,他在为杨小楼哭泣,为京剧界失去杨小楼这位京剧泰斗而哭泣。

"广陵散",也是一个典故。《广陵散》是中国古代一首大型琴曲,为中国十大古琴曲之一,旋律激昂慷慨,是我国现存古琴曲中唯一具有戈矛杀伐战斗气息的乐曲。此曲又比喻某种技艺后继乏人,典出《晋书·嵇康传》,是说三国时魏人嵇康善弹琴,也只有他才会弹《广陵散》。后来,嵇康被司马昭处死。临刑前,嵇康又取琴弹了《广陵散》,并感叹道:"《广陵散》于今绝矣!"

张伯驹在这里把杨小楼激越高亢的唱腔比作《广陵散》。如今,杨小楼去世了,他那卓绝的唱腔和舞台艺术也同《广陵散》一样,无人继承了。"问千古英雄成败,谁为传神!"就是高度地评价杨小楼的京剧艺术。

直到晚年,张伯驹始终念念不忘杨小楼,他每次与别人谈论京剧,一定要谈起杨小楼的故事。关于这一点,著名戏剧家马明捷在《张伯驹论剧》一文中说,1963年,他刚从中国戏曲研究院毕业,被分配到吉林省文化局戏曲研究所。他那时就是想多学点东西,于是经常往张伯驹家里跑。张伯驹谈戏讲得最多的是三个人,即杨小楼、余叔岩、梅兰芳。特别是杨小楼,他常讲杨小楼被称为"活赵云""活天霸"的道理,还从椅子上站起来,表演《长坂坡》中赵云对刘备、张飞和对糜夫人的不同礼节、不同态度。虽说张伯驹嗓子不大好,但念那句"主公且免愁怅,保重要紧",还真是有声有色,能叫人联想到杨小楼当年的神情。他还讲了杨小楼在《连环套》中演黄天霸见巴永泰、窦尔墩等人时,脸上怎么样,身上怎么样,声调怎么样,等等。总之,张伯驹认为唱戏最讲规矩的三个人就是杨小楼、余叔岩、梅兰芳。

从初见杨小楼的《金钱豹》,一直到晚年,张伯驹对杨小楼一直都是这样尊敬和怀念。虽然不是同龄人,他们之间的情谊却令无数人动容。这份戏剧奇缘不仅成就了张伯驹的戏剧梦想，也在我国京剧艺术史上留下了不可磨灭的印记。

1949 年 7 月，在中华全国文学艺术工作者代表大会的一次文艺晚会结束后，毛泽东登上舞台接见演员，他握着一位演员的手，风趣地说，梅先生，您的名气比我大呀！不用说，这梅先生就是梅兰芳。梅兰芳的确是一个响亮的名字，提起他，大家马上会想到京剧，知道他是世人景仰的京剧艺术大师。梅兰芳德艺双馨，对文化艺术界朋友热情、虚心，平易近人，张伯驹就是他要好的朋友之一。

同台合演《八蜡庙》

张伯驹喜爱京剧，与京剧界诸多名伶颇多交往。他十分敬佩梅兰芳，梅兰芳也非常佩服张伯驹的学问与为人，从 20 世纪 20 年代起，他们就成了朋友，梅兰芳大张伯驹 4 岁，但他对张伯驹却以兄称之。

梅兰芳（1894—1961），名澜，字畹华，别署缀玉轩主人，艺名兰芳。生于北京，原籍江苏泰州。梅兰芳出身于梨园世家，8 岁学戏，10 岁登台，后学花旦。梅兰芳是有名的美男子，面孔白皙，眼睛大而有神，举止优雅，亭亭玉立，透出一股迷人的魅力。1950 年任中国京剧院院长。在其 50 余年的舞台生涯中，发展和提高了京剧旦角的演唱和表演艺术，形成一个具有独特风格的艺术流派，世称

张伯驹与梅兰芳的『诗情画意』

"梅派"。梅兰芳扮相端庄俏丽，淑静中蕴情致，妩媚中显大方，其唱腔醇厚流丽，感情丰富含蓄，表演出神入化，深受广大观众喜爱，在世界上也被誉为"东方的维纳斯"。当然，对于京剧艺术，不是所有人都能理解，例如鲁迅先生曾于1934年发表过《略论梅兰芳及其他》一文，称"缓缓的《天女散花》，扭扭的《黛玉葬花》"，"罩上玻璃罩"，"看一位不死不活的天女或林妹妹，我想，大多数人是倒不如看一个漂亮活动的村女的，她和我们相近"。这一段话很有意思吧？鲁迅在这里显然是忽视了京剧的审美特色，是批评错了的。但对于这样的话，梅兰芳没有进行任何驳斥，而是保持了沉默，也足见梅兰芳胸怀的坦荡、宽厚。

还是说一下张伯驹是如何与梅兰芳同台合演《八蜡庙》吧！这次演出的起因是北平国剧学会的成立。

庚子赔款之后，国民党政府决定将这笔款专用于文化教育方面。素有"文化膏药"之称的李石曾以创办教育文化事业而分得庚款，创办了中华戏曲音乐院，内设北平分院和南京分院。南京分院不在南京，而是在北平，院长为程砚秋。李石曾又拨款10万元，助程砚秋赴法演出。行前，邀请各界名流为程饯行，当时张伯驹为参与人之一。北平分院院长为梅兰芳。北平分院只成立了院务委员会，张伯驹也是七名委员之一。

庚子赔款的使用，在文艺界引起了纷争。梅兰芳原是程砚秋之师，有人认为，程大有凌驾于其师之上的架势，不少人为之不平。为了扩大梅兰芳的影响，有人请张伯驹做中间人，约请余叔岩与梅兰芳合作，二人欣然同意，于是发起组织北平国剧学会。成立学会的资金成了一大难题，张伯驹等人又多方为学会的成立筹集资金，终于募得5万元基金，于1931年11月在虎坊桥成立了北平国剧学会，其宗旨是"振兴国剧，发扬文化，补助教育"。学会的成立轰动一时。

在成立大会上，选举了李石曾、梅兰芳、余叔岩、齐如山、张伯驹、陈亦侯等18人为理事，王绍贤为主任理事，梅兰芳、余叔岩任指导组主任，张伯驹和王孟钟任审查组主任。

成立典礼之夜，演《八蜡庙》招待来宾，以壮声势。为什么要演这出戏呢？

因为这出戏武打演员阵容强大，其他角色也很多，特别是开打部分甚为精彩，但极吃功力，是绝对的硬活，今日已不多见，没有哪个剧团能凑成一个完整的阵容。所以，要演这出戏就要打破院团界限，大家合作。成立大会名家汇聚，恰好具备了这个条件。再就是这出剧的结局是一个"拿住了奸贼"的完美结局，符合成立大会所需要的热闹圆满的氛围。这出戏的剧情是：淮安招贤镇土豪费德功依仗有锋利无比的宝剑和触人即死的青药箭，无恶不作，独霸一方。黄天霸、朱光祖等好汉意欲除之，便与米龙、窦虎游八蜡庙。费德功恰好也游八蜡庙，见梁兰英貌美，杀死了丫环，抢回家中逼婚。兰英不从，被乱棍打死。金大力路遇兰英仆人，得知此事，遂引见施世纶、褚彪，定计与黄天霸之妻张桂兰及贺仁杰乔装改扮，经费德功门前诱之，费又将桂兰抢走。桂兰盗得费之宝剑。黄天霸、朱光祖与费德功激战。黄天霸夫妇被擒，旋又被关泰、金大力所救，终于擒拿了费德功。剧情复杂而又热闹，演起来很吸引观众。

这天出场的有梅兰芳等人。梅兰芳带髯口饰演老武生褚彪，演前，梅氏还甩髯口多次，此戏为他演戏带髯口唯一的一次。原定余叔岩饰黄天霸，但因其是日患病未愈不能出演，此角便由张伯驹担任。朱桂芳饰费德功，徐兰沅饰关泰，钱宝森饰张桂兰，程继先饰朱光祖，姜妙香饰王栋，等等，其余角色也都是反串。是日演得热闹非凡，掌声、叫好声此起彼伏。舞台上张伯驹饰演的黄天霸形象果然是年轻英武，身段矫健，大有公子风流潇洒的风度，武功技术也是了得，赢得一阵阵掌声。梅兰芳扮演的老英雄褚彪更是仙风道骨，谒然长者形象，银须飘飘，举止儒雅清爽，一言一笑、举手投足好像都有尺度管着，却又自然、艺术，正气凛然的神情弥漫于眉宇之间。开打以后，其武打功夫不输青年，一招一式，无不漂亮，在他身上好像有一种让人神魂颠倒的魔幻般的力量。梅兰芳和张伯驹，一老一少，相得益彰，十分传神默契。以至于几十年后，张伯驹仍然记忆犹新，在《红毹纪梦诗注》中写道：

八蜡庙前捉巨奸，亲承圣命下淮安。

于今只剩黄天霸，褚老英雄早化烟。

诗后张伯驹又注云："今畹华逝世已十三年，只余黄天霸尚在矣。"这里说的畹华就是梅兰芳，此外余叔岩也已去世多年，怎不令张伯驹感慨啊！至于"于今只剩黄天霸"就是自指，因为那次演出他演了黄天霸一角。

此外，张伯驹与梅兰芳在演出上还多次一块切磋、观摩，非常友好融洽。张伯驹在《红毹纪梦诗注》一书中就多次提到梅兰芳，如："余某演《宁武关》，钱宝森饰一支虎（李洪基叔父），梅畹华、姚玉芙在台下观……""《游龙戏凤》经叔岩与畹华重排，身段、念白、神情，大与一般不同，成为两人合作极精彩之戏。"张伯驹还多次评论梅兰芳的扮相："在花人中以花王誉之非虚。"评其操守："京沪梨园中人，独保持民族气节者，惟畹华、叔岩两人而已。"张伯驹还曾写有一诗，感念梅兰芳的民族气节：

感时溅泪对烽烟，绕树惊乌少一椽。

民族独存真气节，谋生卖画隐南天。

这首诗说的就是梅兰芳于抗战时期不再登台演戏，蓄须明志一事。由此亦可以看出张伯驹和梅兰芳的感情之深。

"薰沐敬书"赠伯驹

一般人们只知道梅兰芳是京剧大师，殊不知这位绝世名伶更画得一手好画。他曾跟随齐白石、王梦白等大家认真学过绘画，后来他又向多位国画大师如陈半丁、齐白石、徐悲鸿、汤定之等问业，尤其与齐白石过从甚密，据说齐白石画的牵牛花，花大如碗，花色鲜艳，画的就是梅兰芳家里的牵牛花。由此可知，梅大师所演的人物，那么舒卷自如，妆容那么雍容华贵又厚重大气，这一切都和梅大师深厚的文化积淀有关。后来，梅兰芳蓄须明志，不演戏了，就办画展、卖字画，所以绘画成了梅先生不可缺少的技艺。

梅兰芳的画清丽秀雅，神形兼备，有深厚的艺术修养。梅兰芳还是一个书法家，其书法清静隽秀，以行楷书为主，小楷尤精，并伴有唐人写经笔意。

1931年那场庆典演出之后，在一次宴会上，梅兰芳向张伯驹索起词作来，梅兰芳说："丛碧兄，近来可有大作否，也好让弟拜读一下啊？"张伯驹一听大笑："我哪有什么大作啊，都是随口吟诵而已，哪里拿得出手。您要有雅兴，我近日正有一首。"说罢，二人大笑。

过了几天，张伯驹果然将抄写工整的一首词作送给了梅兰芳：

霓裳中序第一

　　江山倏换色，万象无声都一白，桥下流冰虢虢。看亘野玉田，凌空银壁，荆关画笔。唉朔风、飞雁迷迹。凭阑望、一天黯淡，更莫辨南北。

　　清寂，埋愁三尺。玉街暗、繁云冻逼，归车难识旧宅。又夜永如年，酒寒无力，烛盘红泪滴。梦里觉梅花扑鼻。铜瓶冷、竹窗萧瑟，月影映丛碧。

其实，这是张伯驹新近作的且非常满意的一首词。

一天晚上，梅兰芳和夫人福芝芳坐在灯下细读欣赏张伯驹的词作。看了一阵，梅夫人惊叹道："好一幅迷人的雪景啊！"

这首词是伯驹先生同友人赴西山赏雪后的力作。梅兰芳笑容满面地向夫人介绍。梅夫人听着，频频点头，忽然，她打断梅兰芳的话，说："我想起来了，再过几天，就是张伯驹先生35岁寿辰了，我们怎么为他贺寿呢？"

梅兰芳微微一笑说："夫人与我想到一块了，伯驹先生送我们词作，我们就送他一幅画，我就画无量寿如何？"

"好啊！用你们文人的话说，这正好是诗情画意啊！"

"好！就是这么个主意。"梅兰芳自言自语，说了一句舞台上角色常说的台词。

任凤霞女士在《一代名士张伯驹》一书中，曾对此情节作了生动的叙述："不日，伯驹往访梅府，见畹华伏案弄笔，正在临摹明代佛像册中的一尊佛像，身披袈裟，坐榻上，右手抱一猫。畹华夫妇爱猫，伯驹爱猫更甚，常常与猫共床同睡。畹华倾心临之，墨笔线条极其工细。这时，黄秋岳先生来访，夫人急忙招待，畹华不抬一眼。画毕，畹华嘱黄秋岳书'壬申元月敬摹明首尊者象为伯驹先生长寿，梅兰芳识于缀玉轩'，然后盖上'兰芳之印'，为朱文小方印，右下钤白文'声闻象外生'方印。"

到了张伯驹寿日，畹华将这幅精心之作送给张伯驹，伯驹双手接过，眼神中流露出深深的谢意，玩味数日后，将其珍藏箧中。张伯驹67岁时，仍念念不忘故友之作，从箧中翻出观赏，惜畹华墓木已拱，追忆往事，感慨万分！

后来，张伯驹在《春游琐谈》一书中也记下了这件事。张伯驹说："惟畹华工画佛像，藏有明佛像册，常临摹。壬申正月余三十五岁，畹华为画像幅赠余为寿。画未成时，余至其家，见其伏案弄笔。畹华夫妇爱猫，余亦爱猫。畹华特摹册中一佛像，身披袈裟，坐榻上，右手抱一猫。画幅藏经纸，乾隆尺高一尺七寸许，宽一尺一寸许，墨笔线条工细。楷书款'壬申元月敬摹明首尊者象为伯驹先生长寿，梅兰芳识于缀玉轩'，为黄秋岳所代书。……画迄今三十二年，余尚珍藏箧中，而畹华墓木已拱矣。追忆前尘，能无慨然。畹华画梅存世不少，后人不知必认为真迹而宝之，故为拈出。"

而今，2018年纪念张伯驹诞辰120周年时，北京华辰"集墨楼"专场上，正有一幅梅兰芳为张伯驹祝寿而画的《无量寿》。这幅画的右侧为梅兰芳款识"丛碧兄长寿　丁丑季春梅兰芳薰沐敬写"，丁丑年即1937年，是年为张伯驹四十大寿。显然，这幅画是梅兰芳时隔5年，又专为贺张伯驹四十大寿而画的。这幅画画的是无量寿佛陀，不是身穿袈裟的佛像了。但这幅画仍然寓意吉祥，用笔细腻，敷色考究，人物刻画生动传神。有人说，画中的佛陀，是梅兰芳按照张伯驹的样子所画，有赞颂张伯驹善心如佛之意。果然，细看画中的无量寿佛陀，就是有点像张伯驹！

张伯驹还为梅兰芳画的白鸽题过诗呢，诗为：

为梅兰芳画白鸽题

行云响遏系金铃，知到青霄第几层？

飞去曾传人日鸟，已终王气十三陵。

张伯驹和梅兰芳最后一次会面，是在 1960 年，也就是梅兰芳去世前一年，是赵朴初先生亲自邀请梅兰芳、尚小云、张伯驹和潘素夫妇，还有王雪涛先生到自己寓所合作绘画的一次聚会。

尚小云是著名的京剧表演艺术家，与梅兰芳、程砚秋、荀慧生并称"四大名旦"。尚小云出生于 1900 年，比张伯驹小两岁，也是梨园界张伯驹的要好朋友。尚小云年轻时眉清目秀，身段修长，爱穿西装，脚下是白色皮鞋，异常讲究。他既是出色的京剧表演艺术家，又是书画家，擅画梅。他此时已 60 岁，但依然保持着洒脱大方的形象。

王雪涛是中国现代著名小写意花鸟画家，生于 1903 年，比张伯驹小 5 岁，是张伯驹绘画方面的知己好友。王雪涛是中国 20 世纪卓有影响的一位画家，他所画的花鸟虫鱼，刻画细致入微，情趣盎然。他年轻时曾师从齐白石、陈半丁等艺术大师。王雪涛此时正是人到中年，一身中式棉衣，没有蓄发，满脸显出历经沧桑的纯朴神态，看上去，就像一个忠厚、稳重的长者，但深沉的目光中，却深蕴着艺术的灵光。他的外貌正好与尚小云形成鲜明的对比。

赵朴初更是享誉全国，他是卓越的佛教领袖、杰出的书法家、著名的社会活动家。其时正任中国佛教协会副会长。1965 年 2 月，曾写散曲《某公三哭》，幽默、诙谐，语言犀利，文采飞扬，具有很强的讽刺性，一时洛阳纸贵，风靡全国。

赵朴初书法则以行楷、行草见长，给人一种平和大度、雍容不迫之感。他生于 1907 年，比张伯驹小 9 岁，也是张伯驹诗词书法方面的知音和好友。

赵朴初面容慈祥和善,丰满富贵,举止温文尔雅。据说,他从小就有佛缘。他7岁时,有一天看到一只蜻蜓被蜘蛛网缠住,越缠越紧,渐渐不能动弹了,他转身到厨房里找来一根竹竿,把蜘蛛网耐心地挑开,将蜻蜓救出。他母亲看了非常高兴,第二天就带儿子去廨院寺烧香。佛事结束后,母亲与先觉师父闲谈,讲起儿子会对对子,师父就指着庙中的火神殿出了一句上联:火神殿火神菩萨掌管人间灾祸。赵朴初想了想道:"观音阁观音大佛保佑黎民平安。"先觉师父笑了,对赵朴初母亲说:"这孩子将来必成大器。"赵朴初一生爱吃素,不知肉味70余年。

赵朴初请了这样几位名人硕儒齐聚家中,真可谓一大幸事,大家谈笑风生,乐不可支,室内更是春意融融。

赵朴初笑着说,今天请大家来,斋饭可不是容易吃的,都必须留下墨宝来啊!话毕,哄堂大笑,都说赵朴初佛法广大,甘愿受其指派。赵朴初乐呵呵地又说,今天的题目也不难,咱们合绘一幅画吧,各随其意,任意画之。说毕,在画案上已铺开一张宣纸,笔墨色彩早已备齐。

谈笑中,梅兰芳率先起笔,他画了一朵尚未全开的菊花,接着尚小云画了几枝竹子,王雪涛画了一枝鲜艳的桃花,最后是张伯驹、潘素绘画,张伯驹画了他最爱画的梅花,潘素画了菊花。

赵朴初异常兴奋,又对张伯驹风趣地说:"伯驹先生,你是书画鉴赏家,若干年后此画价值几何?"张伯驹说,此画无价。众人皆说回答得妙。赵朴初说:"那好,日后卖了,我看够几年的饭钱了。"众人听了又是一阵大笑。

在哄笑中,赵朴初挽起笔来,在画幅上面的空白处题起字来:千般红艳,莺歌燕舞,1960年,亲题。赵朴初。

谁也没有想到,就在此次聚会一年之后,梅兰芳溘然去世,这幅画就成了书画界这一段佳话的见证。

世事沧桑情不移

"疾风知劲草,路遥知马力。"梅兰芳去世以后,张伯驹不胜悲痛,他心中时时想念着梅兰芳，回忆着梅兰芳。向别人传授京剧艺术时，他也总是以梅兰芳为例加以解说，而且一遇到梅兰芳名声遭到攻击和批判，就不顾政治压力，愤而反击，全力维护梅兰芳的声誉和艺术。

据著名戏剧家马明捷回忆，张伯驹就是一个不屈服于任何压力，敢于在狂风暴雨中，旗帜鲜明地维护梅兰芳、维护京剧传统艺术的"硬骨头"。

那是 1963 年，马明捷刚从中国戏曲研究院毕业，被分配到吉林省文化局戏曲研究室工作，他就有了接触张伯驹的机会。他知道张伯驹是出名的京剧票友，20 世纪 30 年代又与多位京剧艺术大师过从甚密，就想向张伯驹学习京剧知识和艺术。他每次拜访张伯驹，张伯驹谈戏讲得最多的就是三个人，即梅兰芳、杨小楼、余叔岩。有一次，马明捷问梅、余、杨三大贤的艺术特点，张伯驹突然发火，说："你怎么老问特点特点的，我听了一辈子戏，也不知什么是特点。"

过了一段时间，倒是张伯驹先问马明捷："梅兰芳是你的院长，你先说说他唱戏的特点是什么。"马明捷说梅先生在舞台上雍容华贵，张伯驹冷冷插了一句："他唱《生死恨》也雍容华贵吗？"这句话把马明捷问得哑口无言。停了一下，张伯驹说："中正平和就是梅兰芳的特点，凡事以中正平和为上。你说梅兰芳的戏哪儿好？哪儿都好。你说他的戏哪儿不好？没哪儿不好。"一场解说下来，马明捷明白了很多，感到张伯驹对梅兰芳艺术的理解确实很深。

不料没几年，"文化大革命"风暴骤起，传统戏被冠以"帝王将相、才子佳人"的罪名受到批判。梅兰芳的两本书《舞台生活四十年》（第一、二集）受到批判。结果，领导让马明捷去找张伯驹，动员张伯驹揭发梅兰芳，批判他的"流毒"。马明捷只好硬着头皮去找张伯驹。原来他去张伯驹家，总是受到热情招待，这一次去，等到说明来意，只见张伯驹阴沉着脸，一言不发，原来进门就递上来的茶水也没有了。在凝固的紧张空气中，潘素问了一句："梅兰芳死了那么多年，也要批呀，这是谁的意思？"马明捷只好回答是省革委会的意思。张伯驹听了还是不说话，满脸愠色盯着马明捷，直让马明捷心里发毛，不敢正视张伯驹。终于张伯驹说话了，一口又硬又冷的河南话:"你不是梅兰芳的学生吗?你怎么还不了解他?前来问我,我就知道我自己罪大恶极,梅兰芳犯了什么罪我不知道!"一个大钉子碰得马明捷好尴尬,好难受,只觉得脸上发热,不知道说什么好,坐了一会儿就起身离开了,这一次没人送客。

张伯驹在自身不断受到批判的情况下,依然以这样的方式维护着梅兰芳的形象,维护着他们的情谊,真真令人折服。

东风似与行人便,吹尽寒云放夕阳。

改革开放的春风终于吹遍了大江南北,迎来了新时代。古代文化可以研究了,传统戏剧可以上演了,张伯驹的艺术生命重新绽出了新绿,焕发出生命的活力。

1980年初,梅兰芳夫人福芝芳在江苏餐厅设宴,要为梅兰芳一家友好,且长期为梅兰芳记文改戏的许姬传庆贺80岁寿辰,请张伯驹夫妇作陪。这许姬传比张伯驹小两岁,也是张伯驹的好朋友。许姬传长期担任梅兰芳剧团秘书,他也工书法,擅联语,并致力于文物鉴赏和收藏。这些爱好使他也成了张伯驹的知音好友。所以,张伯驹和夫人潘素欣然赴席,见了多年没见的朋友,异常亲热,谈起梅兰芳来,几人更是不胜感慨。

因为高兴,张伯驹本来酒量极小,这一回却破例多饮了几杯。回到家后,他昏昏沉沉地睡了一阵子,梦中忽得一联,骤然惊醒,赶紧起身录下:

> 并气同芳,入室芝兰成眷属。
>
> 还珠合镜,升天梅福是神仙。

这是一副很奇妙的对联,被称为嵌名联,必须将特定的名称,多为人名、地名,嵌入对联中一定的位置,还要语义关联,浑然一体,含有美好的意蕴。这是十分不好作的,所以,对联名家中,能作嵌名联且作得自然优美、文从字顺、富有意义的人不多,而张伯驹就堪称其中的翘楚,例如,他为史树青作的嵌名联"树木新栽休斧伐;青山常在有柴烧",为欧广勇作的嵌名联"广到穷荒皆坦荡;勇于大敌更从容",等等,都是绝妙的嵌名联。

　　张伯驹录下这副联语，心中自忖，还真是妙手偶得呢！上下联中嵌入了"梅兰芳""福芝芳"夫妻姓名。

　　可是，没过几天，就在 1 月 29 日，福芝芳竟然因病突然去世了。张伯驹的这副对联就成了挽联。照语义看，显然是有感于一代名家光华逝去，物是人非而作。张伯驹想起了这副联语，不意"一语为谶"，他为此感慨不已。后来，他在给友人的信中还在说此事"亦所不解者"。

　　福芝芳去世后，为怀念她和梅兰芳，张伯驹又特别画了一幅画《红梅、兰草》，并把这副联语题在上面，以作永恒的纪念。

张伯驹、章太炎互赠联语成佳话

章太炎可是中国近代史上一个如雷贯耳的名字。

章太炎（1869—1936），学名炳麟，字枚叔，初名学乘，后改名绛，号太炎，浙江余杭人，中国民主革命家、思想家、国学大师，著述甚丰。他还是鲁迅先生的老师。鲁迅在1936年临终前还回忆其师章太炎说："考其生平，以大勋章作扇坠，临总统府之门，大诟袁世凯的包藏祸心者，并世无第二人；七被追捕，三入牢狱，而革命之志，终不屈挠者，并世亦无第二人：这才是先哲的精神，后生的楷范。"

章太炎还是个很有趣且幽默的人，他酷爱抽烟，给学生讲课时，一手拿粉笔，另一只手必拿烟卷，有时讲到精彩处，拿着烟卷便在黑板上板书，常引得学生哄堂大笑。

章太炎比张伯驹大了近30岁，比张伯驹的父亲张镇芳小了6岁，堪称张伯驹父辈的人了，那么，他们怎么还会有交集呢？因为章太炎也拥护辛亥革命，反对袁世凯称帝，正与张伯驹思想相同，再加上章太炎与张镇芳相熟，曾到张家走动，所以章太炎和张伯驹就成了志趣相投的忘年交。特别是章太炎擅于撰写联语，张伯驹也是联语高手，这一共同爱好，更加深了他们的友谊。

有一年章太炎来到北平，同几个朋友一齐来到张伯驹家，交谈甚欢，一时兴起，谈及联语，章太炎便研墨铺纸，给各人书写起联语来。章太炎作联语一般不自己创作，而是多用唐宋诗句。临到给张伯驹书写联语，只见章太炎悬起笔来，稍加思索，便用篆书写下一副联语："盘剥白雅谷口粟，饭煮青泥坊底芹。"

这两句诗原是杜甫诗《崔氏东山草堂》中的颔联。原诗是："爱汝玉山草堂静，高秋爽气相鲜新。有时自发钟磬响，落日更见渔樵人。盘剥白鸦谷口粟，饭煮青泥坊底芹。何为西庄王给事，柴门空闭锁松筠。"杜诗中的"栗"被写成"粟"，"鸦"被写成"雅"，可能是一时之误，也没人计较。

那么，这两句诗是什么意思呢？清代仇兆鳌《杜甫详注》解释说："蓝田县东白鸦谷谷中有翠微寺。谷口产栗。县南有青泥水坊底堤，青泥坊下是芹的名产地。"王给事，指王维，此时王维在朝中任给事中之职，崔氏草堂与王维的蓝田辋川别业邻近。杜甫喜欢崔氏东山草堂青泥坊底芹的香气，是赞草堂食物之美，褒草堂生活之佳。

按照这样的解释，章太炎大概也是称赞张伯驹家的饭食之美了。众人看了，皆大笑，尽欢而散。

1927年，章太炎再次来到北平，参加国学会成立大会。会后，张伯驹、胡石青、溥侗等人，又请章太炎到张伯驹家。一到张伯驹家，章太炎便看到张伯驹书桌上正铺着一张纸，上书有张伯驹刚刚创作的一首"秋草诗"，其中第三、四句是："已尽余生还莽道，犹拼垂死待燎原。"章太炎看了，伸出大拇指，直夸张伯驹写得好，还说特别是第三、四句写得好，并要求张伯驹当即书写这两句，当作一副联语送给他。于是，张伯驹另铺一张宣纸，录了这两句，赠给了章太炎。书毕，张伯驹哈哈大笑说："太炎先生，今天咱们拉平，算是还了您的账了。"章太炎明白，张伯驹说的就是前几年自己书赠"盘剥白雅谷口粟"一事了，也不禁笑了起来。在笑声中，大家品评起这副联语来。有人说，这两句诗比白居易的"野火烧不尽，春风吹又生"更有味道，秋草不是被动地等着被烧，而是有了宁死不屈的精神，好像在和恶势力斗争，垂死而不屈。章太炎说："说得好，我就是赞赏丛碧先生把秋草的精神写活了。"

张伯驹与齐白石纵论联语

齐白石是我国近现代著名的国画艺术家、篆刻家、书法家和诗人，1963年被选为世界十大文化名人之一。他为中国和世界艺术宝库留下了不朽的精神财富。"齐派艺术"已成为我国艺术发展史上一座高大的里程碑。齐白石与张伯驹也是书画界的要好朋友，他们之间的交往故事，最令人津津乐道的是张伯驹和他纵论联语之艺术。

1952年春节，北京城里非常热闹，齐白石家里更是拜年的人来来往往，欢声笑语不断。

这前来拜年的人中，有两位老人，就是张伯驹和王森然。王森然（1895—1984），原名王樾，字森然，直隶定州（今属河北）人，也是国画家、美术教育家，善画花鸟，笔墨简洁，鲜活生动。他曾为人民大会堂绘巨幅国画《松鹤朝阳》，笔墨雄健，气势磅礴。他和张伯驹也是书画界的朋友。

齐白石见张伯驹和王森然来了，连忙迎出室外，招手道："哇，丛碧兄，森然兄，你们也来了，快请快请。"

叙年齿，张伯驹、王森然比齐白石晚了整整一辈，但齐白石为人朴实热诚，便是晚辈，只要是书画界的朋友，也是一律称别人为"兄"的。

张伯驹二人依老例给齐白石拜了年，然后聊了起来。齐白石说着说着就说起了老乡毛泽东，并指指身后挂着的一副大字篆书对联道："不久前我送给毛主席一副对子，也不知写得对不对，就这几个字。"

王森然看看张伯驹，张伯驹把那幅擘窠大字看了一遍，点点头道："这字是没得挑了，倒是有个字，面生！"

王森然又问："对子已送过去了？"

"刚才已说过，送去几个月了。"齐白石笑道，神色有些不解，不知道森然为什么要这么问，就看看张伯驹，"哪个字面生啊？"

张伯驹笑了笑，没有立即作答。

论和齐白石的交情，还是王森然与齐白石更近一些。王森然曾就师于齐白石，后引为知已，往来密切。王森然爱画花鸟，画风老辣沉厚，不拘成格，他非常喜欢齐白石的艺术风格。不久前，齐白石还亲自书写了一副大字对联送给王森然，居然是"工画是王摩诘，知音许钟子期"十二个大字，可见齐白石和王森然的交谊之深厚。

王森然又看看墙上挂的对联，轻声读了一遍：

> 海为龙世界；
> 云是鹤家乡。

读完，王森然对齐白石说："这两句当出自清季安徽完白山人邓石如的成句。"

齐白石连连点头道："对，对，是他的话。就是这样的对联，我送给主席了，这是我又写的一副。"

王森然说："邓石如的原句，下联是'天是鹤家乡'。"

齐白石面色一沉，好一会儿，才点点头说："对，对，是个'天'字，我当时就觉着不大顺呢。唉，这下可麻烦了，对联已经送去，如何是好？这要是在过去，可是杀头之罪呢！"

张伯驹静听了一阵，这时才呵呵一笑道："齐先生不拘成格，自成一家。依我之见，这个'云'便好过了邓石如的那个'天'字。上联若是'地为龙世界'，下联的'天'字便不可一动。上联为一个'海'字，与'云'字相对，又有什么不妥呢？"

听张伯驹这么一解释，齐白石深思一会儿，觉得颇有道理，不免心情放松，笑了起来。

张伯驹就这样轻轻一语，化解了齐白石心中的不安。

这里面，既有对联语的深刻理解，也有智慧的瞬间闪现！

几位老人又聊了一阵，临别，齐白石送他们出门，还特意嘱咐道："对联的事，就不用往外传了。"张伯驹、王森然见老人慎重的样子，又劝了几句，便离去了。

但这个伯驹妙解联语的故事，还是成了文坛上的千秋佳话。

张大千是 20 世纪中国画坛最为传奇的国画大师，一生萍踪万里，漂泊无定，往来于亚、欧、美诸邦，声噪国际，被徐悲鸿大师评为"五百年来第一人"。张伯驹也是被誉为旷世奇才之人，在词坛上被周汝昌先生誉为"以李后为主为首，以张伯驹为殿"，在文物收藏上更被启功先生评为"前无古人，后无来者"的"天下民间收藏第一人"。张大千出生于四川内江，张伯驹出生在河南项城，两人却因历史的风云际会，成了终生的莫逆之交，成就了中国文坛上的一段佳话。

书画结缘

张大千，1899 年 5 月出生于四川内江一个书香门第的家庭。张大千兄弟十人，他排行第八，名正权。

1917 年，张大千东渡日本，在京都公平学校学习染织，课余时间坚持自学绘画、学诗、治印。其二哥张善子也在日本，对张大千多有关照和影响，张大千与二哥张善子关系也最为亲近。

张大千在日本完成学业后回国，崭露头角，1929 年便被聘为全国美展干事会员。1935 年，又应徐悲鸿之邀，任了中央大学艺术科教授。也是这一年，他和二哥张善子应邀在北平举办了张善子、张大千昆仲联合画展。就是在这次展会上，张伯驹和张大千初次相见，并成为一见倾心的知己。这首先是因为他们都是绘画、书法方面的同道，对古代书画文物素有研究，也都是收藏家；其次，也是因为他们相似的家世培养了他们相似的性情，都是性格豪放不羁，爱交游，热情好客，风流倜傥。

不过，张大千的孙子张本在《看故宫，先要认识他——忆张伯驹先生》一文中说："张伯驹潘素夫妇是我祖父张大千极为尊敬的人。祖父与张伯驹相识于北京琉璃厂，结缘于碑帖书画，他们彼此间情趣相投，感情深厚，是莫逆之交。"由此推测，张伯驹和张大千的相识应早于此时，可能于20世纪30年代初就认识了。

张伯驹和张大千成了好友，便经常来往，互相馈赠书画文物，还在选购古代器皿、珍贵画卷和墨迹方面互请对方出主意，做参谋。不久，张伯驹就郑重地委托张大千，想让他促成一件大事。

1937年，叶恭绰先生在上海主持举办"上海文献展览会"。叶恭绰也是重要的文物收藏家，是张伯驹的好朋友，张伯驹应邀出席了这次展览会。在这次展览会上，他又遇到了张大千。张伯驹知道张大千和同为画家的溥儒是至交好友，而自己正渴求收购溥儒收藏的《平复帖》。

先说《平复帖》，这可是一件书法国宝，是晋代文学家、书法家陆机的一件书法真迹，在中国书法史上具有重要的意义。这卷《平复帖》就收藏在溥儒手中，而张伯驹曾于1936年亲自向溥儒求购过，只因溥儒开出天价20万大洋，自己实在无力购买而作罢，但心里又始终放不下这件事，一直担心溥儒会把《平复帖》也卖给外国人，从而使这件国宝流落海外。

于是张伯驹对张大千说："听说你马上要去北京，那就拜托您再与溥儒协商，能否把要价压到6万大洋？"张大千听了，力允一定找到溥儒，争取买下来。

那么，溥儒又是谁？他又和张大千有着怎样的交情呢？原来，溥儒的曾祖父是道光皇帝。他和末代皇帝溥仪都是同一辈分的人，也是清皇室的后人，但他比溥仪大了整整10岁，是1896年生人。溥儒，自拟字为"心畬"，别号松巢、西山逸士、旧王孙等。溥儒自幼饱学，稍长即专业研究文学艺术，曾留学德国，获博士学位，但也精通经史和书画。其30岁时，画名已经轰动一时，被认为是画坛后起之秀，将成为中国北宋山水画的不二传人，其声望已与名噪画坛的张大千不分轩轾，于是有了"南张北溥"之说。

1927年，经陈三立介绍，溥儒与张大千相识，并成了朋友。

有一次，张大千拜访溥儒，两人见面并不多话，溥先生打开自己的藏画箱，让张大千自己挑选，张大千选了一幅没有背景的骆驼补画起来。随后，二人坐在大书案的两头，每人旁边放着一些画纸，随意涂画，或一树一石，一花一鸟，然后把半成品抛给对方。对方或添加两笔，或题跋其上，再抛还过去。半天过去了，二人完成了几十幅画作。据说，启功先生曾目睹此景，心悦诚服。你看，他们二人的交往达到如此程度，够铁了吧！所以张伯驹就把向溥儒求购《平复帖》的重任交给了张大千，张大千也自信会不辱使命。

张大千到了北京，便抽空去拜访溥儒。二人相见，分外高兴。张大千没说几句，便开门见山，把张伯驹的意思说了。溥儒还是觉得自己并不缺钱，也不急着卖画，但他碍着张大千的面子，也深知张伯驹买画的目的是保存中华文物，以免外流。于是，他想了想说："你的意思我明白了，我也佩服伯驹的用心良苦，《平复帖》嘛，我不卖给外人了，就给他留着，但他要买，还是20万，不还价钱。"

张大千看溥儒把话说到这个份儿上，也不好再说什么，再说溥儒说绝不把《平复帖》卖给外人，也够意思了，至少张伯驹交给自己的任务算是完成了一半。于是二人转了话题，尽欢而散。

过了一段时间，张大千回话张伯驹：无论如何做工作，溥儒就是不松口，但也表示不把《平复帖》卖给外人，再等机会吧。张大千虽没有做通工作，但这件事更加深了他和张伯驹的情感。

出于文人鉴赏家彼此之间的相互信任与理解，在遇到共同中意的书画文物时，二人总是互相礼让，成人之美。张伯驹在《隋展子虔游春图》一文中还曾谈过这样一件事：书画商靳伯声在东北收购的宋代范仲淹的《道服赞》卷，张大千和张伯驹都有意购藏，但当张大千了解到张伯驹为避免国宝外流才极力购藏书画之后，就主动放弃对此作的购藏，并同张伯驹、故宫博物院院长马叔平一起商量收购对策，最后在故宫博物院因经费不足而不予收购时，才由张伯驹举债负起了收购的使命。除了书画鉴藏，二人亦在书画创作上多有交流，切磋技艺，合作书画。张伯驹认为，与张大千的交流对自己的书画创作与收藏都有很大的帮助。

成都相聚

1944年，正是抗日战争后期，日军已经节节败退，处于大后方的成都呈现出一片平和的气象。年初，"张大千临摹敦煌壁画展"在成都祠堂拉开了序幕。张大千因战事避居成都，在自己的家乡举行画展，可成了抗战时期的一大盛事。

这一时期，张伯驹因避祸居住在西安，也时而到成都或兰州，曾在兰州与张大千一起看过戏。这一次张大千在成都举办画展，张伯驹自然是要前来祝贺的。

在展厅里，老友重逢，格外亲切。张伯驹紧紧握住张大千的手，异常感慨地说："大千君面壁三年，终于破壁，使我领略了敦煌壁画超凡脱俗的意境，欣赏了精美的艺术珍品，真是三生有幸，您也将是华夏民族的骄傲。""不敢当，不敢当，伯驹兄过奖了。"张大千乐呵呵地说。

张大千盛宴款待了张伯驹夫妇，并由川剧名角周企何作陪。次日，张大千与夫人杨宛君又陪同张伯驹潘素夫妇共游武侯祠。在武侯祠前，张大千和张伯驹无限感慨，面对着抗战仍不知何日结束的局面，他们都怀念起诸葛亮这样的千年干才。当晚，张伯驹还填了一首词《扬州慢·武侯祠依白石韵》。

在聊天中，张大千又特别询问了张伯驹最终收购《平复帖》的经过，张伯驹细细说了一遍，最后说："大千先生，那一次我托你与溥儒相商，虽没有谈成，我还是感激你的，你是尽了力的。谋事在人，成事在天嘛！"

张大千听了，和张伯驹一起笑了起来。

不久，张伯驹满怀着朋友相会的满足和祝福，离开成都，回到了西安。

北平聚散

抗日战争结束以后，张伯驹又回到了北平。1946年底，张大千也由上海再次来到北平，作《九歌图卷》《文会图》等。作画之余，时常到张伯驹家中，看望他的老朋友。为郑重欢迎张大千，张伯驹决定举行一次盛会，邀请众多画家到家中与张大千相聚，并一起观赏《平复帖》和他刚刚收购的又一国宝级文物《游春图》卷。

这一天，画家陶心如、刘海粟、陈半丁、于非闇、吴镜汀，词人萧钟美、周汝昌、孙正刚等陆陆续续来到张伯驹的新居承泽园。大家聚到一起，谈诗论画，气氛异常活跃。

人们落座后，张伯驹先让大家看了《平复帖》，又小心翼翼地打开了《游春图》卷。

果然，《游春图》一展开，大家纷纷惊呼，叹为观止，称赞这幅画果然值得张伯驹卖掉房宅，不惜巨资投入，张伯驹真是大有眼光，出手不凡。

张大千全神贯注地欣赏着，一手捋着胡须，自言自语道："这幅画有一种富丽堂皇的古拙美啊！"

张伯驹说："是的，《游春图》开创了我国青绿山水画的端绪，所以给后世以深远的影响。"

这时有人提议：大家画一幅画吧！于是摆开画案，备上笔墨。众人提议由女主人开笔，潘素推辞一阵，也就微笑着提笔在手，在四尺宣纸的右下角落笔，有序地勾线，点染着墨，坡坨、秋林出现了，接着张大千在秋林后补一脉山屏，山屏下写一芦汀，又在坡坨旁添一叶扁舟，于非闇在坡坨左侧盖起了一座水亭，大千又补上了相向而坐的两个人物。最后张伯驹提一支狼毫小楷，于湖中补几笔水草，并题句道："丁亥冬至日，丛碧写小草，大千居士写叠嶂、芦汀、扁舟，非闇补水榭，潘素写秋林、坡坨，伯驹题记。"

不久，这些人又齐聚张伯驹家里品尝美食，张伯驹照例请大家留下墨宝，这一次不是合绘，是各自为便。有的唱和，有的泼墨，一会儿工夫，张大千的《岁寒三友》，于非闇的《赏荷》，陈半丁的《菊花图》，陶心如、潘素合画的《寒林晚照图》先后绘就，喜爱书法的又在画上题字，喜爱诗词的题词。

张伯驹则注视着《寒林晚照图》，挥笔填了一阕《浣溪沙》：

萧瑟西风一雁过，遥天渺渺洞庭波。秋心宛转奈愁何。

独向霜林伤晚景，听来落叶已无多。只余残照此山河。

客厅里气氛格外活跃，艺术家们在尽兴倾谈。

大家的心，陶醉在欢快的友情和高雅的艺术氛围中。

中午，张伯驹引导大家在宴席上一一入座，满怀兴致地给大家介绍着菜名：红煨肉、芙蓉肉、烩三鲜、白玉燕……

宴会上推杯把盏，好不热闹。

时间过得真快，转眼就是 1948 年的秋季，张大千再次来到北平。张伯驹得知后，很快联系于非闇、王雪涛、李苦禅等人于烤肉苑设宴，畅叙别后之情。

农历九月十五日晚上，张伯驹夫妇驱车来到张大千下榻的北平饭店，为张大千送行，张大千将于次日离开北平。夜深了，他们还在月光下徘徊，依依不舍，还在约定不久后的相会。但是，他们谁也没有想到，这竟是他们之间的最后一次相聚。从此，张大千只能和张伯驹隔海相望了！

第二天，张大千乘飞机飞往上海，不久又飞往成都。1949 年，张大千依依不舍地离开了内地，暂居香港，游台北，并留居印度年余，开始了长期的漂泊生涯。1978 年定居在台北的摩耶精舍。

隔海补笔

30 年过去，弹指一挥间，张伯驹和张大千都已进入了人生的暮年。

30 年间，政治运动不断，张伯驹也时时处于暴风骤雨之中，虽然自顾不暇，可他还是时时记挂着他的朋友张大千。但海峡两岸的隔绝关系，使鸿雁传书也成了泡影，他们完全失去了联系。

30年过去了，改革开放的春天也终于来了，1978年，海峡两岸的坚冰在渐渐地消融。

1979年，港澳友好邀请张伯驹前往香港举办画展。张伯驹夫妇听到这个消息，异常激动。国家有关方面鉴于张伯驹在海内外的影响，也希望他能够利用各种关系，为完成国家统一大业作出贡献。这当然也是张伯驹晚年最大的心愿。他首先想到了居住在台北的张大千。如今，有了与张大千联系的机会，该怎么办呢？他想到最近常有香港的朋友来京，何不借此请友人捎给张大千两幅画呢？于是，张伯驹请人把潘素新近才作的两幅《南国芭蕉图》带给张大千，他要请大千在画上补笔，并修书一封：

大千贤弟：

　　自戊子握别，至今已三十三载。回首前尘，恍若隔世。兄日夜思念老友，今有室人潘素绘就两幅芭蕉，请大师择一善者补写。万望老友多多保重。

伯驹顿首

书信写好后，恰逢香港的一位余先生来京，伯驹便委托这位旧友将书画带给大千。

听说张伯驹夫妇即将赴港的消息，卧病在榻的张大千也止不住一阵兴奋，立即手书一封，经香港转送北京的张伯驹，又托香港的朋友徐伯效代购返程机票两张，企盼着能够故友重逢。

这封信写得情真意切：

伯驹吾兄左右：

　　一别三十年，想念不可言，故人情重，不遗在远，先后赐书，喜极

61

而泣，亟思一接清言，无如蒲柳之质，望秋先零，不得远行，企盼惠临香江，以慰饥渴。倘蒙愈允，乞赐敝友徐伯效兄，谨呈往复机票两张，乞携潘夫人南来，并望夫人多带大作，在港展出，至为盼切，望即赐复。

专肃俪喜

弟大千爰顿首

捧读大千手书，张伯驹百感交集，恨不得立刻赴约，但终因其他缘故，未能成行。关于这个问题，包立民先生曾问过张伯驹，他在《张大千与张伯驹》一文中写道："张伯驹先生笑着对我说：'我请大千来京探亲访友，当然有叶落归根，劝他归去来兮之意，大千心里当然明白。但身不由己，台北当局肯定不会放他出来。大千劝我到香港会面，当年'四人帮'虽已粉碎，我在政治上虽已平反，但对外开放政策尚未实施，何况政策多变，余悸未消；更何况我也有点怕，怕到了香港，回不了老家。'就这样，两位艺术至交心存政治上的戒备余悸，终于未能晤面，失去了最后一次晤面机会，只待抱憾九泉。"

再说那位余先生将潘素的两幅芭蕉绘画转交给张大千后，张大千一见而大喜，竟在两幅芭蕉图上分别绘一波斯猫、一素装仕女，足见大千怀念老友，珍视潘素画稿之情意。

大千笔下的仕女背立远眺，人们认为，这表达了老人思念故土、故人，隔海遥望的心情，明眼人当从中悟出"不得见面"的寓意，透出了两岸人渴望见面的浓浓亲情。

绵绵情思

张伯驹和张大千在香港会面的愿望没有实现，他们都在接近人生的终点，但双方相互的思念却未稍减。

1981年元宵佳节，民革和中山书画社举办了一次聚会。在会上，张伯驹听说，刚从美国回大陆探亲和访问的黄花岗烈士方声洞的胞妹、著名画家

方君璧女士也参加了会议。张伯驹非常高兴,马上会见了方君璧女士。同行相见,异常亲热,张伯驹即席赋词一首《浣溪沙》:

> 玉镜高悬照大千,今宵始见一年圆。银花火树夜喧阗。
>
> 隔海河山同皎洁,阋墙兄弟早团圞。升平歌舞咏群仙。

词中流露出老人切盼祖国统一的渴望。是啊,他无一日不在思念着海峡对岸的朋友张大千。

转眼到了 1982 年的春节,一场感冒把张伯驹送进了北大医院。在医院里,张伯驹收到了友人从台北捎来的张大千的信。张大千在信中除了问候老友,还表示抱歉,说是因抱病在床,力不胜衣,勉强握笔,有如千斤,所以,补画的波斯猫和仕女图"颇不理想",只望"博得一哂"。两位老友都在病中,还不忘以打趣的口吻寄托着思念之情。在信中,张大千还告诉张伯驹,他已安排自己即将赴美国的孙子张晓鹰(亦名张本)去代他看望。

张伯驹想不到,自己就要在医院里会见张晓鹰了。

2 月 25 日,正是农历二月初二,上午 10 点,有人来访,医生劝阻:不宜见客。但张伯驹还是从病床上挣扎起来,因为这位远道而来的客人正是张大千的孙子晓鹰。

张伯驹握着晓鹰的手,泣不成声,待稍稍泪止,张伯驹就斜靠在被子上,晓鹰坐在病榻的一头,灯光一闪,留下了一幅永存的纪念照。

晓鹰也握住张伯驹爷爷的手说:"我爷爷打电话给我爸爸,说我去美之前一定要来看您,代表他来看您,还要合影留念,并一定把照片带给他。"

张伯驹流着泪说:"晓鹰啊,我已经 85 岁了,前几天刚过了生日。请转告你爷爷,我的病情已有好转,会好起来的,谢谢你爷爷,我们会再见面的。"

晓鹰的泪水也在眼眶里噙着,他代表爷爷张大千,祝伯驹爷爷健康长寿。

客人走了,张伯驹仍思绪难平,往昔的岁月,和张大千交往的情景又一幕幕浮现在眼前,他心里又有了诗作。下午 1 时,恰好他的朋友王禹时来看他,他就请王禹时帮他录下了这首诗:

病居医院

张大千兄令长孙晓鹰赴美，来视并拍照，因寄怀大千兄

别后瞬经四十年，沧波急注换桑田。

画图常看江山好，风物空过岁月圆。

一病翻知思万事，余情未可了前缘。

还期早息阋墙梦，莫负人生大自然。

1982年2月26日，张伯驹带着深深的遗憾，与世长辞了。

海峡对岸的张大千先生望眼欲穿，盼望早日见到孙子晓鹰，盼望他带来老友的好消息。张大千怎么也没料到，孙儿还未见到，却传来了张伯驹逝世的噩耗和临终的诗篇，远离故土的老人，真是肝肠寸断。

从此，张大千终日郁郁，既怀念张伯驹，又思乡不得归，茫茫海峡，何日相通？

1983年4月2日，正是张伯驹去世一年之后，张大千也撒手人寰，享年与张伯驹一样，也是85岁。

张大千的孙子张晓鹰于2017年写下《看故宫，先要认识他——忆张伯驹先生》一文。在这篇文章中，他清楚地记下了当年自己去探望张伯驹的情形。

张晓鹰在文章中说：

1982年2月初张伯驹先生因病住进医院，得悉这个消息后，我奉命前去探望，陪我同去的是著名书画家古干先生……潘奶奶急忙叫我们准备相机的同时，把他（指张伯驹）从病床上慢慢地扶了起来，用他那件穿了多年的灰棉袄裹在他身上……不承想，这竟然是这位令世人尊敬的老人生命中的最后一张照片。从照片上可以看出他在努力地露出轻松的微笑，而事实是，当古干手中的相机快门"咔嚓"一响过后，

老先生就随即倒在了病床上。他太累了，太虚弱了……今年是张伯驹老先生仙逝三十五周年（2017），值此之际，我以一首拙作《踏莎行》表达心中对他的缅怀之情：

三十六年前庚申仲冬，家父携余前往北京后海南沿初次拜望张伯驹、潘素夫妇，追忆当时之情景，填拙词一首，以表晚辈的缅怀之情。

后海冰封，残橹雪驻。气寒霜重梅花顾。晨烟深巷旧门推，院宁屋静疑人住。

老叟扶帘，素妻并步。京城公子神情穆。稀玄绝楮调皮黄，好翁词骨谁人误？

张伯驹、张大千隔年而逝，魂魄相望，已成千古遗恨，但他们传奇的一生和莫逆之交的深情也成了中国画坛上的千秋佳话。

张伯驹与刘海粟的兄弟之情

1985 年，中国新美术的一代宗师、因首先提倡采用人体模特儿写生而被称为"美术叛徒"的现代杰出画家刘海粟，写下了一篇怀念张伯驹的文章《诗卷留天地　博闻鉴古今》。他在文章中高度评价了他的好友张伯驹的文化成就，也记述了令人津津乐道的他与张伯驹在大连棒棰岛的著名谈话。

北京结缘

张伯驹与刘海粟之间的交往始于 20 世纪 20 年代初期，一次在北京大学校长蔡元培那里，张伯驹与刘海粟不期而遇。张伯驹当时正在父亲创办的盐业银行工作，但他对诗词、收藏、书法、绘画却怀有浓厚的兴趣，与同样富有才华的青年画家刘海粟十分投缘，两人很快成了朋友。

20 世纪 30 年代以后，两人又有了频繁的交往。刘海粟每到北京，必去伯驹家里。张伯驹珍藏的书画文物珍品，刘海粟一一观赏，爱若拱璧，幅幅临摹，获益匪浅。两人谈诗论画，互相启发。直到晚年，刘海粟谈及往事时还说："我早年在丛碧那里观赏临摹字画，共同切磋，于我日后的绘画很有帮助，让我终生难忘。"

特别是 1947 年冬至那天，刘海粟应邀到张伯驹居住的展春园去观赏《平复帖》和《游春图》，那天同去的还有张大千、陶心如、陈半丁、于非闇、吴镜汀、吴光宇、秦仲文、惠孝同、胡佩衡、溥松窗、周元亮，词人萧钟美、周汝昌、黄娄生、孙正刚等，可真是画家、词人大聚会啊。

大家看着《游春图》赞不绝口，刘海粟凝神观望，兴奋地说道："《游春图》在画法上已采用俯视法了，在画面的空间处理上，已完全改变了南北朝山水画那种不合乎视角比例的画法了……"不知不觉，刘海粟又开始宣传他的透视理论了。

张大千也用手捋着胡须，像是自语："此图在用笔设色上，是以青绿勾填法描绘山川、人物、树石的……画面轻重有致，精细自然，明暗间出，显示出富丽堂皇的古拙美。"

大家你一言我一语，互相品评，气氛十分活跃。

那天的宴席也格外丰盛，红煨肉、芙蓉肉、八宝鸭、烩三鲜、菊花参、琥珀冬瓜，真是色香俱全。

日落西山，大家又用晚餐，刘海粟颇有感慨地说："伯驹兄的钱款，除了收藏字画之外，其余的恐怕都用在宴会上啦！"说完，众人大笑。

棒棰岛谈话表心迹

张伯驹晚年在《重题赤松诗》一文中曾写道："余愧年长于海翁，更感其夫妇以兄长事余。'四凶'垮台，政局清明，余与海粟皆自'牛鬼'而为社会名流，此皆为望外之事，余不老死沟渠，又为社会略尽绵力，不仅余乐为，亦为余家人及姻属乐道。此事当年同在棒棰岛避暑时，海粟亦有同感，更有奋发之雄心，此余所不及也。"

棒棰岛谈话先不说，只说张伯驹说"余愧年长于海翁"一句。其实，刘海粟生于 1895 年，一说 1896 年，张伯驹生于 1898 年，比刘海粟小，但刘海粟终生视伯驹为长兄，而张伯驹在为刘海粟题词后署名又常书"弟张伯驹拜稿"。看来，他们彼此就是兄弟，是难以年龄区别兄与弟的。

再说棒棰岛，大连棒棰岛实在是一个好地方，是一处以山、海、岛、滩为主要景观的风景胜地。因为离岸 500 米，突兀而立在海面上，远远望去，极像农家捣衣服用的棒棰，所以就叫作棒棰岛了。这里云遮雾绕，空蒙迷离，传说"三山五岳"中的三座仙山就在这里。

1978 年，是中国历史上一个划时代的年份，改革开放的历史从这一年开启。全国安定团结，人民心情舒畅。这年 8 月 20 日，经历了历史磨难的老艺术家张伯驹和刘海粟、叶浅予等被安排在这里避暑，他们恰好在岛上比邻而居，时常坐在海边观潮，大摆龙门阵。一次闲谈，刘海粟突然问了一句："20 年前你戴上右派帽子之后有什么感想？"

刘海粟为什么要这样问呢？是因为在反右派斗争中，自己与张伯驹一样，都因为对艺术的坚守而被打成"老牌右派分子"，受了常人难以忍受的屈辱。

张伯驹苦笑一阵，说："先父任过直隶总督，又是第一批民族资本家，说我是资产阶级，有些道理。但是我平生不会赚钱，全部积蓄，包括卖字的钱，都花在收藏上了。这些东西捐赠国家之后，我已成了没有财产的教授，靠劳动吃饭，戴什么帽子，我倒无所谓。一个渺小的凡人，生死得失，无关大局。但说我反党，实在冤枉。而且担心：老张献出这么多国宝，换了一顶'铁冠'，传到海外，对党的威信不利。本想见见周总理、陈老总，一吐为快，后来饱受打击歧视，见领导人已极难，我又不愿为个人荣枯浪费他们的时间，一拖就是四年。1961 年我去吉林前，向陈老总辞行，陈公派车接我到中南海，问到生活、写作、爱人作画方面有何困难，然后询及我去东北后的打算。又说道：'关于右派的事，有些想不通吧？'我老老实实地说：'此事太出我意料，受些教育，未尝不可，但总不能那样超脱，做到无动于衷。在清醒的时候也能告诫自己：国家大，人多，个人受点委屈不仅难免，也算不了什么，自己看古画也有过差错，为什么不许别人错送我一顶帽子呢？其实，只要对国家有利，可以做反面教员，决无怨恨……我水平低，错了可以批评，一切都是出于善意，只盼望祖国真正富强起来！'陈公说：'你这样说，我代表党谢谢你了。你把一生所收藏的珍贵文物都献给国家了，怎么会反党呢？下面干部决定的事情不是全对的呀！我通知你们单位，把结论改成拥护社会主义，拥护毛主席，拥护共产党。我还要写信给吉林省委，让他们好好照顾你们两位老人……'"

刘海粟深为张伯驹这一段话感到震惊！他认为伯驹个性爽快，表里一致，认定真理，决不计较个人利害，又耿又犟，这是北方人极可珍视的优良品质。

张伯驹和刘海粟这一段谈话，就成了著名的棒棰岛对话。凡讲到张伯驹的思想人格时，大都引用这一段话。从这一段对话里，我们可以看到张伯驹对党对祖国的一片赤诚之心，也可以看到张伯驹那种坦荡、无私、直爽而天真的性格，其思想和人格魅力发出了令人景仰的光芒。

《金缕曲》唱和祝寿

1977年春，张伯驹八十寿辰将届，其老友、词人黄君坦首先填了三首《金缕曲》，为张伯驹祝寿。"金缕曲"词调最富表现力，宜于书写繁复多变之情感活动，或大声镗鞳，或小声铿鍧，皆不受所限。所以，黄君坦写得得心应手，语言活泼而幽默，极具美感与高度。写伯老生平，起句云："放浪形骸外。概平生，逍遥狂客，归奇顾怪。"末二句"休错认，今庞垲"，庞垲，清康熙年间诗人，有《丛碧山房集》，这里是点明张伯驹字丛碧的出处。

张伯驹看了黄君坦的三首《金缕曲》，一时兴起，连和四首《金缕曲》，首首妙语奇绝。一时之间，南北词人纷起响应，旬月之内，共36人和词，成为"文坛盛世，词苑奇葩"。

这里且看张伯驹的第一首《金缕曲》：

金 缕 曲

苍狗浮云外。几径看，纷纭扰攘，离奇古怪，百岁光阴余廿岁，身岂金刚不坏，登彼岸，回头观海。粉墨逢场歌舞梦，算还留，好好先生在。犹老去，风流卖。

江山依旧朱颜改，待明年，元宵人月，双圆同届。白首糟糠堂上座，儿女灯前下拜，追往事，只多感慨。铁网珊瑚空一世，借房名，欠了鸿词债，今丛碧，昔庞垲。

张伯驹这首词主要是说：繁华若梦已醒，好好先生还在，现在只欠了借用庞垲的房名，以"丛碧"作自己的字号这一笔账未还。这是一种自我调侃的幽默表现。

再说刘海粟，既是张伯驹的挚友，又是画家、诗人，于是，他也突发灵感，立成一首：

金 缕 曲
步韵和丛碧兄丁巳上元八十寿

浪迹天河外。数风流，非同小可，人称一怪。青梗峰前奇石古，历劫巍然不坏。从入世曾经沧海。京洛缁尘衣尽染，逞才华、赖有通灵在，凭一字，千金卖。

江山无恙园林改。喜相看，朱颜绿鬓，八旬同届。小别于今过念稔，犹记米颠下拜。忆往事。何须增慨。笔墨淋漓吾岂老，苦难偿，不尽丹青债。身幸健，志高垲。

刘海粟这首词果然是发语不凡，开篇四句"浪迹天河外。数风流，非同小可，人称一怪"，打趣张伯驹是"人称一怪"。"浪迹天涯"是个典故，这里是用汉代张骞浮槎之典形容张伯驹的出关之旅、长春生活的边塞奇遇。《汉书》曾载张骞出使西域，寻找黄河源头的事，遂有张骞泛槎至天河的传说。世人常以此典故喻神仙之境。"京洛缁尘"以下，则是把张伯驹比作生有通灵宝玉的贾宝玉。"凭一字，千金卖"，又是对张伯驹不惜千金而收藏祖国文物精神的高度评价。下片"小别于今过念稔，犹记米颠下拜"，是说张刘二人的交谊之深。"米颠下拜"也是一个典故：宋代文人学士米芾以书画为人所熟知，他的书画造诣颇高，宋徽宗时官居书画学博士，同时他又是一位玩石大家，一生博雅好石，精于鉴赏，但他生性诙谐古怪，每见奇石，便要作揖叩拜，素有"米颠"之称。

刘海粟用这个典故的意思是说，自己像米颠给石头作揖一样，对张伯驹十分尊敬和亲近。当然，这句话也明显含有和老朋友打趣的意思。

诗词寄情话"黄山"

那是1978年夏末，刘海粟离开棒棰岛后，再上黄山，这已是六上黄山了。到了初冬，他携带几十件写生稿及创作的作品来到北京，在钓鱼台国宾馆刚刚住下，就拨通了张伯驹的电话。

第二天，张伯驹夫妇前来宾馆看望刘海粟和夫人夏伊乔。

"几个月没见，海粟老兄的身体还是这般硬朗啊！"张伯驹看着精神焕发的老友高兴地说。

"伯驹老兄，你消瘦清癯，精神蛮好，可是一副长寿相啊！"刘海粟握着伯驹的手，边说边笑。

"海老六上黄山，一定又是满载而归吧！"

"快，快把海老六上黄山的作品取出来，请两位大家观赏指正。"夏伊乔夫人唤秘书。

秘书将作品搬了出来，伯驹夫妇一幅一幅看起来。

刘海粟画黄山，作品有小景，也有大画，他用泼墨、泼彩、白描等诸多手法来表现黄山的奇幻景象。在他的黄山作品中可以窥见一个大时代的亲历者对于中西艺术兼容并包的海纳胸襟，那雄奇阔远的山水云雾和艳丽的松梅画图，笔飞墨舞，气格雄浑。

张伯驹细细看着，胸中涌动着感动和创作的激情，于是，他步入画室，提起一支狼毫，蘸墨落笔，一首词一气呵成：

调寄六州歌头

题海粟大师《黄山图》

擎天拔地，声势走雷霆。俯台荡，睨衡岱，摘辰星，接通明。造化融元气，钟神秀，东南坼，撑半壁，排云雾，划昏暝。苍莽无边无际，四天外极望蒙溟。看云涛翻滚，风卷乱潮青。岩壑齐鸣，暗魂惊。

又刘郎到，潮江笔，石涛黑，合梅清！收宇宙归神照，豁澄莹，到阴晴。人在烟雾里，花梦入，竹胸成。今用古，中用外，影随形。老去奇情壮采，破长浪沧海曾经。立双峰峰顶，万象眼前生，呼起山灵。

戊午冬弟张伯驹拜稿

书毕，刘海粟紧紧地握住张伯驹的手，彼此无一言，情在无言中。

1980 年夏，张伯驹又接到刘海粟信一封：

丛碧老友万望：

我们于七月十六日抵达黄山。这次来黄山……近一星期来，连续大雨，瀑布和急湍溪流，汹涌澎湃，交相轰鸣，蔚为奇观。作画之余，随手写了几首诗词，录呈请为整理斧正。弟于此道是门外汉……下月初当来京拜谈也。北京暑热否？道体善摄。

俪安

弟刘海粟顿首仰首送您

1980 年 8 月 2 日

张伯驹喝了口茶，又继续展读随信寄来的诗词：

满庭芳·七上黄山

云海浮游，玉屏攀倚，天都插遍芙蓉。山灵狂喜，迎客唤苍松。
七度重来无恙，记当年，积雾沉沉。补天手，旋钧转轴，旭日又当中。

凭高先一笑，青烟九点，郁郁葱葱，正不知费却，多少天工。无
限笋边佳兴，都化作，挥洒从容，龙蛇舞，丹砂怀底，照我发春红。

张伯驹读着，点点头，接着读下去：

一九八〇年七月廿六日，云谷寺作油画《云谷晴翠》，归途口占

七十二峰七度攀，此身宁复在人间。
八五游历曾非梦，疑昔登临未是山。
有路禽雀飞不到，无知松柏老能闲。
更从何处寻丹嶂，莫使匆匆卤莽还。

七月廿日写百丈泉

黄山七十有二峰，峰峰削出青芙蓉。
白云红树自重重，绿烟消尽光瞳眬。
涧泉鸣咽风鸣松，恍然坐我三峡中。
谁听此声涕沾胸，天风海涛曲未终。

张伯驹看过信后，即刻复信。张伯驹在信中说："海粟、伊乔兄嫂：奉
到大札，知七游黄岳，神体俱旺，不胜欣慰。大作《云谷晴翠》《百丈
泉》《桃溪野墅眺天都莲花峰》……都不用更动。……《满庭芳·七上黄山》……
只改'齐烟九点'一句，因系山东事。"接着，张伯驹又在信中告诉刘海粟，
香港大学学生会邀自己去香港讲学并展览书画，待中央机关批准后，将在9

月中旬到达香港，"届时，我兄当已来京，贮待晤叙也"。此复信落款为"弟伯驹拜，潘素附草问候，八月十六日"。

张伯驹和刘海粟咏叹黄山的诗词，倾注着共同的审美情趣，也彰显出他们纯洁深厚的友谊。

红了樱桃，绿了芭蕉

"红了樱桃，绿了芭蕉"，说的是张伯驹和刘海粟合作绘画的雅事。

1978年底，十一届三中全会召开。会议精神振奋着老人们的心田，他们像枯木逢春，又绽放出灿烂的鲜花，艺术的春天来到了。

一天，刘海粟夫妇兴致勃勃地来到后海南沿的张伯驹家中。一进门，刘海粟就豪爽地笑着说："今天我要和伯驹兄合作一幅画，并作词弄墨，先请主人开笔啊！"

张伯驹清癯的脸上满是喜悦，他没有推辞，提起笔来在纸的左下方用焦墨和朱红点染了几串樱桃，然后摘下那副墨框花镜说："弟不擅泼墨，还是请大家挥就。"

刘海粟笑呵呵地提笔挥腕，两株芭蕉郁郁茂然地凸立于纸上，站在一旁的张伯驹不禁惊叹："真是神来之笔啊！"不错，刘海粟的画风豪放奇肆，苍莽劲拔，醇厚朴茂，多彩多姿，卓然自成一家。

"哪里哪里，"刘海粟谦让着说道，"伯驹的樱桃最为传神，是它引来了两株芭蕉。"

刘海粟又挥笔题词："流光容易把人抛，红了樱桃，绿了芭蕉。1979年2月12日张伯驹、刘海粟合作于平复堂，潘素及尹乔观画。"接着，刘海粟盖上了一方"刘海粟"白文印，一方"曾经沧海"朱文闲章，张伯驹盖了白文印"伯驹长寿"和朱文印"丛碧八十后印"，并在左下角题上"伯驹自赏"四字。

换了一张纸，刘海粟又挥笔画了一幅傲雪的红梅，请张伯驹填词。这可是张伯驹的长项，只见他笔走龙蛇，填了一首《水龙吟·和刘海粟写铁骨红梅》，词中有句："映上红旗，日升腾海，霞天同灿。看春回大地，百花齐放，满今朝愿。"这首词，感情饱满，语言清新优美，与他"胜月逢春芳草绿、杏花肥"的喜悦心情相印证。

诗卷留天地，真情鉴古今

20世纪70年代末，刘海粟先生的忘年交沈祖安先生想整理出版刘海粟的《存天阁谈艺录》，刘海粟非常支持，于是找到张伯驹，请其作序。张伯驹听了就说："未张网缯即侈谈烹煮，胡太急？"这是在和刘海粟开玩笑，意思是说还没张网捕到鱼，就讲如何煮鱼，是不是太急了啊？刘海粟则回答说："我辈早逾古稀之年，不宜早事绸缪乎？"

不错，其时，张伯驹和刘海粟都过了80岁，这时候出版自己一生的"谈艺录"的确是应该早作准备了。

听了刘海粟的解释，张伯驹答："诺。"于是着笔为尚在搜集整理中的书稿《存天阁谈艺录》作序。这篇序言于1980年重阳节时写完，题目是《重题赤松诗》。在这篇并不太长的序言中，张伯驹高度评价了刘海粟的绘画艺术及其在中国近现代画坛中的历史地位。张伯驹说：

> 海粟从艺事阅六十余年，其十七岁为沪渎美专创办人，气魄之大，气概之豪，实近百年来所仅见。近百年画坛，若任伯年弟兄，若吴昌硕师徒，若蒲作英，若黄宾虹，若齐白石，高手大家甚矣。但能立志兴学，毁家办学，冒生死创学者，鲜也。海粟有此雄才，更有此胆略，实为近百年绘画界砥柱中流，擎天栋梁，谁与之匹敌乎？
>
> 诚然，继起者有徐悲鸿，有潘天寿，亦为余所倾慕者，但发难举事，于封建大山之顽石中脱颖出者，近百年来，海粟为第一。
>
> …………
>
> 海粟之回忆录，实近百年绘画界大事记也。画坛大事，鲜有不与其无关，亦鲜有其不闻问者。其中波澜壮阔，纵横捭阖，美不胜收。

张伯驹的话，言简义丰，不愧是一篇精美的序言，其间洋溢着张伯驹对刘海粟深深的情感和推崇。

那么，这篇序言为什么叫作"重题赤松诗"呢？

原来，这里面还有一个故事。1978 年初，改革开放尚待开始，"四人帮"虽已垮台，但严寒尚未完全散去。此时的刘海粟却已敏感地看到了改革的曙光，于是他画了一幅朱松立轴，请张伯驹题句。不料，张伯驹心有余悸，作了一首诗题在画上，这首诗就用了汉代张良从赤松游的典故。

张良，汉高祖的谋臣，开国元勋之一。汉高祖杀了韩信后，张良遂提出"愿弃人间事，欲从赤松子游耳"。赤松子，传说中的仙人，后以"赤松游"表示功成自退，遁迹远隐。张伯驹用这个典故意在劝老友刘海粟也要"功成自退"，他们皆从"牛鬼"而成为"社会名流"，已应心满意足了，不料刘海粟却有奋发之雄心，还要为改革开放事业多作贡献呢！

这一题诗的事情过去两年了，如今要为《存天阁谈艺录》作序，张伯驹又想起了他当年题赤松诗的事，不胜感慨，感叹刘海粟老年犹奋发不懈的精神远远胜过了自己。于是，在这篇序言的结尾，张伯驹又题了一首诗：

世道清明日，子房还俗时。

休提避谷事，重题赤松诗！

时在一九八零年重阳于京华南河沿蜗居

张伯驹此序作好后一年多，就溘然去世了。

每每提到这篇序言，刘海粟便不胜感慨。

张伯驹去世后，有一次张伯驹的夫人潘素去看刘海粟，围炉夜话，又谈到张伯驹的许多往事，触动了刘海粟的心怀，于是，记忆的闸门大开，他觉得有必要介绍一下张伯驹这位杰出的人物。

不久，刘海粟写出了《诗卷留天地　博闻鉴古今——怀念张丛碧》。

在这篇长文中，刘海粟第一段就写道："丛碧词兄是当代文化高原上的一座峻峰。从他广袤的心胸涌出了四条河流，那便是书画鉴藏、诗词、戏曲和书法。四种姊妹艺术互相沟通，又各具性格。堪称京华老名士，艺苑真学人。"

这段话就成了此后研究张伯驹的学人经常引用的话，也成了对张伯驹评价最有代表性的定评。

如今，文化界的两位大师都已经远离我们而去，但他们的交往，他们为中国文化所作出的贡献，他们充满激情肯定对方诗文的故事，正如刘海粟所说"诗卷留天地"，将永远以动人的挚情散发出无尽的魅力。

张伯驹与袁克文

袁克文是袁世凯的次子，潇洒风流，多才多艺。他工于诗词，擅长书法，能文会画，复精鉴赏，篆刻、辞章、考证、金石卓然可传，尤其酷爱戏剧，为京昆名家，喜好结交，时人视为博雅才子，驰誉当世。张伯驹就是他要好的朋友之一。

"中州二云"

张伯驹曾有一首诗云：

公子齐名海上闻，辽东红豆两将军。
中州更有双词客，粉墨登场号二云。

两将军，"辽东"指张学良，"红豆"即溥侗，溥侗字西园，艺号红豆馆主，他是末代皇帝溥仪的堂兄。"二云"即指自己和袁克文。袁克文是袁世凯的次子，人称"二皇子"，袁克文字豹岑，号寒云，据说是因为他曾获宋人王晋卿的《蜀道云寒图》。张伯驹则号"冻云楼主"，这"冻云"也是有出处的，唐方干《冬日诗》云："冻云愁暮色，寒日淡斜晖。"宋陆游也有词云："扶杖冻云深处，探溪梅消息。"

袁世凯是项城人，人称"袁项城"，袁克文和张伯驹也是项城人，人们说，伯驹英挺，寒云文秀，真不愧是"项城二才子"。"项城二才子"也都名列所谓"民国四公子"之中。

张伯驹结识袁克文也是很自然的事，因为张伯驹的姑母，也就是他父亲张镇芳的一位堂姐嫁给了袁世凯的大哥袁世昌，张伯驹就和袁克文成了表兄弟，袁克文大张伯驹8岁，是为兄。

袁克文（1890—1931），其生母为朝鲜金氏，关于袁克文的出生也有一个传说：袁世凯正在睡午觉，恍惚之间，看见朝鲜国王牵着头金钱豹笑眯眯地走来。快走到门口时，金钱豹忽地向空中一跃，猛力挣脱了项圈直奔内室而去。袁世凯从梦中醒过来时，室内传来了婴儿的哭声。因为这个梦，袁克文被父亲赐字"豹岑"。

袁克文长大后，潇洒风流，多才多艺，自比曹植，所以人称"袁门子建"。

他的老师、钱币学家兼亲家方地山，对袁克文的才华十分赏识。据说有一天，方地山请袁克文吃西瓜，突然想出一个上联："思前想后，看《左传》书往右翻。"袁克文立即对上："坐北朝南，吃西瓜皮往东甩。"让方地山拍手叫绝。1907年6月，袁克文在北京翠微山度假，触景生情，写下了他的诗歌处女作《五律》：

> 醉涉翠微顶，狂歌心已酣。
> 临溪堕危石，寻径越深潭。
> 云气连千树，钟声又一庵。
> 苍茫归去晚，胜地此幽探。

张伯驹在文化艺术上和袁克文有着共同的爱好和才华，自幼酷爱艺术，工诗词，能绘画，擅京剧，精鉴赏，为近现代著名的诗人、收藏家、戏剧家、书画家，他不愿与政界、军界人士往来，乐与文人学士交友，与袁克文人品相近，志趣相投，再加上姻亲关系，于是成了最亲密的知己。张伯驹曾在诗中描绘袁克文"清癯玉骨不胜秋""风流儒雅亦相知"的风采，并称赞袁克文的词"跌宕风流，自发天籁，如太原公子不修边幅而自豪，洛川神女不假铅华而自丽"，由此可见张伯驹对袁克文才华的欣赏。

袁克文也是十分欣赏张伯驹的才华和为人的,他曾写一联语赠给张伯驹,联语云:"十有九输天下事,百无一可眼中人。"上句的意思是说,自己不是个政治家,也不屑于参与政事,因此,自己在政治上"十有九输",没有才能,处处碰壁。这当然是自嘲。至于下一句"百无一可眼中人"则是夸奖张伯驹的才华和人品,意思是说,在当今世上,能够被自己看上的人不多,大都是浑浑噩噩的庸人,只有张伯驹才是自己"青眼有加"的名士,是"百无一可"中的唯一啊!可这个联语送给张伯驹后,伯驹自言"不敢挂",他说:"这个联语如果我挂在自己家里,客人来了,还以为我看不起人家哩,我哪里敢挂啊!"

同是票友

张伯驹和袁克文都爱登台演戏。1930年冬,张伯驹和袁克文,还有红豆馆主溥侗,同登开明戏院舞台,演义务戏。当天剧目是:袁克文与王凤卿、王瑶卿演《审头刺汤》,大轴戏是张伯驹和溥侗演的《战宛城》。戏一直演到深夜3时,卸装后,袁克文意犹未尽,遂邀诸人同至城南花街买醉。时正值下大雪,一路踏雪而行,来到韩家潭一带,室外虽是漫天大雪,室内却是炉暖灯明,一案置酒肴,一案置纸墨。原来那些风流客听说袁二公子驾临,纷纷求他留下墨宝。于是妓馆的姑娘们凑趣,为他抻纸。袁寒云左手持笺,将纸张悬空,他挥笔书写,笔笔有力,而纸不损坏。袁克文真草隶篆无所不能,大字小楷遒劲茂美,华赡流丽,清奇俊逸,具魏晋唐宋之风流。袁寒云即席赋《踏莎行》一首:

> 随分衾裯,无端醒醉。银床曾是留人睡。枕函一晌滞余温,烟丝梦缕都成忆。
>
> 依旧房栊,乍寒情味。更谁肯替花憔悴。珠帘不卷画屏空,眼前疑有天花坠。

也有人说，这首词前三句在《辛丙秘苑》中为"如我昏沉，匪伊朝夕。寸心终古无人识"。

张伯驹也和袁克文之韵，赋《踏莎行》一阕：

> 银烛垂消，金钗欲醉，荒鸡数动还无睡。梦回珠幔漏初沈，夜寒定有人相忆。

> 酒后情肠，眼前风味，将离别更嫌憔悴。玉街归去暗无人，飘摇密雪如花坠。

张伯驹的词，对袁克文孤寂落拓的万古之愁，颇有慰藉之意。

等到把求书的人都打发走，已是凌晨了，袁克文和张伯驹携手走出霭兰室，只见彤云密布，飞雪漫无边际。张伯驹晚年回忆此事，曾有诗写道：

> 琵琶声歇郁轮袍，酒意诗情兴尚豪。
> 门外雪花飞似掌，胭脂醉对快挥毫。

袁克文也酷爱戏剧，是戏剧界的名票友，他最拿手也最喜欢的是与溥侗串演的剧目《惨睹》。此剧唱的是明代燕王朱棣（明成祖）攻破南京，建文帝和大臣程济化装为僧、道，流落于滇黔巴蜀间。袁克文以建文帝自比，饰建文帝惟妙惟肖，悲歌苍凉，大有悲从中来之意。当他唱到"收拾起大地山河一担装，四大皆空相，历尽了渺渺程途，漠漠平林，垒垒高山，滚滚长江。但见那寒云惨雾和愁织，受不尽苦雨凄风带怨长。雄城壮，看江山无恙，谁识我一瓢一笠到襄阳"时，声泪俱下，真切动情，常能感动观众，赢得喝彩。

张伯驹多次看袁克文演此剧，很是理解袁克文的心情，曾说："寒云演此剧，悲歌苍凉，似作先皇之哭……回看龙虎英雄，门下厮养，有多少忘恩负义之事，不啻现身说法矣。"并有一诗，言说此事：

慷慨淋漓唱八阳，悲歌权当哭先皇。

眼前多少忘恩事，说法惟应演刺汤。

至于最后一句"说法惟应演刺汤"，则是说袁克文也喜欢演《审头刺汤》一剧，在剧中饰汤勤，身段之绝妙，连老演员都深为佩服其表演逼真。

同反帝制

张伯驹与袁克文要好，除了他们有共同的性格和爱好，重要的是他们有一个共同的思想，就是反对帝制。

袁克文是袁世凯子女中唯一坚决反对其称帝的人。袁克文从不参与家人特别是兄长袁克定对"称帝"的筹备工作，也不试穿"皇子"衣服，还自制了一枚"皇二子"的印章自嘲并到处盖印，以此免去兄长的猜疑。虽然如此，他也不敢明目张胆地与父亲作对。一次，深秋某日，袁克文与爱妾薛丽清同游颐和园，泛舟昆明湖，当晚宿于玉泉山的玉泉精舍。面对萧瑟凄凉的夜景，他写下了两首诗，其中一首《感遇》写道：

乍着微绵强自胜，阴晴向晓未分明。

南回孤雁掩孤月，西去骄风动九城。

隙驹留身争一瞬，蛰声催梦欲三更。

绝怜高处多风雨，莫到琼楼最上层。

关于这首诗，在当代不同作者的文章中有着不同的版本，借着本文，再列出一些，以供研究者参阅。例如，侯宜杰先生在《百年家族袁世凯》一书中说，1932年1月《北洋画报》发表的这首诗为：

乍著微棉强自胜，古台荒槛一凭陵。

渡飞太液心无往，云起苍崖梦欲腾。

几向远林闻怨笛，独临虚室转明灯。

绝怜高处多风雨，莫到琼楼最上层。

任凤霞女士在《一代名士张伯驹》一书中，说这首诗是这样的：

乍着微棉强自胜，阴晴向晚未分明。

南回寒雁掩孤月，西落骄阳黯九城。

驹隙存身争一瞬，蛮声警夜欲三更。

绝怜高处多风雨，莫到琼楼最上层。

王忠和先生在《民国四公子》一书中说这首诗为：

乍著微棉强自胜，古台荒槛一凭陵。

渡飞太液心无往，云起魔崖梦欲腾。

偶向远林闻怨笛，独临灵室转明镫。

绝怜高处多风雨，莫到琼楼最上层。

还有一些字句不同的版本不再一一细录了，但不管怎样，最后两句都是相同的。这首诗的精华正在于最后两句：规劝父亲适可而止，不要走到极端，不要去当什么皇帝。这首诗被袁克定举报到袁世凯那里，引起袁世凯极大不满，并将袁克文软禁起来，禁止他继续与文人雅士来往。

这首诗不久传到社会上，大家以为是袁克文讽谏其父称帝之作，对其相当敬佩，其名声也因此愈益远播。当张伯驹读到这首诗的最后两句时，也是双眸射出欣赏之神采，连声赞道："妙，妙啊！"心有灵犀一点通，张伯驹对其表兄反对其父称帝感到高兴。到了晚年，张伯驹对此事也有一诗回忆：

抗节书生已可钦，陈王义更感人深。

五元一命兰亭本，早见琼楼玉宇心。

至于"五元一命兰亭本"，则是说袁克文的另一件事：南方名士吴步蟾因上书劝阻帝制，触怒袁世凯，几遭不测。袁克文恰好在朋友处偶遇身无分文、只好出售手上珍贵的《落水兰亭帖》以求逃跑路费的吴步蟾。袁克文慷慨答应亲自护送吴乘车去天津，可到了车站，袁克文才发现自己也没有带钱，只好向仆人借了五元钱，帮助吴买了车票，吴便将《落水兰亭帖》送给袁克文，并说："真是五元一命兰亭帖啊！"

天涯追思

1930年农历年底，也就是1931年初，张伯驹已迁居北京。春节前夕，张伯驹到天津袁家拜年，还没坐稳，就抽身往袁克文处，相见欷歔，大有一日三秋之慨。但是，张伯驹怎么也没有料到，这竟是他和袁克文的最后一面。张伯驹回到北京不多日，1931年3月，袁克文便因病去世了。伯驹闻听，极为悲痛，遂书写挽联，寄托哀思：

天涯落拓，故国荒凉，有酒且高歌，谁怜旧日王孙，新亭涕泪；

芳草凄迷，斜阳黯淡，逢春复伤逝，忍对无边风月，如此江山。

1938年，张伯驹决定自费为好友袁克文印制袁克文的词集《洹上词》。这本词集编好后，张伯驹又为词集写了序言，其中说道："余与寒云为中表亲，方其盛时，未尝见也，己巳岁始与过从，共相唱酬为乐，乃恨相见之晚焉。无何，寒云化去，余旋作过江之行，丙子春北归，与方大地山访寒云故庐，索其词稿，谋付之梓，其夫人及方大之女公子手写畀余，即今所刊稿也……"

对于这个序言有必要作个解释：己巳岁为1929年，而袁克文死于1931

年，这么说，张袁两人过从仅两年而已。其实，这样的理解是不准确的，这里所说的过从，只是指诗词"相唱酬为乐"而已，就是说他们之间真正对对方的诗词有了深刻理解和互相酬唱的事，多集中在这一段时间里，而不是说此前就没有交往过，此前的交往多是集中在亲戚情义和共同反对称帝一事，还没有在诗词上成为"高山流水"的知音。

在刊刻这些词后，张伯驹仍然情郁于胸，又作一词，即《金缕曲·题寒云词后》：

一刹成尘土。忍回头、红氍白雪，同场歌舞。明月不堪思故国，满眼风花无主。听哀笛、声声凄楚。铜雀春深销霸气，算空余、入洛陈王赋。忆属酒，对眉妩。

江山依旧无今古。看当日、君家厮养，尽成龙虎。歌哭王孙寻常事，芳草天涯歧路。漫托意、过船商贾。何逊白头飘零久，问韩陵、片石谁揩语。争禁得，泪如雨。

有一年，张伯驹又到天津西沽，欲往袁克文墓地祭拜，但一打听，克文墓已被其家人迁走，不知移葬何处。张伯驹只好怅然而归。

到了晚年，张伯驹写作《续洪宪纪事诗补注》时，还写了两首诗追忆此事：

悲歌对酒各天涯，涕泪新亭日又斜。
却恨故人成宿草，不曾沽上吊桃花。

诗后作注道："寒云葬西沽，大方为书碣。西沽以桃花名。庚戌（1970年）春，余与张牧石往访西沽某诗人，问寒云墓，欲往一吊，云寒云墓已为其家人迁去，不知移葬何处，为之悯然。"

另一首诗云：

诗钟分咏作招魂，一痛车茵忍更论。

洹上词余蛇尾集，褒城家住马头村。

诗后注道："昔与寒云，每在天津国民饭店为词集唱和，名'蛇尾集'，盖取虎头蛇尾之意。词登《北洋画报》。后与沽上词人寇梦碧、陈机峰、张牧石作诗钟分咏，有'寒云、奇双会'一题，余一联云：'洹上词余蛇尾集，褒城家住马头村。'下句乃《奇双会》戏词也。寒云亦曾演《奇会》中之巡按李泰。沽上词人多谈及寒云事，每有余痛。"

张伯驹作此诗时已年届八十，依然念念不忘参拜袁克文墓地一事未成的心中哀痛，感叹故人已化为宿草，可见其情义之深长感人。

张伯驹的姑母，即其父张镇芳的堂姐（张镇芳伯父张大木之次女）嫁给了袁世凯的大哥袁世昌，于是，张、袁两家成了亲戚，张伯驹喊袁世凯为"四伯"，袁世凯长子袁克定喊张镇芳为"五舅"。袁克定生于1878年，大张伯驹整整20岁，就成了他的表兄。袁克定在袁世凯称帝的闹剧中是一个推波助澜的人物，但他在抗日战争时期，又晚节可风，因而，张伯驹对他这个大表兄的态度也是很复杂的。

"皇恩始感浩无涯"

要讲张伯驹对袁克定的感情和态度，就要先讲张伯驹对袁世凯及其称帝一事的看法，这一看法决定了张伯驹对袁世凯及其"皇太子"袁克定的评价和态度。

要讲张伯驹对袁世凯的看法和评价，不妨看张伯驹晚年在《续洪宪纪事诗补注》中的几首诗，就一目了然了。

1915年春节前，正在陆军混成模范团学习的张伯驹放假在家，张镇芳便安排他到北京去给袁世凯拜年。袁世凯在中南海居仁堂召见了张伯驹。袁世凯久经官场，道貌岸然，仪态威严，有不怒自威之感。张伯驹初见袁世凯也有几分紧张和惶恐。当他给袁世凯磕头时，袁世凯双手将他扶起，细细端详，看张伯驹个头足有一米八，风度翩翩，举止文雅,面庞英俊,不禁高兴地问张伯驹愿不愿意到府里(总统府)来当差。张伯驹回答说,正在模范团学习呢。袁世凯说:"好好学习,毕了业,就到我这里来。"张伯驹看到当今的大总统如此礼遇自己,心里很是感动,当他回到家时,袁世凯所赐的礼物已经先送到了,有金丝猴皮褥子两件,狐皮、紫羔皮的皮袄各一件,书籍四包。张伯驹自己承认,18岁的他从来没服气过谁,但经此一事,英气顿消,似乎彻底被袁世凯笼络住了。他在一首诗中记下了自己对这一件事的感受:

> 拜贺春元纪岁华,皇恩始感浩无涯。
> 褒嘉数语消英气,赐物先人已到家。

袁世凯的震慑力之强,虽未明言,却尽在不言中了。但对于袁世凯的文才,张伯驹也有评论,他有诗云:

> 韬居指顾望铜台,不数阿瞒横槊才。
> 犹记雄风传诗句,一行猎马急归来。

张伯驹又注云:"世谓项城为武夫,不通翰墨,不尽然。项城能诗,大有阿瞒横槊之概……记其(冬日即目)诗有句云:'数点征鸿迷处所,一行猎马急归来。'气象开阔。"

当然,对袁世凯称帝之闹剧,张伯驹是非常反感和反对的。对此闹剧,张伯驹也有一诗进行了辛辣的讽刺:

> 踉跄列队大街游,请愿声高索报酬。
> 向背人心何用问,真民意最爱袁头。

原来上街请愿要袁世凯称帝也是要报酬的,因此,张伯驹幽默地指出,袁世凯本人,远不及以其肖像铸的银洋更受人民欢迎。换言之,民以食为天,民生问题不解决，民主、帝制之争不过虚言而已，群众拥护帝制是假，不过是想借此弄钱罢了。

"一场戏演打龙袍"

袁克定本无雄才大略，却以太子自居，左右谋士只知谄媚，更使其骄倨，见人行跪拜礼则喜。对于袁克定的无能，张伯驹看得很清楚，他也有一诗讽刺袁克定：

纵使龙兴鼎革新，后来谁是继承人。
邺台只有陈思俊，惜少唐家李世民。

这首诗的意思是说袁克定才能远不及李世民，无法助父底定江山。

张伯驹对袁克定最为看不起，无情揭露并嘲讽的一件事就是袁克定假造《顺天时报》，给"袁世凯挖了个大坑"。

1915 年，日本外务省在北京出版一份汉文报纸《顺天时报》，发行量很大，其言论也往往反映着日本政府的立场和对华态度。袁世凯很重视这份报纸，每日必看。但《顺天时报》常发文章对袁世凯称帝表示不满。袁克定害怕其父阅后思想动摇，改变主张，于是，为了坚定袁世凯复辟帝制的决心，就集合了一批人，每天编制一份假的《顺天时报》，进呈袁世凯，说全国确是一致拥护帝制，以此蒙骗父亲。这样，中南海和外界的真实消息就隔绝开来了。袁世凯看到全国舆论一致，越发急于登上皇帝宝座。

可事情却偏偏败露了。袁世凯三女儿袁静雪的一个丫头省亲回来，给三小姐买回一包五香酥蚕豆，就是用一张真的《顺天时报》包的。袁静雪发现和她看到的《顺天时报》不同，于是找来府中同日的《顺天时报》，一对照，很多内容都不一样，问二哥袁克文，袁克文说早知道是袁克定伪造的，只是不敢对父亲说明。结果，袁静雪便把真的《顺天时报》拿给袁世凯看。次日，袁世凯把袁克定找了来，袁克定一看露馅了，便跪着求饶。袁世凯气得浑身发抖，一边令人用鞭子抽打袁克定，一边大骂他"欺父误国！欺父误国！"。按袁氏家规，子弟有过，尊长令旁人挞之；但他人对"皇太子"怎敢真打，只作比画而已，真如演戏《打龙袍》一样。于是张伯驹晚年的诗写道：

> 群言举世已滔滔，假印刊章孰捉刀？
> 袁氏家规惩大过，一场戏演打龙袍。

由这一首诗便可看清楚张伯驹对他这位大表兄的态度了。

但近日看到一些人发文指出，"袁克定伪造《顺天时报》骗袁世凯"很可能是伪史。《顺天时报》性质特殊，袁克定欲通过伪造该报来蒙蔽袁世凯，断难办到，因为袁世凯有多种渠道可以了解日本对帝制的态度和立场，不会只凭一张《顺天时报》作出判断。袁克定伪造《顺天时报》的事实原型，很可能是"袁乃宽伪造上海《时报》"。笔者认为这些推断是有道理的，但目前尚未定论，故仍留存此一情节，以供大家参考。

"家国山河半梦中"

袁世凯死了，皇帝梦破灭了，一家的荣华富贵可谓风流云散，好不凄惨，袁克定的晚年生活凄凉而落魄。袁世凯死前那句"他害了我"，像一根鞭子悬在他头上，使他的灵魂难以安宁。对于此事，张伯驹也有一诗记之：

> 一瞬泡沤世渺茫，笑他败寇与成王。
> 沐猴冠带无今古，不止袁家有假皇。

到了抗战时期，袁克定的家境每况愈下，手头拮据，那时他还想通过关系，请求蒋介石返还他被没收的袁氏在河南的家产。蒋没答应，袁克定只好以典当财物为生。华北沦陷以后，有一次，曹汝霖劝袁克定把彰德洹上村花园卖给日本人，但袁克定坚决不同意，说这是先人发祥地，为子孙者不可出售。

1937 年 7 月 7 日，卢沟桥事变发生，在国家与民族面临危亡之际，袁克定表现出了不屈的民族气节，这一点深为张伯驹佩服，极大地改变了对袁克定的看法，并对困顿中的袁克定伸出援手，显示出宽厚的仁人之心。

当时日军想拉拢袁氏之后，尤其是长子袁克定。如果袁克定能在华北伪政权任职，恐怕对北洋旧部还能施加些影响。袁克定以年迈多病为由婉言谢绝。过了几天，《新民报》上登出《拥护东亚新秩序》的声明，签名者中赫然列有袁克定的名字。袁克定提笔给《新民报》及各大报馆分别写信，澄清他不在联名之列，可是所有报馆均不敢刊登。他又辗转托人，得到了一个亲华的日本人野畸诚近的帮助，才将他的这则声明登在了报纸上。他声明：本人身体多病，任何事情不闻不问，并拒见宾客；拥护东亚新秩序的声明未经本人同意，署名不予承认。声明一登，舆论哗然。因为袁克定在政界、社交界是无人不晓的，他的这一登报声明，影响极大。他敢于在日本人威胁利诱的情况下不为所动，表明自己的政治态度，是要有相当勇气和骨气的。果然，这则声明引起日本人的仇视，日本特务、汉奸日夜监视他的住宅，但始终未敢对他下手。汪精卫后来又托人带上礼品和一笔不小的钱款，游说袁克定。袁克定对来人说："礼物我收下，这是私谊，钱恕我不能收，请如数带回。"袁克定始终拒绝对敌屈服，凛然自守，晚节可风。

对于袁克定拒绝出任伪职的表现，傅作义将军极为赞许，蒋介石也很欣赏。抗战胜利后，蒋介石在北平宴请不受日本要挟，拒绝出任伪职的靳云鹏和袁乃宽，表彰他们的忠贞，同时委托袁乃宽向袁克定代为致意。

为此，张伯驹对袁克定称誉有加，直到晚年还写诗道：

> 三公四世是吾宗，大马金刀亦可风。
>
> 气节不移严出处，难兄难弟后先同。

"秃笔还能画草虫"

对袁克定保持晚节的行为，张伯驹很是赞同，因此，不念其旧恶，仍时而去看望他。

卢沟桥事变后，袁克定住到万牲园（今北京动物园）翠竹楼。1938 年 12 月是袁克定六十寿辰，张伯驹前往祝贺，并亲笔写下了一副寿联：

> 桑海几风云，英雄龙虎皆门下。
> 蓬壶多岁月，家国山河半梦中。

张伯驹还赠寿仪 200 元。那天袁克定的情绪本来是不错的，但见了这副寿联，脸上顿时黯然失色，当场退还了张伯驹的赠金。张伯驹事后也颇为懊悔，本意是祝寿的，寿联也是感叹袁兄家世沧桑之变，人情淡薄，处境凄凉的，不料在袁克定看来，难免就认为是对其家庭的嘲笑，勾起他对往日一系列事变的回忆。祝寿变成了揭人家的伤疤，张伯驹很是为自己的失误自责，以致数日不能安睡。

后来袁克定移居颐和园清华别墅，与清朝宗室、画家溥心畬为邻，往来密切，聊以自娱。这时张伯驹亦于颐和园租一房舍，与其时相往来。

到新中国成立前夕，袁克定的生活已经穷困潦倒了。他卖掉天津特一区住宅所得的 85 万元，全被贴身佣人白钟章领去；京津两地的文物，被佣人申天柱以开古玩店为借口，全部骗去；只剩下一个忠心耿耿的刘姓老仆人，说什么也不愿意离开他。实在揭不开锅了，这位老仆人就会上街去转悠，想方设法弄点吃的东西回来。即便到了这个地步，袁克定依然保持着"太子"遗风，一日三餐，无鱼无肉，甚至没有菜蔬，仅以窝窝头切片，佐以咸菜，但他仍然正襟危坐，胸戴餐巾，不改昔日的派头。对此，张伯驹也有一首诗写道：

池水昆明映碧虚，望洋空叹食无鱼。

粗茶淡饭仪如旧，只少宫詹注起居。

后来实在无法生活，袁克定只得迁到张伯驹在西郊海淀的展春园寄住。

至于住到展春园以后的情况，张伯驹的女儿张传綵曾有过清楚的回忆，她说："在展春园第一次见到袁克定时，我想，原来这就是要做'小皇帝'的那个人啊！那时候我眼中的他，只是一个年过七旬的很可怜的、没人关心的、有些孤僻的老人，并不像电影或文学书中描绘的那种老谋深算的样子。袁克定在展春园里从不抽烟，和客人见面也很客气、和善，总是微微欠身点头致意。"

对于在展春园里的袁克定，张伯驹也有一首诗作了很生动的描述：

日课拉丁文字攻，凌晨起步态龙钟。

皇储谁谓无风雅，秃笔还能画草虫。

张伯驹在诗后注道："云台（克定字）居余展春园，每晨起散步。因昔于彰德坠马伤足，且年已过七十，步履颇龙钟。回室后，即读拉丁文，曾为室人潘素画花卉草虫数开，虽不工而笔亦古拙，又有题潘素画诗。今画已失，而诗尚存。"

从这一段注里，我们可以看到，张伯驹不仅简要生动地描绘了袁克定晚年的外表及生活情况，也论及其才学。这首诗也是张伯驹对其颇为幽默和风雅的调侃。

有一次，张伯驹的好友章伯钧和张伯驹闲聊，问袁克定后来情况怎么样，张伯驹如实相告："克定大半生随父，为袁世凯出谋划策，自己也身受荣华富贵，到了抗战时期，克定的家境就每况愈下了，人知梅兰芳蓄须明志，其实北京沦陷八载，克定身处困顿之境，拒任伪职也是有气节的，可惜知之者甚少。后来，我看他家产耗尽，生活难以为继，便将他接到我家里，他住在楼上，满屋子的书，以德文书最多。他这个人，每日就是读书译述，我们家里常有人来谈论诗词书画，弦歌聚会，他是不下来的。"

1949年以后，中央文史研究馆成立，经副馆长章士钊推荐，报政府批准，袁克定也被安排到中央文史研究馆，每月有五六十块钱的工资，他每次拿到工资，都要交给张伯驹的夫人潘素，但张伯驹从不让收他的钱，说既然把他接到家里了，在钱上也就不能计较了。但不久，因为袁克定的言论一如其旧，被认为思想反动，工资也被停发了，停发以后，他的生活就全由张伯驹照顾了。

后来，张伯驹夫妇离开展春园，曾暂时移居海淀的一处园墅，袁克定仍与张伯驹夫妇同住一个院子。时近中秋，院内有盆桂数株，馥郁袭人，袁克定却让人把桂花移至别处，说他闻不惯桂花香气，张伯驹又作诗一首：

新移园墅小轩堂，明月中秋照夜凉。
怪底多为遗臭事，生来不爱桂花香。

此诗讥笑袁克定当年极力运作袁世凯称帝，迷惑其父，是"遗臭事"。

1953年，张伯驹把展春园卖给北京大学，搬到了后海南沿，也给袁克定一家买了间房子，照样接济他的生活。

1958年，袁克定去世，张伯驹为其料理了后事。

天有不测风云，人生命运有变，但无论风云如何变幻，无论世态如何炎凉，张伯驹始终不变的是他那颗仁者的心。

关于"民国四公子"的提法

关于"民国四公子"的传奇及其提法，现在在民间的确是很流行的，只要一提起张伯驹，就想到"民国四公子"的称号，就想到另外三位，即袁克文、溥侗、张学良。对于这一提法，故宫博物院章宏伟研究员是不认可的，他在《张伯驹研究辨谬》一文中认为，张伯驹名列所谓"民国四公子"之说是毫无意义的。

章宏伟之所以这样说，主要原因有两个：一是民国时期各种报刊上并无"民国四公子"的消息或提法，没有一位学者能够说出这种提法出自何处；二是从年龄上说，溥侗比袁克文大 19 岁，比张伯驹大 27 岁，比张学良大 30 岁，差了辈分，如何能并称？

对于章宏伟的说法，笔者认为是有一定道理的：一是民国时期的确没有这种明确的提法；二是称不称张伯驹是"民国四公子"之一，都不影响张伯驹的崇高形象；三是他们之间的确年龄差距大一些，也不可能四人在相当的时间段里有密切的交集。那么，这种说法来自何处？章宏伟说，还是来自张伯驹的手笔，他在 20 世纪 70 年代前期在《续洪宪纪事诗补注》中说："人谓近代四公子，一为寒云，二为余，三为张学良……此说盛传于上海，后传至北京。前十年余居海甸，人亦指余曰：此四公子之一也。"

对这一段话笔者是这样理解的：一是"民国四公子"还真是由当代人逐步定名并传开的，这种称谓热度的升高，主要是随张伯驹收藏故事的广泛传播和对张伯驹的宣传与景仰逐步形成的；二是并称"民国四公子"也不意味着他们四人相互间必有一段时间的密切交集，而只是对他们皆出身豪门，多才多艺，潇洒风流，且无恶名的一种认可，在这个意义上，可以承认"民国四公子"之称谓倒是现在兴起的，对于民国时期究竟有无"民国四公子"之说，或者有无意义，在学术上仍然是可以讨论的。

笔者已经叙述过张伯驹与袁克文的交往，现在再谈一下张伯驹与溥侗的交往，尽管张伯驹与他们的交往时间并不太长。

与溥侗同台演出

溥侗（1871—1952），字西园，艺号红豆馆主，清代贵族，是末代皇帝溥仪的堂兄。

溥侗精于昆曲、京剧，对于京剧则生、旦、净、丑全能，《群英会》一剧能演周瑜、鲁肃、蒋干、曹操、黄盖五个角色，且都技艺精妙，出神入化。溥侗具有深厚的文化素养，能书善画，通晓词章音律，精通古典文学，还精于文物鉴赏，实为中国戏曲史上一大奇才。程砚秋的恩师罗瘿公所著的《菊部丛谈》中对溥侗的评价是："厚斋（溥侗）色色精到，音乐之外，词翰、绘事、赏鉴，无不精能。"

张伯驹和溥侗的交往主要还是在合演戏剧上。张伯驹在《红毹纪梦诗注》中，曾有两首诗提到过与溥侗合演《战宛城》一事。其中一首道：

> 将军红豆问如何，昆乱兼全腹笥多。
> 惨睹当推曹子建，搜山传自沈金戈。

诗后注云："清宗室镇国将军溥侗号红豆馆主，能戏，文武昆乱不档，皆学自名老艺人。余曾观其《弹词》《刀会》《风筝误》之丑小姐,《群英会》之周瑜。与余同演《战宛城》,彼饰曹操。惟《惨睹》一剧则须让袁寒云,因寒云有家国身世之感,演来凄凉悲壮,合其身份。《搜山打车》,学自苏州沈金戈,但红豆演来更生动沉郁,饰建文为廖书筠女士……"

另一首诗云:

> 琵琶声歇郁轮袍,酒意诗情兴尚豪。
>
> 门外雪花飞似掌,胭脂醉对快挥毫。

诗后注云:"某岁冬,与寒云,红豆共演于开明戏院,寒云与王凤卿演《审头刺汤》,余及红豆演《战宛城》饰张绣,红豆饰曹操……夜已二时,戏尚未终……"

由这两首诗看,张伯驹不止一次和溥侗合演过《战宛城》,这一次演《战宛城》大概是在 1930 年,因为此次演出,还有袁克文与之同台,张伯驹饰张绣,袁克文饰贾诩。而 1931 年春,袁克文就去世了。1933 年,溥侗又去了南京定居,只是偶尔回北平小住,与张伯驹的会面就不是很多了。

溥侗与袁克文的交往是颇多的,他和袁克文共组的"言乐会"极一时之盛,经常组织演出,京城票界知名人士包丹庭、言菊朋等均被罗致,陈老夫子德霖、俞振飞之业师程继先,还有钱金福、韩世昌、梅兰芳等也加入了"言乐会",可见其号召力之大,影响层次之深了。

1952 年 6 月,溥侗病故于上海。著名画家唐云为纪念溥侗,作了一幅画,画上有一油灯、一茗壶、一炭炉,题曰:"灯如红豆相思曲,茗逐青烟作古人。"

张伯驹和秦仲文

　　秦仲文,这位画家的名字在现在文化界提起的时候比较少了,但这个名字在新中国成立前后及"文化大革命"后期都曾是"响当当"和"名声昭著"的。那么,张伯驹又与他有何关系和干系?恐怕今天比较清楚知道的人也不多了。想当年,张伯驹和秦仲文不但是一对挚友,而且他们的作为和言行曾轰动绘画界,并与徐悲鸿展开了一场著名的"国画论战"。今天看来,就是一段不可忘记的文坛佳话。

文坛挚友,情同兄弟

　　秦仲文(1896—1974),名裕,号仲文,河北省遵化县(今遵化市)人,他比张伯驹大两岁,是画家、美术史论家,且谙熟诗词,长于书法。新中国成立前曾任北平大学艺术学院、北平国立艺术专科学校教授。其成名早于齐白石和徐悲鸿。他是坚持笔墨为宗的我国传统北派的重要代表画家之一,且性格豪爽能直言。其时张伯驹正任北平市美术会理事长,在性情上与秦仲文又特别相似,因此,二人相熟相知。其实,张伯驹和秦仲文相识相交的时间还可以追溯到20世纪30年代初。据董二为先生考证,1930年张伯驹章草书临王羲之的《八日帖》《乐著帖》《转佳帖》并赠送给秦仲文一事,即已表明张伯驹和秦仲文的友情关系和较早的交往年月(题跋为:仲文仁兄方家正令。弟张伯驹临，时在庚午）。

还有许多事情都拉近了张伯驹和秦仲文的距离和友情，我们先说其中一件。

1950 年（庚寅年）春，秦仲文的夫人秦张氏患结核病，张伯驹知道后，就邀秦仲文夫妇搬到自己的宅园承泽园去住，因为承泽园远离市区，极为安静，园子大，处处花草树木，空气新鲜，利于休养。于是，秦仲文夫妇就搬到了承泽园，与张伯驹夫妇形同家人，亲密无间。在居住期间，秦仲文自然常和张伯驹论画，且请张伯驹共同欣赏自己的书画旧藏，其中一幅是清初画圣王翚的《吴山积雪图卷》。王翚，字石谷，与王鉴、王时敏、王原祁合称山水画家"四王"，论画主张"以元人笔墨，运宋人丘壑，而泽以唐人气韵"。这幅画总长 6.75 米，绢本，被人认为是王翚于 70 岁完成的，是一件辉映绚烂艺术光芒的山水精品。但很少有人注意到，让这幅巨作传承有序的正是秦仲文。在秦仲文收藏的这幅巨作上，陈豪、诸可权、徐宗浩、吴镜汀、张伯驹、潘素、陶心如、惠孝同等知名人士的题跋，使这幅画作名声卓著，流芳千古。

张伯驹和夫人潘素的题跋是：

> 《吴山积雪图卷》为石谷晚年精绝之作，古人佳构多为绢本，今之事收藏者，必曰"纸白版新"，直市侩耳。仲文老兄当以予言为然。庚寅秋日中州张伯驹题。

在承泽园里，张伯驹、秦仲文经常邀请一些书画家、诗人在此雅集，常到的客人有周伯翔、黄君坦、陶心如、惠孝同、公渚、马衡、启功等人。一次，陶心如、公渚、潘素等人合绘《寒林晚照图》。张伯驹在画上题《浣溪沙》词一首：

> 萧瑟西风一雁过，遥天渺渺洞庭波。秋心宛转奈愁何。
> 独向霜林伤晚景，听来落叶已无多。只余残照此山河。

秦仲文在承泽园里过的是"少出家门，阅读古诗，不看报纸"的闲逸生活，那时他穿的衣服是长袍、呢帽。1950年春，张伯驹在承泽园结庚寅词社，不定期聚会。后来，以关赓麟为首的稊园词社也常在承泽园雅集。1951年的重三禊集是规模较大的一次。禊集一般是在农历三月三那天，精英云集，是文人雅士自古以来的传统，从王羲之所在的晋代算起沿袭了1600年之久。禊集是读书人结交朋友、吟咏酬唱和自由文学创作的活动。

这一年的重三承泽园禊集共到文化精英人士40人，其中自然有张伯驹、秦仲文，此外还有关赓麟、夏仁虎、吴镜汀、周汝昌、惠孝同等人。

助力收购《张好好诗》卷

还应提到的一事就是秦仲文帮助张伯驹购藏到《张好好诗》卷，在这件事上，秦仲文可谓功莫大焉！

在张伯驹一生的收藏经历中，最让他重视且得意的有三件文物的收藏。第一件是西晋陆机的《平复帖》，第二件是隋代展子虔的《游春图》，第三件就是晚唐著名诗人杜牧唯一的一件传世书法真迹《张好好诗》卷。

杜牧出生于唐德宗贞元十九年（803），字牧之，今陕西西安人。杜牧是唐代杰出的诗人、散文家，为了与杜甫区别，人称杜牧为"小杜"，他又与李商隐并称为"小李杜"。

杜牧与张好好初相识时，好好年方十三，为江西洪州乐籍的官妓。诗中描写其登场演唱，四座皆惊："众音不能逐，袅袅穿云衢。主人再三叹，谓言天下殊。"又形容其姿色云："玉质随月满，艳态逐春舒。绛唇渐轻巧，云步转虚徐。"如此才色双全的歌妓，后来被朝中著作郎沈述师出重金赎出，纳为妾。沈病逝后，张好好流落洛阳街头，当垆卖酒。杜牧于洛阳重遇好好，因美人零落而满怀爱怜和伤感，故而写下这篇诗作，赠给张好好。

诗结尾句"洒尽满襟泪，短歌聊一书"，与白居易《琵琶行》的名句"座中泣下谁最多？江州司马青衫湿"恰好可以媲美。张伯驹说："牧之诗风蕴藉，赠好好一章与乐天《琵琶行》并为伤感迟暮之作，而特婉丽含蓄。"

杜牧的这一《张好好诗》卷，是一件诗书兼美的杰作。历代品评称此卷"深得六朝人风韵"，"纸墨颇佳，书欲成舞"。

《张好好诗》卷自《宣和书谱》有著录，历代流传有序，民国年间被溥仪携出故宫，于1946年初流落东北民间。后被琉璃厂论文斋靳伯声之弟在东北收到，带到北京。秦仲文知道这一消息后，赶快告知了张伯驹，并说此卷已在惠孝同之手。张伯驹马上找到惠孝同，但惠孝同告诉张伯驹，他并没有收藏此卷，此卷已被靳伯声持往上海。

张伯驹焦急地对惠孝同说："唐代书法家存世的作品极少，而诗人的存世书法尤少。杜牧的诗卷，我不能漏过，必收之。"这时，秦仲文又提醒张伯驹：既如此，何不派人追回此卷？于是，张伯驹便急托马宝山去上海，寻找靳伯声及杜牧的《张好好诗》卷。大约一个月时间，马宝山不负所望，终于找到了靳伯声和诗卷，张伯驹以5000多元购藏了这卷作品。

张伯驹收此卷后，如获至宝，不仅白昼展卷细读，连夜里都放置枕旁。睡之前，醒之后，细细揣摩，把玩如痴。如此数日，才宝贮箧中。

后来，张伯驹在《杜牧之赠张好好诗卷》一文中写道："卷于庚寅年经琉璃厂论文斋靳伯声之弟在东北收到，持来北京。秦仲文兄告于余，谓在惠孝同兄手，不使余知。因余知之则必收也。余因问孝同，彼竟未留，已为靳持去上海矣。余急托马宝山君为追寻此卷，未一月卷回，余以五千数百金收之，为之狂喜。每夜眠置枕旁，如此数日，始藏贮箧中。"

因为收藏到这幅传世墨宝，张伯驹给自己起了新的别号——好好先生。从张伯驹收藏这一诗卷的过程中，可以看到张伯驹和秦仲文之间莫逆之交的信任关系，以及他们作为收藏大家的眼力和决断。

张、秦论战徐悲鸿

在张伯驹和秦仲文的交往中，最能显示出他们有关绘画主张之一致及互相支持、并肩论战的一件事就是，张伯驹为支持秦仲文，与徐悲鸿展开了一场激烈的论战，曾轰动绘画界，在中国绘画史上具有重要的影响。

事情得从徐悲鸿说起。

徐悲鸿（1895—1953），原名徐寿康，江苏宜兴市人。中国现代画家、美术教育家、曾留学法国学绘画，归国后任教于中央大学艺术系、北平大学艺术学院和北平艺术专科学校等。

徐悲鸿曾于1928年任北平大学艺术学院院长。他在国画教学上推行西方写实主义，以改良中国画，用实地写生来代替传统的临摹古人山水的方法。这一主张刚开始执行就受到极大的阻力，遭到传统国画教员的一致反对，致使徐悲鸿上任两个多月就被迫辞职，离开了北平南返。

谁知过了20年，到1946年7月，徐悲鸿应教育部部长朱家骅的聘请，再次来到北平，接任北平艺术专科学校校长一职。此时的徐悲鸿已是名声显赫的美术家和教育家。他一上任，就对中国的传统画论、画法进行了全面改革。徐悲鸿的改革自然遭到了传统派的反对，进而导致了张伯驹和徐悲鸿之间的一场影响很大、震动画坛和文化界的"国画论战"。

这场论战起始于北平艺术专科学校国画组的三位教员秦仲文、李智起和陈缘督（又有一说是寿石工），他们对校长徐悲鸿指定国画授课范围和缩减国画授课时长等做法不满，对于徐悲鸿以西洋画法为基础偏重素描和写生的彩墨画法更是不满意。于是，他们就联合给徐写了一封信，并刊登于1947年10月2日的《世界日报》和《新民报》上。同时三人宣布即日起罢教，并呼吁重视国画，扩招学习国画的新生，增加国画教学时间。他们还声称如艺专无圆满答复绝不复课。

论战势起，并引起了轩然大波。时任北平市美术会理事长的张伯驹亦加入了论战。张伯驹加入论战当然不完全是因为秦仲文是他的朋友，主要还是张伯驹深为同意秦仲文等人关于传统国画、画论画法的主张。因此，张伯驹声明支持三位教授的立场，表示并非因为私人关系而对徐悲鸿不满。

三位教员给徐悲鸿的公开信并没有得到徐悲鸿的满意答复，徐表示合则留，不合则去，各人有各人之自由也。于是，徐悲鸿解聘了秦仲文等三人。

对此，张伯驹则提笔给徐悲鸿写信从中调停，希望徐收回决定，重新聘任三人。但徐悲鸿拒绝了张伯驹的调停。至此，双方互不相让，论战不断升温。10 月 18 日，张伯驹以北平美术会理事长的身份，在来今雨轩茶社主持召开记者会，回应徐悲鸿所谈对于国画之意见及解聘教员一事的看法和主张。张伯驹向参会人员呼吁：国画乃民族艺术，不容否定，希望大家主持正义，同情弱者。

眼看双方争执不下，这个时候，一位重要人物出现了，他就是版画家刘铁华。刘铁华当时是北平艺专木刻老师，和张伯驹、徐悲鸿皆为好友。经刘铁华调解，双方均表示和解，也都认为理论上尽可争论，而意气之争并无继续之必要。这就是说，国画既可继承古人传统画法，也可创新，吸收西洋画法，双方并不矛盾，而是艺术上取长补短、互为借鉴的方法问题。

这场从 1947 年 10 月初爆发的"国画论争"，至当年 12 月下旬逐渐平息。

在这一事件中，我们既可以看到张伯驹和秦仲文的关系，也可以看到张伯驹对于传统绘画的主张和立场。特别是今天看来，在我们大力提倡文化自信和传承优良文化传统的形势下，重提这一争论，还是有一些重要启示的。

再说秦仲文住在张伯驹的承泽园，直到 1952 年夏天，夫人病好之后，又搬回了位于京城护国寺附近的大觉胡同。1953 年，秦仲文被选为中国画研究会监察委员和执行委员等职。1956 年，秦仲文成为北京中国画院的筹备委员。此时，他又著文与王逊等人进行中国画问题的论争，极力维护传统画法与特点。但到了"文化大革命"时期，中国的传统文化又被冠以"封建主义糟粕"的罪名，大加批判，秦仲文自然也受到批判，特别是他于 1974 年画的国画《群鸡》，在江青发起的大批"黑画"的斗争中，被定性为"恶毒攻击知识青年上山下乡的伟大战略"，从而受到迫害，不久，抑郁而终。直到 1978 年"文革"结束以后才被平反。

在张伯驹和秦仲文的交往中，我们看到了他们的友谊以及他们那一代文化人的曲折遭遇，也看到了他们为继承优秀传统文化而进行的努力。这种精神在当今改革开放的年代，在世界文化互相借鉴和融合的大潮流中，仍然是可贵的。两位前辈的精神及其对传统文化的执着，对于我们后人如何继承传统文化艺术和向世界传播中华文化都有重要的启发。

张伯驹与周汝昌的红楼因缘

提到周汝昌，大家都知道他是声望如雷贯耳的红学大家，其实，周汝昌的研究广泛得很，诸如中国古代文学、文艺理论、诗词笺注鉴赏、书法、史地、语言、音韵等。虽然他真正的爱好与专长是在诗词上，但使他蜚声文坛的，还是他的红学。也因为红学，他与张伯驹结下了一世因缘。

展春园里的红楼缘

介绍了周汝昌，我们就来讲讲他与张伯驹的关系与交往。他们的交往可以说是一位红学泰斗与一位词坛大家的交往。这交往正始于红学研究，且始于张伯驹曾经的住宅——承泽园，也叫展春园。所以周汝昌先生曾说过："日后有写红学史的，应该对张先生和承泽园的旧事辟一小小专章……"今天，我们就试着完成这个小小专章。

那时正是 1947 年，张伯驹任燕京大学中文系文法教授，周汝昌在燕京大学求学。一天，周汝昌看见一对夫妇从贝公楼里的中文系出来，男的 50 岁上下，高挑身材，穿着长衫礼服，风采依旧；女的则颇为年轻，打着一把阳伞，光彩照人。周汝昌觉得，这种风度翩翩、儒雅风流的人不像是燕园中人，后来得知，这就是张伯驹夫妇。

1948 年农历十月，张伯驹在燕京大学中文系二楼举办自己收藏的书画精品展览。其中有一幅曹寅的《楝亭图》，还有一幅纳兰性德的小照。当时正在撰写《红楼梦考证》的周汝昌知道这一消息后，立即前往观看。他看到《楝亭图》四围绫边上，名字、题咏已无空隙。这当中首先是藏主张伯驹的《贺新郎》一词，词句中涉及红学旧学贾宝玉即纳兰一义。于是，周汝昌一时乘兴，步韵连和了两三首，每句下都有注释，句句讲曹家的史迹实事，暗暗纠正向来被误认的宝玉即纳兰之说。

当时周汝昌正是才情激越的青年，又对曹家历史有所研究，所以，填起词来，也是兴会淋漓，文采灿烂。

张伯驹看了周汝昌的和词，非常惊喜，认为少年学子文笔不凡。不错，周汝昌比张伯驹正好小了整整 20 岁。于是，张伯驹传话要会一面。但见了周汝昌，不善言谈的张伯驹也没说几句话，只是把自己的《丛碧词》送给周汝昌一本。周汝昌毕恭毕敬，接过一看，见是绿墨刊本《丛碧词》。他如获至宝，回校后反复读了数遍，非常赞赏，但也在音律上提出了 70 多处意见，一一标注在《丛碧词》上，又送还请张伯驹过目，而张伯驹从善如流。于是，周汝昌越发钦佩张伯驹了。

那时张伯驹正住在西郊的承泽园。承泽园位于海淀畅春园的稍西北处，本是果亲王允礼的赐园，故名"承泽"。因张伯驹买下，就改称"展春园"。当时燕大（今之北大）校门正对畅春园，其时已废为菜园。于是，周汝昌过园旧址，向西行，渡小溪，穿田野，即来到展春园，几乎每日下午都去坐坐。当时张伯驹拥有园子东边一半，尚有小楼二座，回廊相接，外楼是袁世凯的大公子袁克定居住（这位昔日的"太子"已完全由张伯驹供养）。

周汝昌曾回忆说，内楼为大客厅，有前厦，厦前有莲池，厅后植芭蕉。入厅后，周汝昌便自寻座位，宾主往往不交一言，亦无俗礼揖让之烦。由此周汝昌认为，张伯驹为人坦荡超逸，潇洒天真，世所罕见。他见了名人贵人，是如此，见了青衿学子、草野村民，亦是如此，在他心中眼中，并无尊卑贫富之分，只有高下雅俗之别。这种人品性情，与明末清初张宗子（岱）大略相识。周汝昌的父亲有时来北京，也住在这里。

张伯驹与周汝昌的友情就在这平凡的相处中不断加深，张伯驹把周汝昌视为词学知己，周汝昌则在这里感受传统文化的光辉。

不久，《丛碧词》增订排印，周汝昌便为该书写了跋文。其中提出："如以词人之词而论（有别于诗人之词、文人之词、学人之词、杂流之词），则中国词史当以李后主为首，而以先生（指张伯驹）为殿——在他之后，恐怕不易再产生这种真正的词人之词了。"此语一出，当时文坛上正如周汝昌所说，"众老先生闻之，颇讶狂言，不无讥议"。

《丛碧词》连制三次版，周汝昌就作了三次跋。周汝昌是从学术、文艺上从公论断，并无丝毫阿谀献颂之心，这使张伯驹非常感动。后来，张伯驹将此记于《无名词》自序中，他写道："自三十岁学为词，至庚寅后二十九年，有集《丛碧》。周玉言君跋云：词以李后主始，而以余为殿。此语一出，词老皆惊，余也汗颜，而心未尝不感玉言也。"张伯驹从此凡作词，必送周汝昌先看。有一次游大觉寺，张伯驹坐在玉兰花下，袖出一词让周汝昌看，两眼却全神贯注地看着周汝昌——看他读词时的"面部表情"。

还有一年人日（农历正月初七），张伯驹兴致勃勃地找到周汝昌，探怀摸出一件宝物让周汝昌鉴赏，就是脂砚斋藏砚。

又一年重阳节，张伯驹把获知的有关日本三六桥本《石头记》的消息告诉周汝昌，两人异常兴奋，各赋《风入松》词。在这一段时间里，张伯驹和周汝昌往来颇为频密，常常是直到午夜仍不忍散。周汝昌回校，张伯驹又送到校门方回。每每中秋赏月，或除夕踏雪，他们还要填词唱和，中秋佳节则作《人月圆》，腊末岁朝则咏《东风第一枝》。

燕园里的逸事

周汝昌在燕大读书期间，与张伯驹还有两件逸事，这里只讲一件吧！

张伯驹在燕大当教授，燕大中文系主任高名凯有意让张伯驹开了一门"中国艺术史"课程。但燕大规定，要开设这种选修课至少需要若干名学生选修报名，报名人数不够课程就无法开设。等到办公楼后门外布告牌发布了这门新课程时，报名选修的刚好差一名，这使高名凯十分为难。无奈，高名凯找到了周汝昌的同学孙正刚商量，希望他能在熟人里找寻一位凑齐名额好开课。于是,孙正刚找到周汝昌说明此事,希望他能帮忙。周汝昌听后笑道:"这好办,不过,你得向张先生说明白,我在中西两方面的课程已经十分繁忙,所以开课后如果不能每次必然到课,还请张先生理解。"

开课第一天,周汝昌按时入座,恭候张先生的来临,心里还在想张先生上了堂未必自由自在。可是张伯驹毕竟不同凡人,平生各种场合的交流历练使他经验丰富。他进了课堂,毫无拘束之态。他抱来一大摞书册放在讲桌上,先把一摞书册分发给在座的同学,说,愿意多要的可以随便再取。周汝昌接过来一看,原来是影印的《平复帖》,这正是张伯驹收藏中两大无上的珍宝之一。然后,张伯驹开始讲话,他并没有讲稿讲义,不过即席口述,就由《平复帖》讲起。他的话简明易懂,没有太多专门性的名词术语,也没有作更多的发挥。周汝昌觉得张伯驹的这种教学方法很不错,课堂气氛很随和,张伯驹也能从容自在地讲他的艺术史。

周汝昌与张伯驹已经有了默契,事先说过不能每课到堂,于是周汝昌便放心大胆地做了几乎一个学期的"旷课生"。等到期末考试了,张伯驹倒也大方家数,不采用具体出题的死形式,而是要学生每人做一篇论文,发表自己对于中国书画的感受和评论。这正合周汝昌意,因为他最不愿意做那些死板机械的问答试卷,而喜欢写这种自由发挥的文章。周汝昌深知张伯驹最后收得的珍品是晚唐杜牧的《张好好诗》卷,便以此为中心,追溯书法源流,然后归结到杜牧这一诗卷书法的特点。周汝昌的这份试卷其实就是他自己研究书法的一篇简短的总结。

一日,孙正刚忽然来访,他满面春风,喜气洋洋地对周汝昌说:"这事可真有趣,你猜张先生给了你多少分?"周汝昌回答说,不应低于 8 分吧(燕大的评分制度是 10 分制)。正刚笑道:"那可太低了,是 10 分啊!"周汝昌听后也大笑。孙正刚接着说:"我告诉张先生,燕大的 10 分制可是个象征啊,真正的教授评出个 10 分来,还没有先例!张先生听了正颜厉色地说:'怎么不行?他这卷子就值 10 分,我岂能屈了这份卷子的价值!'"

从这件事中也可以看到张伯驹的为人风格,以及他与周汝昌之间那种坦率、毫无私情做作的关系。

1953 年，张伯驹把展春园卖给了北京大学，从此，周汝昌就再也没来过展春园，但他对展春园却始终念念不忘，后来还写了一首诗作来纪念：

> 后湖莲藕已无香，新住词人最数张。
> 却忆效西承泽苑，展春盟社久沧桑。

巴山蜀水传情谊

1952 年春，正在燕京大学中文系研究院读研究生的周汝昌，决定去四川成都华西大学应聘外文系讲师。临行前，周汝昌特地向张伯驹告别。张伯驹深知周汝昌胸中蕴含的学术才华，对自己这位忘年交词友寄予深深的期许，他用中国传统文人最为特别的方式，相约了数十位老词人齐聚展春园社集笔会，定题选词，填的词牌是《惜余春慢》，为周汝昌钱行。这次笔会就是近代词坛上有名的"庚寅词社雅集"。张伯驹填的词中有"山川怀抱动哀乐，减少年心力，古今同感。恨人多厄，问天何必"之句，倾诉了张伯驹的依依不舍之情。

春末，周汝昌带着妻子毛淑仁和喜临、月苓、丽苓、伦苓四个孩子，举家踏上了远赴成都的旅途。

周汝昌一家从北京坐火车经河南到陕西宝鸡下车，从宝鸡开始，就不再有铁路，要坐汽车爬秦岭，沿着古栈道前往成都。从宝鸡告别秦川平原，不久就峰峦丛起，云彩飘荡了。唐诗中所谓"山从人面起，马傍云头生"的意境已在其中。意境是美的，行人却是提心吊胆的。此时，周汝昌更是想起了北京的生活，想起了北京的友人，特别是张伯驹。车到广元，周汝昌便写下了一首寄怀张伯驹的词《临江仙》：

临江仙

千水千山驿路，此情此日都轻。重吟好句忆交情。展春花月在，一盏与谁倾。

大地皆堪逆旅，寸心要契神形。客途未倦短长亭。可知西去语，双眼有谁青。

这首词的意思是说：我孤身在外，更加怀念我们在一起的岁月和情谊。到了异乡山水，还有谁会特别看重、了解、关心自己呢？

周汝昌到了成都以后，与张伯驹仍然鱼雁往还，诗词唱和不断。1953年春节，这是周汝昌离开北京在外地过的第一个春节，他独坐守岁，格外凄清，写下了《东风第一枝》，寄给张伯驹。张伯驹马上和词寄给周汝昌：

东风第一枝

和敏庵锦城除夕韵

爆竹催春，灯花送夕，一家千里孤馆。故乡梦阻关河，异客情分冰炭。牵衣儿女，尚未解、长安悬念。听隔邻、彻夜欢声，争羡酒香炉暖。

雪初霁、梅英照眼。风不冷、柳丝掠面。桃符都换新楣，燕巢还寻旧苑。芙蓉江上，望云树、如遮重幔。想此心、早到京华，飞过水千山万。

这首词上片是想象周汝昌一家在人地生疏的异乡过春节时的思乡心情和小儿女尚不理解大人的情形；下片写景，既有京华的景色，也有想象中成都的景色，以景抒情，并想象周汝昌的思乡之情已飞过千山万水，同时，自己的心情也在飞过万水千山，互相温暖着对方。

在张伯驹和周汝昌的友情和相知中，词学因缘和红学因缘是并重的。在红学上，他们的互相切磋和关心都是极有意义的。1953 年秋，经著名学者文怀沙介绍，周汝昌倾尽心力撰著的《〈红楼梦〉新证》由上海棠棣出版社出版。这部书的出版，是周汝昌人生中一个重要的转折点，他后半生的福与祸，都由此潜伏、萌生、发展、演变。《〈红楼梦〉新证》出版后，立刻产生了巨大的社会影响，引起强烈反响，持久不衰。这部书包含巨大的信息量，其所搜集到的有关曹雪芹家世和《红楼梦》文本的资料林林总总，得出了许多新的结论，颇有一点思考的挑战性和阅读的趣味性，让读者耳目一新。

周汝昌首先寄呈一部给张伯驹，张伯驹欣喜异常，逢人说项，并填词祝贺，书为条幅，郑重相赠，一片真情溢于笔墨之外：

潇湘夜雨

丝藕萦心，砚水滴泪，脂红写尽酸辛。可怜儿女此天真。生死误、多情种子。身世似、亡国词人。江南梦，棟花落处，已是残春。

千年哀史，曲终不见，弦断犹闻。有庾郎才笔，独为传神。辞绝妙、还猜幼妇，文掉阈、更起新军。看坛坫、声华藉甚，鹰隼出风尘。

张伯驹的预言不错，此书的出版奠定了周汝昌在红学史上的地位，而且还改变了他此后的人生走向。1954 年，中宣部的一纸调令将他从成都调回他所熟悉的北京城。到了后来的"文化大革命"中，周汝昌被下放"五七干校"劳动。1970 年前后，因国家要重出《红楼梦》，周汝昌又从干校调回。周汝昌的命运，已和红楼梦研究紧紧地联系在一起了。

患难时期见真情

1954 年，周汝昌被调回北京，张伯驹已移住到后海南沿。于是，周汝昌又常到后海南沿拜访，重续翰墨弦歌之欢。

后海南沿的宅子不大，进门以后，一路通往东边别院，再往东进入一个窄窄的小院子的另一条路，循着南院墙，是一道小巧的游廊，廊东端就是翠竹、牡丹、紫藤、海棠，还有一个大理石细雕石座。面对游廊的这一排房屋，就是客厅、居室了。这与展春园比起来，那是太狭小了，不过还是有北京雅居的风味。

1963年，有关部门正筹备纪念曹雪芹逝世200周年大会，张伯驹想把一班还能演奏十番乐的中华古乐合奏的人聚起来，把众多吹、弹、拉、敲的民族器乐的旧曲恢复起来，以献于纪念大会。那天天色已略晚，周汝昌一进客厅就见满厅都是客人，满地都是钟鼓丝竹乐器。张伯驹一见周汝昌来了，非常高兴，说："红学大师来了，让他评赏。"可惜，张伯驹的愿望并没有实现。

接下来没几年，"文化大革命"爆发。周汝昌也受到了冲击，被"隔离审查"，机关大院到处贴的是"打倒文艺黑线上的活标本周汝昌"的大标语，家里的书籍、信件、文物都被拉走了。1969年，他又被下放到湖北省咸宁县的"向阳湖干校"劳动。但还好，1970年，奉周恩来总理特电调回北京。

张伯驹的情况则比周汝昌糟多了，1970年春天，他被单位辞退，并被下放到农村劳动，只是农村不收，张伯驹夫妇又回到北京。

回到北京以后，又到西安女儿家住了一段时间，但毕竟不是长久之计，还是回到了北京。可他在北京是没有户口的黑户啊，没户口，就意味着没有购粮本，没有购粮本，就没饭吃。于是，粮票全靠亲友接济。张伯驹也时而到周汝昌家去"混饭"，周家的饭食也不好，粗茶淡饭，能吃上就不错了。到了这个时候，张伯驹也不嫌弃，甚至觉得比年轻时期的山珍海味还要好吃。周汝昌也时不时地将节省下的粮票寄给张伯驹。想不到张伯驹这个曾一掷千金的阔公子，此时竟因收到三五斤粮票，马上记到本子上，并向周汝昌"笔札相谢"，真的是滴水之恩不敢相忘。周汝昌后来说："那时候读了他的信，真是心中难过得很！"

1972年初，经周恩来总理批准，张伯驹被聘为中央文史研究馆馆员，情况才有了好转。

1977年丁巳上元佳节是张伯驹八十大寿，周汝昌作了两首《金缕曲》为张伯驹贺寿，其中还记叙了自己和张伯驹的几段趣闻。

在此录取一首：

金 缕 曲

其二

意内归言外。爱填词、浮名尽弃，性情含僻怪。财散千金收缣素，不惢贾胡偷坏。旋过眼，云烟若海。曾任郊园题春展，忆回廊，小院湖居在。廊在否，折薪卖。

丰标共说容颜改。愧平头、才齐六十，羞云老届。脂砚棣图缘公识，红学久悬芹拜。称走卒，资谈系慨。欲断语言谈何易，且须交，文字如前债。能自寿，集因垲。

在这首词上片中，周汝昌赞颂了张伯驹不惜千金事收藏的魄力，并记述了自己在展春园内和张伯驹的交往趣事；下片则是述说自己和张伯驹相交的"红楼因缘"，自己只有"献芹"，下拜以祝寿。此词写得极其平易，却可令读者感到其间的真情。

第二年的 4 月 14 日，恰好是周汝昌的 60 岁生日，已年至耄耋的张伯驹执意要为周汝昌庆寿，请来了黄君坦、启功、朱家溍、徐邦达、周笃文等词坛好友，在北京鼓楼湖南饭庄雅集。张伯驹欣然填词《八声甘州》一阕：

八声甘州

贺周汝昌六十寿辰

忆前游，勺水米家园，遭逢话燕京。算书城学海，春风桃李，有梦如醒。回首金汤无恙，朝市换公卿。掩映西山路，柳暗花明。

周甲添筹忽届，看上头雪满，皱面池凝。写红楼情境，意致想平生。任长教，江河浩荡，但石坚，玉粹总相仍。交期论，在形骸外，心酒同倾。

这一首词总结了他与周汝昌的交情，不是一般之交，更不是酒肉之交，而是血肉之交，是灵魂之交，是除身影相处之外的神交。

情思绵绵

早在 1957 年，张伯驹就与章士钊、叶恭绰等人联名上书周恩来总理，倡议成立韵文学会。倡议本来已得到周总理的肯定，不料反右运动一开展，这个倡议也就无法进行了。

党的十一届三中全会以后，一系列传统文化活动逐渐复苏。文化领域出现了大地回春、万紫千红的新局面。1980 年，由张伯驹、周汝昌、夏承焘三人联名，就成立中国韵文学会致信文化部部长黄镇。

在张伯驹、周汝昌等人的不懈努力下，中国韵文学会终于在 1984 年于湖南长沙成立，遗憾的是张伯驹没有等到这一天，于 1982 年 2 月就去世了。

1984 年，中华书局准备出版《张伯驹词集》，请周汝昌为该书写序时，周汝昌又在序言中回顾了和张伯驹一生的交情，他说："欲识先生之词，宜先识先生其人，词如其人，信而可征。我重先生，并不因为他是盛名的贵公子，富饶的收藏家，等等。一见之下，即觉其与世不同，无俗容，无俗礼，讷讷如不能言，一切皆出以自然直率。其人重情，以艺术为性命。伉爽而无粗豪气，儒雅而无头巾气，当其以为可行，不顾世人非笑……性情重而气质厚。品所以居上，非可假借者也，余以是重其人，爱其词。"

张伯驹去世时，周汝昌闻听，非常震惊和悲痛，当即撰写了挽联。开追悼会时，由女儿周伦玲陪同，将挽联送到了张伯驹灵堂。但这副挽联的内容，至今尚无人看到。笔者近日曾询问伦玲，她说，她近日曾查看父亲当年日记，可惜日记中并未留下原稿字样，她正在想办法查找这副挽联的原稿。

2011 年，经文化部批准，张伯驹、潘素在后海南沿的住处被命名为"张伯驹潘素故居"。周汝昌得知后十分欣慰，欣然命笔题联一副：

衡帖虔图，一姓收藏尊赤县；

栋亭渌水，半湖风韵映红楼。

上联说的是张伯驹将其收藏的两件国宝——西晋陆机的《平复帖》和隋代展子虔的《游春图》，献给或转让给了国家；下联追忆自己最初因纳兰容若小像而与张伯驹相识结缘，成为《红楼梦》研究的知音。

2012 年，"红学泰斗"周汝昌先生也以高龄谢世，但他和张伯驹先生的红楼因缘则成了《红楼梦》研究历史长卷中一段永远流传的佳话。

王世襄是著名的文物专家、学者，又是一个很有趣的"玩家"，一个令人不解或不屑却"玩"得"痴迷不悟"，"玩"出了成就的大家。人们更乐于这样描述他：放鸽家、斗虫家、驯鹰家、养狗家、烹饪家、美食家、书法家、诗词家、明式家具专家……一句话，"中国第一玩家"。他有很多著作，如《明代家具研究》《明代家具珍赏》是举世公认的中国古典家具领域的里程碑式著述，《髹饰录解说》无疑为中国古代漆器研究开拓了一个无可替代的领域。他的《蟋蟀谱集成》《秋虫六忆》《北京鸽哨》《说葫芦》《大鹰篇》等书更是门门绝学，令人叹止。但我们在这里叙述他，是因为他与张伯驹是一种亦师亦友的关系，更确切地说，是至交。

《平复帖》曾藏世襄家

大家知道，黄金有价，国宝无价。《平复帖》更是宝中之宝。在我国传世的法书真迹中，自以《平复帖》为第一。张伯驹自从收购了《平复帖》后，视其为"头目脑髓"，珍藏什袋，形影不离，但是，却慷慨地将其借给了一个刚刚认识的青年，一借就是一个多月，这是怎么回事呢？

王世襄说，他和张伯驹相识较晚，是 1945 年由四川来京，担任清理战时文物损失工作，由于对文物的爱好和

张伯驹与奇人王世襄

工作上的需要才去拜见张伯驹。王世襄比张伯驹小 17 岁，当时还是个小青年，对张伯驹自是敬畏，也有点怯生，但去得多了，又时常和溥雪斋、余嘉锡几位前辈在张伯驹家里相聚，很快也就熟悉了。

1947 年，王世襄很想在书画著录方面做一些工作，希望找到一件流传有绪的烜赫名迹试行著录，《平复帖》实在是太理想了，不过要著录必须经过多次的仔细观察阅读和抄写记录。如此珍贵的国宝，张伯驹会一次次拿出来让他看吗？王世襄是做好了被张伯驹婉言谢绝的思想准备才去向张伯驹说的。但大大出乎王世襄意料的是，张伯驹说，你一次次到我家来看《平复帖》，太麻烦了，不如拿回家去仔细看。就这样，王世襄把《平复帖》小心翼翼地捧回了家。

到家之后，王世襄腾空了一只樟木小箱子放在床头上，里面用白棉布铺垫平整，再用高丽纸把已有锦袱的《平复帖》包好，放入箱中，再加一把锁。有时不得已而出门，回来都要开锁启箱，看它安然无恙才放心。观看《平复帖》时，还要等天气晴朗，把桌子搬到贴近南窗光线好太阳又晒不到之处，铺好白毡和高丽纸，洗净手，戴上白手套，才静心屏息地打开手卷。王世襄回忆自己送还这幅稀世之宝时的心情说，《平复帖》在他家放了一个多月才毕恭毕敬地奉还伯驹先生，一时顿觉轻松愉快，如释重负。他还说，把《平复帖》抱回家，连想都没敢想过，因为那时与伯驹相识才两年，不能说已有深交。对这一桩不可思议的翰墨因缘，他感念一生，说张伯驹是多么信任朋友，珍视友情。而对于张伯驹来说，这一切却是自然平常的事情，就是他自己的一种生活态度和精神标准，即乐观、通达、助人为乐，扶持青年人成长。

养兰之趣

1966 年之前，有一年元宵节后，王世襄骑车去看张伯驹，见他案上放着一幅他画的兰花。于是，他们从画兰谈到养兰。王世襄说北方养兰不太适宜，自己家虽无名种，普通的春兰却年年开花，也就心满意足了。张伯驹问他北方养兰需要什么条件，王世襄说：从春暖到深秋，支一个架子，放在南墙背阴处就行了；入冬后则费些功夫，每年还须换一次从绍兴运来的土，换前须把根清洗干净。张伯驹想了一下，认为现在他家不具备上述条件，也受不了换土的累，就说："现在你既有兰花，先借我一盆摆摆，开过即奉还。"没等王世襄回话，张伯驹即叫女儿张传綵骑车随王世襄回家取兰花。王世襄选了一个方盆的，已开、未开的有五六朵，用报纸围好，帮她捆在车座后架子上，让她带回家中。此后的两三年，王世襄每年都选一盆兰花给他送去。

1966年以后，在"破四旧，立四新"，铲除"资产阶级生活情调"的氛围中，王世襄养兰花的条件也完了，兰花盆被砸成碎片，兰花也被扔进垃圾桶了。

到了1969年至1972年，张伯驹最困难的几年间，王世襄还几次去看张伯驹，想不到张伯驹这几年中被打成"现行反革命"，戴高帽子游街批斗，被勒令爬行示众，又进过"牛棚"，又当过"黑人黑户"，天下的冤屈几乎受了个遍，但张伯驹仍旧坦然自若，一如向他要兰花时那样自然、平常，不怨天、不尤人，除了年龄增长，心情神态依然故我。一次张伯驹独自坐在家中，在棋枰前打谱，王世襄去看他，因对围棋一无所知，又怕打扰张伯驹，稍坐即告退，心里却在默念：张伯驹，真名士也！

"题画诗"与"请客词"

随着交往的增多，王世襄与张伯驹成了亲密无间、亦师亦友的朋友，一如张伯驹与周汝昌那样。

王世襄不仅仅是一位文博大家，同时也是一位很有素养的诗词大家和书法家。一次，丛碧词社的一位社友拿了一幅请张伯驹画的《枫菊图》让王世襄看，并请王世襄题词。王世襄展画一看，张伯驹画得很简洁，也很高雅：枫叶几片，已经红透，几朵菊花金黄可爱，正在怒放，旁边就是一条小河，水色清碧。整个画面，一片秋意，颇有意境，正是典型的文人画。王世襄看了，心想：这个伯驹先生，家就住在后海南沿，这画的不就是自家景色吗？于是，提笔在上面题了一首诗：

银锭桥西宅不宽，黄花红叶耐霜寒。

分明自写双清影，寄与词人作画看。

——题丛碧伉俪合作枫菊图

不久，这位客人又让张伯驹看了王世襄的题诗，张伯驹看了王世襄的诗意，知道王世襄清楚了自己的"诗情画意"。几天后又见王世襄，就对王世襄说："我们为某某画的枫菊图，你题后他又拿给我们看。诗作得不错，颇合我意。"王世襄就回答说："蒙您许可，荣幸之至。但格调不高，惭愧，惭愧。"说罢二人大笑。

接着，王世襄说，他要请张伯驹和一些朋友到自己家去吃饭。厨师嘛，当然就是王世襄。其实，王世襄不但是个大玩家、学问家，还是个美食家，他最著名的绝活就是焖葱和烧羊肉。焖葱就是海米烧大葱，他选的葱又肥嫩又粗壮，焖出的葱外焦里嫩，颜色金黄，香味扑鼻，勾人食欲。他还说过，他最爱吃张伯驹请客时的一道菜——清炒口蘑丁。口蘑野生，产自张家口外草原，味道鲜美。张伯驹请客必有这道菜，一端上去，王世襄就先来一大勺，一盘菜很快一扫而光。

这一次就是要请张伯驹尝尝他的手艺，请客就请客呗，王世襄还写了一帖请柬。如今的请柬太普遍了，上街买来，填上姓名和赴约时间、地点不就行了？要比请柬的特色，恐怕也就是看哪种请柬豪华、贵重，撑面子了。可王世襄请柬的特别是谁都想不到的，竟然是一首诗，不，是一首词，比诗还难写呢，时间、地点都在词里，词牌是《浣溪沙》，词云：

千万烦您央及他，明朝一块到吾家。墙边桃树正开花。

若肯来时来莫晚，看花休待夕阳斜。还须吃杯杏仁茶。

这首小词充分流露出王世襄的风趣，看似打油、戏言，却是不易写的。张伯驹看后大笑，说："妙，妙，我自愧不如，自愧不如。"

其实，王世襄一辈子所受的挫折和冤屈也不比张伯驹少。1946年底，他作为清损会专员曾赴日本追讨一批善本文物回国，就是这样一段清晰且不负使命的历史，在1952年"三反"运动中竟被定性有重大问题，他被关押在看守所审查了10个月才被无罪释放。虽然洗去了不白之冤，文物局和故宫博物院却仍将他解雇除名。1957年他又为此事鸣不平，又被划成右派。1969年"文革"中又被下放到湖北咸宁干校劳动，不意在干活劳累中，其肺病不治而愈。所以，王世襄有一句口头禅：不冤不乐。他解释说：大凡天下事，必有冤，始有乐。历尽艰辛，人人笑其冤之过程，亦即心花怒放，欢喜无状，感受最高享乐之过程。这就叫乐观、通达、智慧。

张伯驹和王世襄就是20世纪那一时代一部分超脱文人态度和风范的典型，无论在怎样的大风大浪中，他们都始终保持了自己的一种生活态度和精神标准。

"刻竹小言"显真情

1973年，王世襄从湖北咸宁干校回到北京，在发还的"文革"时拉走的旧纸捆中，发现了其舅父西崖先生当年寄给他的《刻竹小言》文稿。王世襄异常高兴，立即开始整理增补。这是一本罕见的关于刻竹艺术的书，讲的是刻竹的理论技法和明清以来的名家之作，堪称对竹雕艺术作出的最全面的研究之作，对于刻竹和书画艺术爱好者是一本难得的读物。

到1975年时，该书整理完成，但当时出版十分困难，王世襄只得油印了一册，字迹不甚清晰，于是又手抄一册，并请当代名流题词。为抄本题词的有惠孝同、启功、张伯驹、黄苗子、黄君坦等人。

王世襄对张伯驹的题词印象最深，张伯驹的题词是七绝两首：

一

法书宝绘出穷奇，竹解虚心是我师。

应笑封侯班定远，不知铁笔胜毛锥。

二

平居最爱碧琅玕，别有风神点划间。

削刻羞为刀笔吏，肯教书罪磬南山。

这两首诗很有意思。第一首中的"班定远"是个典故，即班超的故事，班超是东汉时期著名的军事家、外交家。班超年轻时素有大志，博览群书。但他不甘于为官府抄写书文，便投笔从戎，奉命出使西域，官至西域都护，封定远侯，世称班定侯。这首诗的意思自然是强调"刻竹为史"，即史官的作用，并不亚于武功和外交，历史记载更是一个国家的千年历程和功过的记录，是青史留名，还是遗臭万年，一切都呈献在人民面前。

第二首的意思就在最后一句，意思是"四人帮"的罪恶磬竹难书。王世襄非常欣赏张伯驹的题词，说张伯驹的题词不是那种切合原书内容，加以评议，而是与原书内容稍有关联，点到即可，随即脱离主题任意发挥。张伯驹对个人的臧否祸福，从无一语道及，但对于华夏文化、祖国人民的生死存亡，关怀至深。第二首末两句用"磬竹难书"的典故，显然是对"文化大革命"的发动和"四人帮"的肆虐作乱把国家推到了崩溃边缘的严厉谴责和声讨。

由此，王世襄看到了张伯驹的诗作艺术和对国家对人民的强烈感情。

张伯驹生前曾先后编著《春游琐谈》7卷，前6卷最早于1984年由中州古籍出版社出版，如今这个版本已很少见。张伯驹在《春游琐谈》的序中说："昔，余得隋展子虔《游春图》，因名所居园为展春园，自号春游主人。乃晚岁于役长春，始知'春游'之号，固不止《游春图》也。先后余而来者有于君思泊、罗君继祖、阮君威伯、裴君伯弓、单君庆麟、恽君公孚，皆春游中人也。"

张伯驹的长春之游

任凤霞在《张伯驹先生在吉林》一文中一开始就说："华夏之大，疆土之广，声名显赫的张伯驹怎么就来了长春！这个近六十年前的故事今人读来无不生出某种莫名的情愫。促成这个故事至少是时间维度和空间维度的契合，这里既有吉林捷足先登的文化背景，也蕴含着张伯驹的诸多生命信息。"

的确，这个故事是张伯驹本人也不曾料到的。

这个故事在大众的传说中是这样的：1961年秋，张伯驹突然收到吉林省委宣传部部长宋振庭的一封电报，邀他和夫人潘素去吉林工作。后来一问，才知是他的老朋友陈毅元帅安排吉林省委书记于毅夫特别关照的。这样的经过确实有些传奇色彩，但这一说法与张伯驹本人的叙述并不一致。在 1971 年 10 月，张伯驹写给周恩来总理的亲笔信中，一开始便写道："一九六一年夏，吉林省委宣传部约我夫妇去吉林艺专讲授国画，原拟三个月或半年而归，至则留作长期工作……"而在张伯驹亲笔写的《五十年来我的情况》一文中，又明确写道："六一年吉林省艺术专科学校约我爱人潘素讲授国画。潘素因我年老无人照护，不肯去，后来吉林省委宣传部约我夫妇同去。"

这些话已经表明，张伯驹去东北与陈毅并无直接关系，因为张伯驹还说过，他被打成右派后，并未与陈毅联系过，直到 1961 年去东北前夕向陈毅辞行时，陈毅才知道他被打成右派的事。

这样，事情就清楚了，作为一个朋友，在并不知道对方 4 年来的工作情况，又未联系的情况下，怎么会不打招呼，自作主张地去为朋友安排工作呢？

那么，张伯驹是怎样去东北的呢？其实很简单，就是时任吉林艺术高等专科学校副校长耿际兰委托史怡公赴北京请潘素到该校任教，潘素提出她老伴儿张伯驹年纪大，无人照顾不成。耿际兰是个爽快人，答应可以一起来，并向省委作了汇报，吉林省委宣传部立即作出决定，潘素及张伯驹二人同请，于是，张伯驹夫妇决定去长春工作。临行前，张伯驹向陈毅辞行，陈毅这才知道了这些情况。作为朋友，陈毅打电话给吉林省委书记于毅夫，请他们多关照张伯驹，就是顺理成章的事情了。

长春的秋天要比北京冷多了，但也因此充满着神秘感。张伯驹想象过东北，他也知道东北有一个地方叫"宁古塔"，多少人曾获罪徙边，充军"宁古塔"。张伯驹知道这个地方是穷边绝塞，地有山川，时无春夏。先后而来者有道君皇帝和素有"边塞诗人"之誉的吴兆骞等人，彼者或生还，或死而未归。因此，张伯驹也做好了心理准备，即"余则无可无不可"，显然，他是太过伤情的。

然而到了长春，让张伯驹没有想到的是，享有"一代文官"之誉的宋振庭已经考虑好了他们的工作：潘素到吉林艺专任国画教师，张伯驹则到吉林省博物馆任副研究员，负责书画鉴定及购藏工作。这一安排对张伯驹来说正中下怀，暗自庆幸又有了用武之地。1961 年初，根据中央为部分右派摘去帽子的决定，张伯驹在宋振庭等人的努力下也摘掉了右派的帽子，并被任命为吉林省博物馆第一副馆长。此时馆内还没馆长，业务工作就由他主持了。他也愿意把自己的全部热情投入工作中，为吉林人留下些东西。

巧遇于省吾

一天，正当张伯驹在家伏案工作时，忽然响起了一阵敲门声，一个曾经熟悉的声音传来："伯驹，开门呐，是我来了。"听着这么熟悉的声音，却一时想不起是谁，张伯驹既惶恐又期待地开了门。

张伯驹认出来了，门前竟然是自己的老朋友、著名古文字学家于省吾！

张伯驹立时喊潘素快快倒茶，快备酒菜，那种老朋友久别重逢的惊喜，终于释放出来了。

于省吾是谁？为什么见到他会让张伯驹这么兴奋呢？

于省吾，1896 年出生于辽宁省海城县（今海城市），字思泊，号双剑誃主人。1919 年毕业于沈阳国立高等师范。后历任辅仁大学教授、燕京大学名誉教授、故宫博物院专门委员。他是我国著名的古文字学家，同时也是藏书家，他的藏书之名，在东三省位居第一。他对书画鉴赏也颇有研究。正是由于这些与张伯驹相同的爱好，他和张伯驹早年就相识且过从甚密。

于省吾是被东北人民大学校长匡亚明以三请诸葛的精神从北京请来的。1958 年，东北人民大学改名为吉林大学。在学校，于省吾被聘为历史系教授。

1961 年 10 月，他听说老友张伯驹夫妇要到长春工作，内心的喜悦是不言而喻的。

张伯驹和于省吾坐下后，开始聊了起来。张伯驹说，自来长春安顿下来之后，于省吾是光临寒舍的第一位客人，正所谓"他乡遇故知"。他们似乎有着说不完的话，一直聊到月上中天。

20 世纪 50 年代初，于省吾还写过一首诗《赠丛碧》：

洹上高人清且闲，中闺彩笔杳难攀。

当时劫火沧尘后，家在名园水绘间。

已有词华传海寓，更搜图画压江山。

履霜旧侣愁残鬓，拼脱缠羁任往还。

"丛碧"即张伯驹；"中闺彩笔"指的是张夫人潘素精于绘画；"劫火沧尘后"指内战方息；水绘园为"明末四公子"之一冒襄（字辟疆）之宅，比喻为承泽园，冒襄比张伯驹；"图画压江山"赞张伯驹为护国宝而购隋代展子虔《游春图》。

于省吾所在的吉林大学位于长春市解放大路一带，吉林艺专位于自由大路一带，而吉林大学家属宿舍与张伯驹夫妇所住的吉林艺专的家属宿舍只隔了几条街道，也不算太远，从此，两位老朋友见面的次数便多了起来。于省吾经常来到张伯驹家，与他探讨书画鉴赏以及一些历史考证。更让张伯驹喜欢的是，于省吾还把自己在长春的朋友介绍给张伯驹认识，其中有教育家、考古学家罗振玉的长孙罗继祖，文物考古学家单庆麟，等等。渐渐地，一个由热爱传统文化且学养甚高、爱好接近的知识分子组成的春游社形成了气候。

《春游琐谈》带来的乐趣与麻烦

由于张伯驹、于省吾的朋友都是书画家、文物收藏家，且家里大都有些金石书画，于是张伯驹和于省吾不约而同地提出了一个建议，即利用星期天，大家一起聚首，把自己收藏的书画作品与古代器物拿出来鉴赏品评。每次聚会，每人都要写一篇笔记，金石、书画、考证、词章、掌故、逸闻、风俗、浏览等不限。这就是张伯驹当初提出成立春游社的想法。当张伯驹提出这一想法的时候，宋振庭二话没说，便指示博物馆党支部书记王承礼在博物馆二楼专门开辟出一块地方，作为张伯驹、于省吾等艺术家聚会的场所。

张伯驹提议大家写短小笔记的意见得到了热烈回应，同时，张伯驹又邀约了在京津沪等地的老朋友参加写作，例如周汝昌、张牧石、孙正刚等。

一时间，吉林省文化界形成了大师聚谈、群星闪耀的新局面。有人说，这种文人雅士自发聚会，并酝酿结集出版的盛况，在东北的文化历史上恐怕还是第一次。

其实，在中国历史上，文人群体性雅集，或是独自写一些笔记，已成为文化习惯，有着悠久的传统。学养深厚的文人定期或不定期，或在特殊的节日里一起喝酒欢聚，诗文唱和，然后结成集子，或每人对某一领域的历史、逸闻作些考察，形成笔记，都是传统文人的生活方式，里面凝结着中国文人某些独特的生命样式。

不久，于省吾写出一篇题为《曹雪芹故居与脂砚斋脂砚》的短文，其中写道："又按脂砚斋所称之脂砚，言端砚之细腻如肉之脂，犹玉之称脂玉。蒲松龄《聊斋志异》有'猪血红泥地，羊脂白玉天'对语。胡适以为曹雪芹喜食女子口唇胭脂，完全出于想象。"

张伯驹看了此文，大加赞赏，认为于省吾解释"脂砚斋脂砚"名字的来历比较合理。

一次阮鸿仪（字威伯）写了《西湖画稿》一文，其中写道："一九四八年，余居青岛，执教山东大学，课余之暇，喜游市肆。偶因购玻璃杯，售者以旧画作包纸，乃罄杯购之。画作西湖景，共十二景……惜未能辨作者真名，诚为憾事。此必为破落旧家子弟不习文墨，当故纸论斤捆载而鬻之耳。其间必尚有珍品而已经损坏者也。"

张伯驹看了这篇短文，不胜唏嘘。但笔者需在此说明的是，到了20世纪80年代初，张牧石先生在《张伯驹收藏二三事》一文中说："解放前张伯驹先生曾一度任教山东大学，一次闲游旧肆，偶见一卖玻璃杯以旧画作包装纸，先生则全部包买了玻璃杯，目的是为了他这些包装纸。"由此可见，张牧石不知又听了谁的传说，这件事不知怎么就张冠李戴"归功"于张伯驹了。

此时的张伯驹心情舒畅，他似乎已彻底忘却了被打成右派后，给他政治上带来的压抑。心地的单纯，对文化的痴情，都充分展示出张伯驹名士的情怀和心性。

裘伯弓先生也是琐谈聚会的热心参与者。从他两次参与聚会，并当场吟咏的诗作，可以看出这种聚会兴会无前的氛围。如他写的《春集纪事》一文，全文不长，但颇有趣：

> 壬寅，清明后数日，集吉林省博物馆，是日有王庹淮、潘素、孙天牧诸君，各写松竹梅石，思泊、继祖、威伯诸君各作书，星公、继祖、丛碧诸君各联诗，丛碧又歌京剧一曲，李廷松君弹琵琶《十面埋伏》。是日尽欢而归，觉山阴之会未有今日之乐，因得四绝句：

> > 雪后初晴雅会开，新知旧雨不期来。
> > 时贤各擅诗书画，此是长春第几会。

> > 恨无曲水与流觞，窗外风沙竟日狂。
> > 赖有胡琴当羯鼓，催花促柳转春阳。

> > 高歌直上遏行云，余派声歌回出群。
> > 人在管弦丝竹里，风流不数王右军。

> > 琵琶古调换新声，埋伏疑是十万兵。
> > 一洗浔阳商妇怨，金戈铁马话长征。

你看，在伯弓笔下，这次聚会简直是胜过历史上有名的兰亭集会了。

此后不久，又有一次聚会，伯弓先生又作《春暮小集纪诗》一文，描述了此次聚会的情景。此文略长，摘抄如下：

> 壬寅，三月十一日，集单庆麟兄斋，到者张伯驹伉俪，于思泊、阮威伯、罗奉高三先生及余，品玩书画，并观日本刀，率成八绝（此处

仅录六首）：

> 窗明几净柳条街，绕屋垂杨次第排。
> 难得主人能好客，琳琅满目集高斋。
>
> 当年中日此鏖兵，袍笏登场号帝京。
> 一自投降遗匕首，至今敢作不平鸣。
>
> 中州张老富收藏，不惜兼金质二王。
> 脱手明珠莫惘怅，山河大地有兴亡。
>
> 丛碧携来王谷祥，一花一鸟耐平章。
> 上承没骨徐熙法，下启瓯香画派长。
>
> 阮君精鉴察秋毫，弃椟求珠计本高。
> 八大山人交臂失，至今谈及首频搔。
>
> 奉高博雅号多知，架上时从借一瓻。
> 三世交情五十载，析疑问难亦吾师。

显然，第二首是借日本刀吟咏的，第三、四首是写张伯驹书画收藏趣事的，第五首是戏谑阮鸿仪欲收藏八大山人书画，但失之交臂一事的。第六首则是写自己和罗继祖几代交情的。由此也可看出这次聚会的欢乐和风趣横生的情景。从中不但可以看到这些春游知己的交谊匪浅，也可感受到他们的学养之深，裴伯弓这几首诗即席而作，美且诙谐，恐怕也是异于常人的。

这样的聚会，有时又开到了家里，这次是张伯驹家，下次是史怡公家，再下次……没时间做午饭了，耿际兰就会把大家从家里请出来，到吉林艺专的食堂，边吃边聊。

从 1962 年开始，到 1965 年前后，张伯驹收录了 36 人的 363 篇文章，并组织刻写、油印、线装，自费印行，每卷印 100 册。古色古香的小册子，颇受大家的欢迎。就这样，前后共印了 7 卷（前 6 卷于 1984 年由中州古籍出版社合集出版），其中就有他常常接触的于省吾、罗继祖、阮鸿仪（威伯）、裴文若（伯弓）、单庆麟、恽公孚等人写的文章。

《春游琐谈》涵盖的面是很广的，历史、文化、艺术等很多领域均有涉猎，如于省吾专写甲骨金文，罗继祖专写宋辽金史料，恽宝惠专写清史料，张伯驹多写戏曲书画及逸闻故事，裴伯弓专写版本。

不料，就是这样谈文说艺，记述金石书画、掌故的小册子，到了 1966 年却惹出了大麻烦。春游社被打成了"反革命组织"。吉林省公安厅认为该书是各地反动文人结社进行反革命活动的罪证，便郑重立案"侦破"。省委宣传部部长宋振庭因为和张伯驹交往密切，也受到了牵连。吉林省公安厅要宋振庭交代与春游社的关系，追问宋振庭拿过什么机密文件给春游社的人看过。宋振庭哭笑不得，只好坦然告诉公安厅的人，这些人是非线装书不读的人，给他们文件，他们看都不愿意看的。宋振庭又说，张伯驹过去跟于右任、蒋鼎文、傅作义都是很好的朋友，但过去都不为他们干事，现在何苦搞反革命呢？但公安厅的人哪里会听宋振庭的肺腑之言。

因此事受到连累的还有远在天津的张牧石，他也遭到审查。但公安厅审来审去也审不出文章里有什么反革命的企图，甚至许多文章他们也看不懂，更不愿意研究文章中所述的掌故和古代文化知识。这样的审查持续了 3 年，最后只好不了了之。但春游社就此终结，《春游琐谈》再无下文，不能不说是中华文坛的一大憾事。

《春游琐谈》于改革开放初期的 1984 年在全国公开出版以后，著名作家、学者施蛰存先生对此书评价说："1958 年至 1976 年，中国知道分子黄杨厄闰，大受冲击。刚烈者一死了之，怯弱者随缘忍辱，惟旷达者犹能夷然处之，不改其乐……如春游主人则创为此举，集体成书，以贻后人。我辈今日读之，非但可以博闻多识继承薪火，亦可仰诸老辈之坚贞风度。"

"春游"之友今何在

春游社被吉林省公安厅立案侦查之日，也是其停止活动，自动解体之时。随后，1966年到来，"文化大革命"运动开始，春游社的各位文史大家，无须多说，自是自顾不暇，从此，每人都如一片枯叶，在狂风暴雨中跌跌撞撞，沉浮不定。

于省吾（1896—1984），经历了"文革"冲击之后，又迎来了科学的春天。1978年，大学恢复了研究生制度，于省吾便把科研的重心放在培养研究生上。同时，在他的倡议下，吉林大学历史系古文字研究室和中华书局联合发起全国古文字学讨论会，宣布成立了中国古文字学研究会，于省吾被推举为中国古文字学研究会常务理事。1979年，中华书局出版的《甲骨文字释林》，成为于省吾在古文字研究方面的代表作。1984年，就在张伯驹先生逝世两年之后，他也因病故去。

罗继祖，是于省吾最早介绍给张伯驹的好朋友之一，也是春游社中一个很特殊的人物。他1961年与张伯驹结识，后来加入春游社，仅两年左右时间，就在1963年被借调到北京中华书局校点《宋史》去了。然而，他给《春游琐谈》写的文章却不少，其中有文史札记数十则。他写的《薛素素脂砚及自画像》一篇，文章开头说："丛碧先生新从燕市得明薛素素脂砚，小才盈握，贮以朱漆盒。"张伯驹对此文就非常喜欢。

罗继祖，字奉高，1913年4月出生于日本，自幼与祖父、著名金石学家罗振玉一起生活，从小到大，没有上过一天正规的学校，接受的完全是传统的家庭式教育，但后来却成为吉林大学教授。他学贯文史，博涉多通，在历史、考古、文博、图书、书法等领域皆有建树，尤其在文献学和东北史研究方面有突出贡献。

罗继祖来到长春时，恰逢于省吾被匡亚明从北京请来，很快，他就与于省吾成了至交。不久，张伯驹来到了长春，经于省吾的介绍，罗继祖也和张伯驹成了春游社的朋友。春游社被查时，罗继祖当然也受到牵连，最后也是不了了之。"文化大革命"中，作为"反动学术权威"，罗继祖自然也受到了批判，但他心胸十分开阔、乐观。改革开放以后，他又焕发学术青春，著述甚丰。20世纪80年代中期，由大连出版社出版了他的集大成之作《枫窗三录》。这部书用笔记体文言写作，持论平和，见解独到，文笔雅致，精彩纷呈，表现出广博的修养和卓异的史识，被誉为当代的《容斋随笔》。他在收录于该书中的《〈枫窗胜语〉序》中说："予之试写笔记，始于丛碧翁之《春游琐谈》。"

1994年，罗继祖曾自拟挽联，对自己作了恰如其分的评价："尊儒尊孔尊董史尊马列求务实；研经研史研诗文研书画适性怡情。"

2002年5月，罗继祖以高龄辞世。

裘文若（1890—1976），字伯弓，江西新建人，系清乾隆名臣裘曰修嫡传之后人。伯弓先生是著名的版本学家、书画鉴赏家，早年毕业于青岛大学，抗战时期在重庆教书。1956年应聘到长春东北人民大学（吉林大学）任历史系教授。在此期间，应张伯驹之约，任吉林省博物馆文物鉴定委员会委员，其他四名则是于省吾、罗继祖、单庆麟、阮鸿仪。裘伯弓"文革"时受到冲击，可惜没等到改革开放，于1976年便去世了。

恽宝惠也是张伯驹到长春后结识的至交之一。恽宝惠（1885—1979），字公孚，江苏常州人，清末授陆军部主事、禁卫军秘书处长。北洋政府时任国务院秘书长，伪满洲政府时曾任内务府部长，后任职于北平故宫博物院，新中国成立后任全国政协文史研究馆馆长。

1962年，张伯驹刚任吉林省博物馆副馆长。恽宝惠当时也在长春工作，与张伯驹同住东北文史研究所宿舍，自然经常见面，成了无话不谈的朋友。

一日午餐时，恽宝惠和张伯驹谈到对联。恽宝惠说，有一联，20年来无人能对。张伯驹问什么联，恽宝惠即说，联云"董圣人，康圣人，董康圣人"。董圣人，即董康（1867—1948），曾直接参与清末变法时各项立法和法律修订工作，当时号称"圣人"；康圣人是指康有为，他是中国近代史上一个很有影响的人物，当时亦有"圣人"之称。这个上联妙绝之处在于两人之姓合起来又成一人之名，下联的确是不易对，无怪乎20年无人能对。

不料张伯驹听后就说:"这很好对嘛,就对 '李学士,白学士,李白学士',可以吗?"恽宝惠说,那就查一下乐天是不是学士吧。结果一查,白居易曾官至翰林学士;李学士是指李白,唐玄宗曾令李白供奉翰林,也就有了翰林学士之称。

张伯驹对的这个下联堪称妙手偶得。恽宝惠不禁大笑称妙,说张伯驹不愧为"楹联圣手"。

白驹过隙,日月如梭,如今,几十年过去了,张伯驹和春游社的新雨旧雨也都先后谢世,但他们那一代传统文化精英所绘就的文化景象,却依然展现在历史的画卷之中。

张伯驹与吴小如的戏剧情缘

吴玉如先生是 20 世纪中国卓然一家的大书法家，启功先生称他是"三百年来无此大手笔"的著名书法家。在他的熏陶下，他的儿子吴小如也写得一手天真纯净、字体娟秀的书法，又是著名的北大教授、学者、诗人、古典文学研究家、戏曲评论家。同时吴玉如、吴小如父子俩又都与也是书法家、词人、戏剧家的张伯驹有着特殊的情义。

父子两代与张伯驹的传奇因缘

吴玉如和张伯驹既是同为书法家的朋友、知己，更是同年而生、同年而死的"生死之交"。他们都是 1898 年生人，但张伯驹稍长吴玉如数月。1982 年 2 月，张伯驹病故，稍后数月，吴玉如谢世。吴小如在一篇文章中写道："张伯驹与先父玉如公同庚而先生稍长数月……1982 年初，伯老谢世，予曾挽联敬唁之，同年 8 月，先父弃养。"

天地之大，就是有如此令人惊叹之事。

张伯驹一直对吴玉如的书法成就非常敬佩，当时，吴玉如与沈尹默并称"南沈北吴"，张伯驹则称吴玉如为"晋唐之风，当代巨擘"。但吴玉如一生以修身问学为本，从不以书家自居。

吴小如是 1922 年生人，原籍安徽泾县茂林，比张伯驹小 24 岁。他们又是如何相识相交的呢？吴小如回忆说：

"抗日战争胜利后，我初识先生于天津刘菱洲家，菱洲，伯驹之外甥（张伯驹妹妹张家芬之子）。1944年，我在天津私立志达中学任国文教员。菱洲与伯老之公子柳溪皆在彼校读书，是予之学生，故相稔。菱洲酷爱京剧，一次，菱洲约了十几位中青年票友在他家相聚。当晚清唱，伯老和文鹏合演了一出《打渔杀家》，我陪另一位张姓青年唱了一出《洪洋洞》。我只是凑趣，前演令公，后配贤王。但伯老事后却对菱洲说，你这些能唱的朋友，只有那个姓吴的还有点水平。"

此后，张伯驹又知道了自己的儿子正是吴小如的学生，便常请吴小如到自己家坐坐，又亲切地留他吃饭。于是，吴小如与张伯驹交谊日深，但吴小如虽是张柳溪的老师，对张伯驹却是一生以师事之的。

抗战胜利后，吴小如又考入燕京大学中文系，不久，又考入清华大学中文系，再转入北大。在三校学习期间，吴小如先后受教于朱自清、俞平伯、沈从文、游国恩门下，并得到章士钊、陈寅恪、顾随等国学大师的赏识。1949年大学毕业后，吴小如到津沽大学国文系任助教。1952年院系调整后，又到北京大学中文系任讲师，一干就是28年，但因为性格耿介，性情偏急易怒，且每每不讲情面，以直言贾祸，就是评不上教授。直到1980年，才在林庚先生和吴组缃先生的联名保荐下，由讲师直升为教授。

吴小如学问大，爱纠错是出了名的，所以人们就称他是"学术警察"。有人劝他随俗，做个不招人烦的好人，可他偏不听劝，依然毫不客气地指出别人文章中的错误。他说，我这"学术警察"的本心，是为不乱我国固有文脉，守持语言文化之纯洁。

例如，吴小如对纠正错别字特别认真，对称谓的混乱尤为不容。他说，许多人在书信的上款或信封上多写某某先生"敬启"字样，这是错误的。因为"启"有二义，一是开启的启，二是陈述的意思，所以写信人可以在落款处自称"敬启""拜启"，意为"敬陈""拜陈"，而对收信人可写"大启""道启"，绝不能写"敬启"。

这一番解释真叫人顿悟，让人更佩服吴先生的博学。所以人们说，北京大学这所高等学府，学者如林，然而从《诗经》一直到梁启超，能全面贯通讲授如吴小如先生的，也并不多见。因此，平日前来向吴小如讨教者不少，有些问题吴小如则坦诚相告："我查查书再作答复。"然后骑上车去图书馆泡上半天，直到把这一极细小的问题弄清楚，再一五一十作答复。有时提问者已经睡觉，赶来做答复的吴小如便将答复写成材料，贴在对方门上。

这一事例真实到何种程度，不必再加求证，但我们对吴小如耿直的风骨、正直的人品、率真的性情、渊博的学识和精辟的见解都不能不肃然起敬。

吴小如先生的学术境界和人间情怀终于被人们所理解所尊重。他90岁时，学生们为他祝寿，编写了一本书《学者吴小如》，北大为此召开了出版座谈会。吴小如因病未能出席，事后，见了书很高兴，说："好哇，等于是开追悼会了，追悼会的悼词我算提前听到了。"然后又说："把我写得太好了，我想这是我吗？"

两个戏迷的戏剧情缘

张伯驹是一个著名的票友、戏迷，吴小如也是。

吴小如和戏剧结缘，是始于家人无意间的熏陶。5岁左右，他就随家人外出看戏，曾在天津看过孙菊仙、陈德霖、王凤卿等人的堂会戏。10岁时，吴小如随全家迁居北京，看戏的机会更多了，戏院的票价也不贵，梅兰芳、程砚秋等名家的演出也不过一两元。在育英中学上学时，学校规定，期末考第一名可免25元学费，第二名则免20元学费。他因考得好，一年省下45元学费，作为奖赏，父母把钱如数给他，全让他"进贡"给戏院了。

十三四岁时，吴小如开始模仿当时小报文风，装模作样地撰写剧评。小时候，父亲管束很严，不许他乱写文章，他就用笔名投稿。因为写剧评，他和奚啸伯、裘盛戎等艺术大家结下了深厚的友情。

张伯驹一生酷爱京剧，从余叔岩问艺达10年之久。20世纪40年代，吴小如结识张伯驹以后，便常上张伯驹家登门求教，张伯驹也悉心相授，亲自教他《二进宫》、《天水关》、《审头》、《七星灯》、《回荆州》(鲁肃)等戏的余派唱法。每一个腔调，吴小如都精心钻研。就这样，连同向其他人学的，诸如刘曾复、朱家溍、贯大元等，总共学了四五十出戏。对于这些学戏之事，吴小如曾回忆说："后来先生（张伯驹）迁居城内，组织了一个京剧研习社，我曾屡次前往，从而认识了当时票界名宿顾赞臣、包丹庭、刘曾复诸先生，得到向他们请益的机会。后来，张伯驹先生去了东北，从此隔绝音尘。"吴小如曾登台表演过三次。第一次登台彩唱，是1951年底参加燕大京剧社为抗美援朝捐款举行的义演，戏码是《大保国·探皇陵·二进宫》，他和高名凯、林庚等先生一起演出，张伯驹和吴玉如等都前往观看。

1956年4月，毛泽东提出"百花齐放、百家争鸣"的"双百"方针。1957年4月，文化部又召开了第二届全国戏曲剧目工作会议，宣布要"尊重遗产"，强调在剧目工作上要"大放手"。这一精神让张伯驹异常兴奋，他主张应演出曾被禁演的《马思远》（即《海慧寺》）。《马思远》的剧情是：王龙江在北京马思远饭馆充厨师助手，每逢节日时回家。其妻赵玉不甘寂寞，闲游海慧寺，遇到卖绒线的贾明，由调笑而私通。年底，王龙江自京归家，赵玉急忙将情夫贾明藏匿缸中。不一会儿，又乘丈夫醉时，让贾明用菜刀把其丈夫劈死，将尸体掩埋。此一情景恰被一个盗贼看见。不久，赵玉怕丈夫久不回京让人生疑，反而至京诬告马思远害死其夫。最后真相大白，马思远得到昭雪。

张伯驹主张演《马思远》，遭到了北京市文化局的反对，说这出戏是文化部明令禁止过的，现在尚未明令解禁，所以暂时不准公演。张伯驹心有不甘，他要和文化局理论理论。这天傍晚，恰好吴小如来张伯驹家聊天，张伯驹就把这件事告诉吴小如了，张伯驹说："小如，你这个戏剧评论家看《马思远》能不能演？"吴小如沉思一会儿，说："我看可以演。第一，这是个为冤案平反纠错的戏，伸张了正义，批判了邪恶，宣传了道德，在群众中是有警示作用的；第二，筱翠花是一个不错的角儿，特别是他表演精细，有古典美，现在却无戏可唱，那一身绝技失传可惜啊！"张伯驹听了，不禁一拍巴掌："正合我意，京剧嘛，靠的就是角儿，这些老艺人的绝活儿要想不失传，就得靠演出。"

吴小如这一次来，给了张伯驹勇气，他有了英雄所见略同的感觉。于是，张伯驹四处奔走，为演出《马思远》呼吁。最后，上级终于同意内部演出。不久，就在新侨饭店礼堂演出了。

筱翠花的花旦，在京剧舞台上独树一帜，他那泼辣风流妇人和初解风情的少女形象，给观众留下了深刻的印象。

演出后不久，反右派斗争开始了，《马思远》作为坏戏受到批判，一顶"右派分子"的帽子也落到了张伯驹头上。筱翠花和他的艺术也被贴上黄色下流的标签，被打入另册，筱翠花被下放劳动。1967年，筱翠花郁郁而终，一代艺人香消玉殒，直到1981年4月，才在北京八宝山为筱翠花举行了骨灰安放仪式。张伯驹亲临吊唁，并作挽联一副：

> 观去多欢场，开怀如对忘忧草。
> 演来少喜剧，捧腹应无含笑花。

这副挽联是说筱翠花既演过《游龙戏凤》中的天真少女凤姐，又演过《马思远》中最终被杀的风流妇人赵玉。这两部戏正可谓喜戏与悲剧交叠，筱翠花本人也终以悲剧结局，令人伤感。直到晚年，张伯驹对此事仍不能释怀，写下了这样一首被广为传诵的自嘲诗：

> 一朝天子一朝臣，舞榭歌台梦已陈。
> 啼笑皆非马思远，中州断送老词人。

吴小如后来在《张伯驹先生遗著》一文中对此事也有记载，他说："先生既以承泽园售与北大，迁居城内，我在50年代仍不时入城看望先生。1957年反右开始，先生以力主开禁鬼戏与凶杀戏罹于此劫……"这里所说的力主开禁鬼戏与凶杀戏即指张伯驹赞同、吴小如也同意的《马思远》一戏。

情缘遗响

最叫吴小如终生难忘的就是张伯驹让吴小如一家住在自己家中一事。那是 1951 年，吴小如到燕京大学中文系任教，妻儿没有住处，张伯驹当时正住在离燕京大学很近的承泽园，知道这件事后，就把承泽园西北角上一座堆书小楼中两间空屋借给吴小如，并不收分文房租。对于这件事，吴小如多次在文章中提及，如在《张伯驹先生周年祭》一文中说："先生助人为乐从不挂于齿颊，仿佛行其所无事，这使我由衷感激。"后又在《读〈红毹纪梦诗注〉随笔》一文中说："伯老乃以承泽园中藏书楼空屋两间相假，俾获枝栖，此情没齿不忘。予尝从伯老学京剧数出，一时过从密迩，伯老许以'尚够材料'，及 1957 年以后，伯老远寓长春，音问遂疏。70 年代初，伯老返北京，虽与予时在剧场相遇，终未获长谈……"

这一段话说了两件事：一是张伯驹借给他房子住，解决了他的大困难；二是说张伯驹出关东北后，他和张伯驹的交往就逐渐少了。

虽然吴小如和张伯驹的交往因世事变迁而少了，但吴小如对张伯驹的感情却历久弥深。张伯驹逝世时吴小如因病未能前去吊唁，便立即写了一副挽联，托人带去，但心里久久不能平静。挽联道：

丛菊遗馨，诗纪红毹真一梦；
碧纱笼句，词传彩笔足千秋。

吴小如又作注道："上联指先生所著《红毹纪梦诗注》，是京剧重要史料；下联指先生倚声之学足以不朽。而上下联之首字，则先生之别号也。先生女公子名传綵，我初不知，联成后友人见告，亦可谓巧合矣。"

张伯驹逝世后，他们的情缘并没有就此终结。原来，张伯驹先生曾于 1974 年撰一书稿《红毹纪梦诗注》，内地没有出版，却在香港出版了。吴小如的朋友黄港生 1982 年 8 月去香港时，见到了这本书，就给他寄了一本。

吴小如看到这本书，倍感亲切，但此时张伯驹已去世几个月了，吴小如不胜伤感。他称赞这本书"中多梨园史料，足以传世"，然又觉得张伯驹所录往事间有讹漏，于是，引发联想，也回忆起自己当年听戏往事，对张伯驹诗注的讹误之处再加注释和引申，就成了《读〈红毹纪梦诗注〉随笔》，并公开发表。且看此文中的第一节文字，便可知吴小如对张伯驹的深情以及文章内容的丰富和语言的生动精彩："小如按：伯老生于一八九八年，虚岁七岁，则为一九〇四年。所谓大喊'闪开了'云者，乃此戏豹精变俊武生之前所念，非后场开打亮相扔叉时之台词。伯老所记盖略有误。杨小楼一九三七年春，在北京长安戏院演《金钱豹》，乃彼最末一次演此戏矣。大喊'闪开了'之后，穿开氅翻一虎跳下场，干净利落，精彩绝伦……"

如今，张伯驹先生和吴小如先生都已谢世，但他们的戏剧情缘还在世间延续。

张伯驹有一张照片大家都很熟悉，就是他晚年时的那张"抱猫图"：张伯驹坐在沙发上，显得超然、安详、率真，他抱着一只雪白的波斯猫，那猫也温顺地依偎在主人怀里。他身后站着的那个高挑身材、文质彬彬、戴着眼镜的中年人，就是张牧石，是张伯驹晚年作词、看花生活中不可或缺的一位朋友，但这位朋友比他小整整 30 岁，是不折不扣的忘年交。

张伯驹的女婿楼宇栋在《张伯驹词集》再记中写道："先岳父晚岁与词友之间往来比较频繁的，首推津门张牧石先生。"的确，张伯驹晚年与张牧石之间的唱酬最多，交往最深。

诗词结谊

张牧石，1928 年生，字介庵，号邱园，天津人。天津市商学院法律系毕业。早年从寿石工先生研习书法、篆刻、倚声诸艺。除了专业艺术，又辅之以京剧、曲艺、舞蹈、武技。晚年曾为中华诗词学会常务理事、中国书协会员、天津文史馆馆员。而张伯驹最看重张牧石的诗词和金石治印技艺。张伯驹晚年常用的印章多出于张牧石之手，他说天津的张牧石与上海的陈巨来是中国时下篆刻界的"南陈北张"，又称张牧石为"牧石词家"，并推介给章士钊、龙

张伯驹和张牧石的艺术人生

榆生、夏承焘、叶恭绰、唐圭璋等人，相交互为酬唱。由此可见张伯驹对张牧石的器重。

张伯驹认识张牧石始于 1952 年，那一年初秋，张伯驹在北京主持成立了庚寅词社，与天津的梦碧词社开展了雅集活动。牡丹花开时，梦碧词社的同仁赴京赏牡丹；海棠花开时，北京的同仁则去天津赏花。在这种往来中，张伯驹发现了张牧石的才华，非常赏识，两人就开始了书信往来。但张伯驹与张牧石交往最频繁的时候还是在张伯驹的晚年。

20 世纪 70 年代初的几年间，张伯驹每年春天都到天津看海棠花并约词友作词、打诗钟。有一次，张伯驹出题作词，约各地词人共作调寄《浣溪沙》四首，题为《对牡丹作》，密封卷不写姓名，然后再由大家评选，仿效科举名次，评出状元、榜眼、探花、进士等。最后揭榜，票数最多的是张伯驹和张牧石，票数相等。他们互相推让，张牧石尊张伯驹是前辈，张伯驹却说要奖掖后进，结果以两状元作结。于是，张牧石就刻了两方"牡丹状元"印，自留一方，赠给张伯驹一方。

1978 年春天，张伯驹又一次到天津看海棠，正赶上张牧石 51 岁生日，张伯驹即兴填了一首《卜算子》：

卜 算 子

戊午暮春初八日，李氏园看海棠正半开，值牧石词家五十晋一寿

节到海棠天，有客迎三径。酒浅能教意更深，乐事添清兴。

恰是半开时，向晚风初定。春色无边去又来，人与花同命。

张伯驹还手书过一副嵌名联送给张牧石——"牧野鹰扬开地阔，石头虎踞望天低"，不仅把"牧石"二字拆开巧妙地各嵌入上下联第一字，而且对仗工稳，意义非凡，气魄极大。

率真的情义

张伯驹每去天津，都是住到张牧石家。白天多由数友陪同去人民公园看海棠，归后则与诸友填词、联句、打诗钟。因张伯驹在京剧界威望甚高，故京剧诸名家也多来求教，如厉慧良、丁至云、程正泰、王则昭等，其他中青年演员更多。来者于谈艺之余，多求张先生书画留念，他是有求必应，有的求画梅兰竹菊或其他文人画小幅，有的求以自己名字作的联语。其他友人也多有求作，张伯驹则是来者不拒，有求必应。张伯驹的作品多为小幅，因他不喜大字和大幅画，而且画幅由他题款后，又多命张牧石题句。

张伯驹在画幅上多钤一葫芦形朱文印"京兆"，押角一圆形朱文印"花好月圆人寿"；落款二印，上白文"伯驹长寿"，下朱文"丛碧八十后印"。

张伯驹住在张牧石家，但那时候张牧石家住房狭窄，张伯驹就在他的单人床边上接一块木板，与朋友同榻而眠，畅谈诗词书画，尽兴之后酣然入睡。有时张伯驹和夫人一块去，张牧石就在房间里拉上一个床单隔开。就是这样极为拥挤狭小的空间，张伯驹不但没有嫌弃、不惯，反而感觉舒适有加，忙得不亦乐乎。

有一年，张伯驹又来天津。他先去张牧石家，下了火车，坐上4路公交车，到站下车后，一摸口袋，钱包被人偷了。他悻悻地来到张牧石家。当时，他身穿一套毛料衣服，头戴鸭舌帽。在那个年代，这身打扮十分招眼。张牧石说："你这身打扮，又不注意，小偷不偷你偷谁？"张伯驹听了，双手一摊，大笑起来。虽然没钱了，但住在张牧石家里一切照旧，张牧石夫妇只好强撑门面，尽力保持张伯驹的一切吃喝用项，张伯驹也很自然地接受了。过了几天，张伯驹回到北京后，却把所有在天津花销的钱寄回来了。张牧石夫妇非常感慨，张牧石说，张伯驹是真正的赤子之心啊！

又有一次，火车是在半夜到的天津。张伯驹来到张牧石家时，天还未亮。张伯驹拍了几下大门，无人应声，顿时火起，捡起院外一块半截砖就咚咚地砸起门来。张牧石梦中惊醒，急忙开门，只见张伯驹手里的砖头尚未扔掉，张牧石真是哭笑不得。

但有一个故事展现出来的张伯驹性格之文雅直叫人叹服。有一次在李氏园看海棠,张伯驹作了一首词《庆清朝》,其中有句:"雾眩红妆,天怜白发,倾城又见佳人。娉婷万态,顿惊眼外皆春,乱落打身碎锦,散花如梦雨缤纷。流光里,剩脂湿透,半是啼痕。"张伯驹还说:"我如能卧此芳茵,将来逝去,亦人生最美之终了。"张伯驹就是这样坦荡超逸、潇洒真率,实乃世所罕见。

诗钟乐趣

张伯驹每年去天津,还爱和张牧石等词友一块打诗钟。所谓打诗钟,就是一种文人游戏。玩法是设一铜盘,上悬一线系一铜钱,横置一炷香火,俟其烧到线断,铜钱坠落铜盘上,发出响声如击钟,故曰诗钟。数名文人集体做此游戏,可先各自写一字条,中为一个字,然后将所写的字条团成纸团,放在一起,每人随意抓上两个,打开看这两个字,再约定用此二字嵌在第几字成一副七言联,嵌第几字就叫"几唱",铜盘响后作不出者即为输。

张伯驹在天津主要是和寇梦碧、陈机峰、孙正刚几位词友打诗钟,在张牧石家打诗钟就不准备铜钱铜盘、香火了,也没那个条件,而是在纸烟横处用墨笔画一线,吸到墨线为时间限度,未成者罚酒。有一次约定的是"魂、象六唱",张伯驹成联为"天末风来群象动;梦边秋入一魂凉";又"唐、水二唱",张伯驹成联"南唐久已轻孱主;饮水何须认后身",此联"南唐"指李后主,"饮水"指清词人纳兰容若,其集名"饮水",因有纳兰是李后主后身之说。

在分咏诗钟上,张伯驹也惯以奇思妙想取胜。如咏连鬓胡须,他把前人成句顺手拈来,巧妙地借彼字面而咏此物,句为"人面不知何处去",满脸胡须,都找不出面孔在哪儿了,真令人解颐;又如咏肺结核用前人成句"扶上雕鞍马不知",病重到上了马,马都感觉不到重量了,可见人已骨瘦如柴。张伯驹不但构思奇妙,而且快捷,友人们同打诗钟,多是他首先完成。

两代人的礼物——波斯猫

本文开头提到一张很有名的照片，就是张伯驹的抱猫图，很多介绍张伯驹的书里都用过。照片上张伯驹端坐在椅子上，笑容可掬地抱着一只雪白的波斯猫，那猫慵懒的身体是那样自然地依偎在主人怀里。

张伯驹一生爱猫，他从猫的身上得到了启发。他说，猫比人好，世人多居心险恶，道德败坏、虚伪，不如猫直率可爱。

那么，张伯驹怀抱的这只可爱的猫是从哪儿来的呢？这只猫就是张牧石和其女儿张秀颖送给张伯驹的，在这只猫的身上凝结着张牧石父女两代人的心血和情感。

这只猫的身份也是挺高贵的，它是天津市人民公园的一只纯种波斯猫的后代。20世纪70年代中期，张秀颖还是一个上小学的小姑娘，和她家仅隔一条街的地方住着一对宁波人夫妇，女人极爱养猫，人送雅号"猫奶奶"。那年她托人从人民公园弄了一只纯种的波斯猫，那只波斯猫是怀着小猫的，快生了。张秀颖就央求"猫奶奶"到时候送她一只，没想到"猫奶奶"爽快地答应了。于是，张秀颖就天天盼呀盼呀，终于有一天母猫生了三只小猫，张秀颖赶紧选了一只最漂亮的。因怕被别人拿走，小猫还没有断奶，张秀颖就把它抱回家了。从此，小姑娘每天都把小猫揣在怀里，每天定时四趟去"猫奶奶"家，让猫妈妈喂奶，她上学时就由父亲张牧石替她送去喂奶。就这样风雨无阻一个多月，小猫咪渐渐断奶，也长大了，白嘟嘟的，活泼可爱，成了小姑娘心上的宝贝。

突然有一天，张牧石和女儿商量，说张伯驹爷爷平日里就喜欢猫，他家早年有一只四爪踏雪的黑猫，后来没了，现在他们又回到了北京，如果把这只小猫送给他，他一定很高兴。可张秀颖一听却是万般不舍，但又想到张爷爷非常喜欢她，每次来天津都给她带巧克力，那时候普通人家很少有巧克力吃啊，最后还是答应了。

张牧石高兴极了，立即买了火车票，带着女儿，抱着这只可爱的波斯猫去北京了。到了张伯驹的家,凑巧他们没在家,张牧石就把门推开一条缝儿,把猫放进去了。这时张秀颖又累又饿,几乎撑不住了,父亲就带她去街上吃饭,饭后回来,张伯驹正抱着小猫站在门口等他们呢。一下午那只可爱的小猫、张秀颖曾经的小伙伴就一直被张伯驹抱在怀里,张伯驹不停地爱抚着它,张牧石则带着一种欣慰和满足的笑容一直看着张伯驹。

如今,张秀颖也步入了人生的晚年,她更加深刻地体会到,那只猫"记录"了张伯驹和她父亲张牧石忘年之交30年最感人的瞬间。

情思悠悠

张伯驹去世之后,张牧石非常悲痛,写了两首七绝,寄以哀思:

一

七十二沽春水鲜,金盘敲韵忆从前。

他年有梦寒山寺,怕听钟声到客船。

（此首言其多年来津打诗钟）

二

残泪依稀湿梦痕,海棠时节又黄昏。

剩春从此应难展,恻恻风光李氏园。

（此首言其多年来津人民公园看海棠）

2008年是张伯驹诞辰110周年,张牧石又作七绝一首,纪念张伯驹:

画眉能几思京兆,绝世风流岂入时。

宁复李园春再展,海棠留梦忍追思。

这首诗中所说的"京兆",是"张敞画眉"的典故。张伯驹有感于汉朝时期，京兆尹张敞夫妻情深的典故，就自署别号"京兆"。张牧石感叹，像张伯驹这样的名士于今天实在是太少了，张伯驹正是一个绝世风流的名士。如今，天津的海棠花年年开放，但留下来的，只能是对张伯驹先生的追思了。

2011年，张牧石在他生命的暮年，忍受着病痛的折磨，开始撰写《张伯驹先生轶事》，约为20则。他在雅致的十竹斋水印花笺上徐徐书写，一页页带着浓浓书卷气的信笺，满含着对张伯驹的深情，也向世人描绘了自己心中老友张伯驹的形象：直率、旷达、高雅、富不骄、贫能安，临危不惧、宠辱不惊，似童子天真嬉笑，又深藏文人赤子之心，真乃千古一高士也。

张伯驹与马宝山

在张伯驹的收藏故事中，最重要的，也最为人所称道的就是收藏《平复帖》和《游春图》的故事了。张伯驹收藏《游春图》的经历有多种说法，但无论哪种说法，其中所说买卖双方的中间人都是马宝山。那么，马宝山是谁？他和张伯驹有着怎样的关系？他是如何当这个中间人的？《游春图》收藏的真实经过又是怎样的呢？

张伯驹收藏《游春图》的中间人

马宝山（1911—2004）是著名的书画鉴赏家，河北省衡水南漳村人，自幼好绘画，7岁进私塾，16岁到北京琉璃厂"墨宝斋"碑帖店当学徒。20世纪70年代调到北京市文物局。

马宝山一生从事碑帖书画鉴定收藏，与京城许多著名收藏家、书画家，如罗振玉、张大千、齐白石、徐悲鸿、溥儒、启功、徐邦达皆为好友。马宝山由于为人诚实，学习刻苦，20多岁就接手"墨宝斋"，成了掌柜。因为张伯驹是大收藏家、琉璃厂的常客，所以二人也早就认识，且成了朋友。到张伯驹购买《游春图》时，马宝山就成了中间人。

在人们的传说中，张伯驹收藏《游春图》的经历成了一个最富吸引力和传奇性的故事。其实，收藏《游春图》

的经过并没有过多的传奇，令人称赞的主要是张伯驹为收藏《游春图》而不惜出卖房产以及他勇护国宝的爱国之心和大公无私的民族情怀。

《游春图》是隋朝画家展子虔的一幅绘画作品，也是我国现存最早的一幅山水画珍品。关于《游春图》从隋唐到北宋的流传历史，目前因为资料缺失，还弄不太清楚，但这幅画到了清朝，就成了乾隆皇帝的藏品，一直传到溥仪一代。1911年，清朝灭亡，但溥仪还在故宫生活。到了1922年，逊帝溥仪以赏赐二弟溥杰的名义，将1000多件手卷字画、200多种挂轴和册页等文物珍品盗运出宫，这些文物中就包括展子虔的这幅《游春图》。1924年，溥仪被冯玉祥的部队赶出故宫，随后来到天津生活，国宝也被偷运到了天津。1932年，伪满洲国成立后，这些文物又被转运到长春，存放在一栋小白楼内。

1945年，日本投降，溥仪携带120多件文物书画出逃，小白楼中剩下的书画则被留守的士兵们抢劫一空。不久，这些被抢劫的书画文物就陆陆续续出现在长春的文物市场上。当时北平的文物商人闻讯也赶去收购。

1946年初，北平琉璃厂墨宝斋的穆蟠忱邀玉池山房马霁川和文珍斋冯湛如同去长春收货，购得了《游春图》。三人回北平时在沈阳停留，受到了崇古斋经理李卓卿的接待，穆蟠忱又主动提出邀李卓卿合伙做《游春图》这号生意。这样，一幅《游春图》，伙货的已有四家文物商了。

张伯驹知道了《游春图》的事情后，就力主故宫博物院回收，在故宫博物院表示无力回购后，才决定自己收购。委托的中间人就是马宝山，而几家《游春图》的拥有者推出的卖方代表是李卓卿。这样，马宝山与李卓卿多次协商，终以200两黄金敲定。200两黄金可不是个小数目，张伯驹因屡收宋元巨迹，家里也早已没钱了，但张伯驹为了这幅画不至于被文物奸商卖到国外，遂决定把自己的"丛碧山房"住宅卖掉，也要购回《游春图》。

成交之日，马宝山请李卓卿与张伯驹同到自己家办理手续，李卓卿还请了黄姓亲戚鉴定黄金成色。他们以试金石测验张伯驹带来的黄金，结果黄金成色相差太多，只有足金130多两。张伯驹力允近期内补足下欠黄金。于是，由马宝山作保，李卓卿亲手将《游春图》交给了张伯驹。到了1948年底，张伯驹经过几次补交，已交到近170两，还剩下30两。但此时，时局大变，解放军兵临城下，包围了北平，北平城内人心惶惶，谁还有心思顾及这30两黄金之事？也正是这30两黄金，成了伏笔，又引出了张伯驹与马宝山20多年后的交往趣事。

《游春图》被张伯驹收购后，张大千首先来贺，听说张伯驹为此画卖了弓弦胡同的老宅，连叹可惜："伯驹兄痴迷书画若此，就是大千也不如。说实话，我本也有收藏此画的念头，若换成别人，非与他一争不可。""大千能交到你这样的朋友，也是三生有幸。"

张伯驹撰联谢宝山

1970年，距张伯驹购买《游春图》已过去了25年。世事沧桑，张伯驹也从长春回到了北京，成了没有工作、没有户口的"黑人黑户"，一贫如洗，与当年相比，无疑是天渊之别。按一般常情来说，张伯驹也早该忘记购买《游春图》尚欠30两黄金的事情了，更何况他也早已将《游春图》转让给故宫博物院了。可张伯驹心地善良，为人诚实而耿直，他其实一直没有忘记这件事，只是没有一个消停的日子让他来处理这件事而已。

一天，张伯驹上街，偶然遇见了马宝山，真是喜出望外，两人叙起话来，都有恍如隔世之感。说话中，张伯驹又问起马宝山来："宝山老弟，我买《游春图》那事，还欠人家30两黄金呢，20多年了，你看咋办啊？"不料马宝山听了，愣了一会儿，才回过神来，扑哧一声笑了出来，边笑边说："伯驹老兄啊，你啊你，真是实在啊，但世道变了，对方完了，我也完了，你也完了，这事全完了。"说完，二人不禁都大笑起来。于是，张伯驹把马宝山请回家中，下起围棋，潘素则展纸研墨，为感谢马宝山作起画来。中午吃饭时，张伯驹猛然筷子一搁，对马宝山说："我要为你写副嵌名联啊！"马宝山一听也来了精神，说："这个好啊！我正求之不得呢。若干年后，老兄的墨宝也价值千金呢！"说罢，二人又是大笑。

饭后，张伯驹挥笔题了一联。

时间过得真快，转瞬间张伯驹成了八十老翁。1979年，张伯驹82岁，马宝山也将近古稀之年了。这一年，张伯驹又见到了马宝山，再次相邀聚餐，隆重相待，并且又即兴为马宝山题写了嵌名联：

宝剑只宜酬烈士；

山珍合应供饕夫。

书毕，张伯驹郑重落款，然后钤雅章一枚。

谁也没有料到，张伯驹作了这副联语后仅3年，便溘然去世了。马宝山闻之不胜悲痛，每每想到与伯驹交往之事，不禁久久怅然。

1992年初，张伯驹逝世10周年之忌日，马宝山又想起与伯驹交往之逸事，仍是悲情难抑，便写了《张伯驹与展子虔〈游春图〉》一文，以作纪念。

马宝山在这篇文章中写道："伯驹先生入藏《游春图》，我曾是中介人，内情一清二楚……今值先生谢世十周年，我愿道出其中细节，一是排除众说纷纭，二是以此缅怀伯驹先生。"

在文章的最后一段，马宝山又写道："1970年，伯驹先生自长春返京，尚问及我展卷欠款怎么办。我说：'形势变了，对方完了，我也完了，你也完了，这事全完了。'说了以后我二人一同大笑起来，仍设围棋为戏。潘素女士赠绘山水一幅，伯驹先生赠书对联一副，对我表示谢意。书、画我至今珍藏箧中，以志永念。"

张伯驹与周笃文的师生情缘

周笃文，湖南汨罗人，字晓川，1934年生，比张伯驹小了36岁。他一生师从词坛泰斗夏承焘先生，并追随张伯驹10年之久，亲接麈尾，得以传承老一辈学人的知识涵养和精神风骨，成为当今诗坛几乎是硕果仅存的道统传承人。他的诗词清新瑰丽而变化多端，情意缥缈而风流倜傥，一派名士气象。所以慕世平先生说，周先生这样的人不识是可惜的。

他与张伯驹的一生情谊不识也是可惜的。

一见投契

周笃文是1972年在北京拜识张伯驹的，但二人的缘分则于10年之前就已经结下。那是1962年春，周笃文在北师大汉语研究班进修，刘盼遂先生曾谈到张伯驹收藏文物事及如何成为京师名票，诗词更是名著当代，等等，使周笃文不胜感佩，产生了拜谒之心，但张伯驹时在东北长春，无法实现。直到10年之后，张伯驹从东北回到北京，周笃文才得以实现心愿。那时，张伯驹潘素夫妇刚从长春回来，没有户口，没有工作，没有工资，正是最困难的岁月，用张伯驹的话说，就是铩羽归来。但周笃文早知道张伯驹的"名士"之名，且知其学殖深厚，因而，直如"粉丝"对待久慕的"偶像"。有一天，周笃文在小关公园得识气功大师尚养中先生，经他介绍来到后海南沿张宅，才见到了张伯驹。但张伯驹、潘素则似惊魂未定，初见这个生面孔，潘素的神色还是有些紧张的。可周笃文诚恳、忠厚、纯朴的态度和勤快的服务很快赢得了张伯驹、潘素的好感。请益之下，论及诗词，相谈甚欢，张伯驹更感投契。于是，潘素干脆请周笃文多来帮忙照料，并欣然留饭款待。

1972年初，张伯驹被聘为中央文史研究馆馆员，有了户口和工资，生活安定了，又有心思搞他的诗词、书画创作活动了。但此时张伯驹却患了白内障，视力模糊，周笃文的照料更显得必要了。潘素对周笃文说，先生视力不好，有空多来陪陪，帮他抻纸磨墨，行吗？这使周笃文喜出望外。于是，周笃文几乎是每周必到，抻纸磨墨，当起了随侍的书童。后海南沿张宅也成了周笃文心灵的乐园，先当书童，渐当书记，游山玩水、诗家雅集，可谓鞍前马后，形影不离。在此后的10多年间，他成了张伯驹须臾不可离的助手。

10多年间，张伯驹给周笃文的信件竟达几十封，现存有62封，其中58封是写给周笃文的，另外4封是让其代转他人的。"应直接去信问笃文""来信亦可经寄……周笃文"这样的安排经常在张伯驹的信中出现，例如有一封给天津张牧石的信中云："老弟前云，日诵佛，甚嘉，不可中断。前来信，皆存周笃文世讲处。来信亦可直寄和平里中医学院周笃文。因以目疾，来信均由其代读，代复也……牧石词家清吉。"

由此不难看出张伯驹对周笃文的倚重。当然，耳濡目染，周笃文既从张伯驹那里学到了丰富的知识，又提高了创作能力，张伯驹的其文其事也让周笃文满怀感触。周笃文曾说，伯老一生都不忘乡里，常自题"中州张伯驹"，且终生不改河南乡音，对于暮年结识自己这样的晚辈，老人家也十分亲近，在信札中称其为"世讲"。

周笃文还极为敬佩张伯驹历经磨难而不改高洁清雅的风致。初拜识伯老时，自己填了一首《临江仙·敬题碧丈梦华图》奉上，受到伯老赞许。后来，伯老以"文革"后发还的旧藏清代词家周之琦的"金梁梦月词人"砚相赠，并说："他姓周，你也姓周，都作词，做个纪念吧。"慷慨之气一如往昔。

"文革"时期，周笃文曾受到政治运动的冲击，前妻与他划清界限离婚了，他身边仅有一小女。张伯驹深深体会到周笃文的心情，便画一幅梅花，并题诗赠之，诗云：

> 顾曲当年梦影迷，周郎心事少人知。
> 小桃已向东风嫁，只对寒梅唤作妻。

看了张伯驹的赠画与诗，周笃文又几乎破涕为笑了。从此，周笃文就把这幅《梅花图》挂在自己客厅里。不久，张伯驹为了丰富周笃文的词学修养，又写信把周笃文介绍给当代词宗夏承焘先生门下，成为夏承焘亲炙弟子，并终生以词为业。

见证倚马快才

张伯驹一生有三个爱好——诗词、文物收藏和京剧，而且他办事，要么不搞，要搞就要登峰造极，从不做第二人想。张伯驹毕生填词，强调自然浑成，不事雕凿，他的主张是"一听就能记得才是好词，过于刻镂必伤真气"。

1975年，周笃文曾随张伯驹等词家访问传说中的曹雪芹故居，张伯驹立作词二首：

浣 溪 沙

一

秋气萧森黄叶村，疏亲远友处长贫。后人来为觅前尘。

刻凤雕龙门尚在，望蟾卧兔砚犹存。疑真疑幻费评论。

乙卯八月晦日，往访西郊正白旗传为曹雪芹故居……是日同游者有萧钟美、夏瞿禅、钟敬文、周汝昌、周笃文、李今及室人潘素等。

时西风渐紧，黄叶初飘。

二

象鼻山西有小村，荒凉矮屋掩柴门。旧时居处出传闻。
天外飞霞思血泪，风前落木想神魂。伤心来吊可怜人。

回去以后，周笃文也作了一首词：

浣 溪 沙

和碧丈九日访雪芹故居之作

终古烟霞绕此村，山丹涧碧未为贫。柴扉轻掩大千尘。
凄绝红楼魂欲断，萧然败壁墨犹存。兰成心事倩谁论。

从这一次访曹雪芹故居作词之事看，周笃文真正体会到了张伯驹的倚马快才。在耳提面命中，周笃文见识了张伯驹的文学功底。周笃文说，张伯驹作诗、撰联也无须打稿，便可一气呵成，他的这种倚马快才，为自己平生所仅见。周笃文还回忆道，张伯驹常常是一题在手，稍事沉吟，即已成竹在胸，等自己磨好墨，他就放笔写来，一挥而就，无不佳妙。周笃文更佩服张伯驹作嵌名联的真功夫，如"鉴寀永思存本草，真如普渡到扶桑"（鉴真）、"海阔天空驰想象，明窗净几著文章"（海明）等，都浑成贴切，十分自然。

不过，张伯驹又并非爱掉书袋的迂老爷子，平时语言十分风趣。周笃文至今还能随口诵出当年张伯驹用来讥讽"暴发户"的几句顺口溜："进门唯闻木漆香，家人齐换新衣裳。墙头挂满时人画，坟上松柏一尺长。"

翰墨留青见真情

在张伯驹的提携下，周笃文学问词作大有长进。前边提到他读了张伯驹的《梦华图》词后,曾作《临江仙·敬题碧丈梦华图》,张伯驹看后,欣然首肯,认为"词有灵机,不妨多作"。

对周笃文的词作,张伯驹更是仔细推敲,一字不苟。如《平韵满江红·唐山地震》,原作为:

> 石破天惊,都一瞬换了沧桑。沉渊起,一声雷震,闪闪青光。裂土直翻高下浪,黑云怒扑后前庄。对千家闾井化灰烟,深慷慨。
>
> 移山志,剧堂堂。凭众力,建家邦。看奔车雷迅,战阵龙骧。谟诰有人持庙略,星轺到处咏甘棠。待重新整顿旧山河,春更长。

伯老为之作了81字的精批细改。如:改"沧"为"海",曰"此字须用仄声";改"一声"为"声声",批曰"重上一字,即用叠字对下'闪闪'";改"青光"为"虹光",批曰"对雷字";"黑"改"摧",曰"黑不能对'裂'字";"剧堂堂"批"从本意",曰"'堂'字须用仄声";"谟诰有人持庙略"改"薪火及时支大厦",曰"此句生硬,且对不住下句。薪火即继承。支大厦,重支大局,重建大厦,似有相关"云云。

真是惊人的批改,令芜句脱胎换骨了。八旬老人,为一首词如此费心,真是令周笃文感深肺腑,没齿难忘。张伯驹对周笃文视同子侄,充分体现了他栽培后学的大爱深心。

见证坦荡情怀

张伯驹从东北归来后,生计艰难却精神独立、情怀坦荡。周笃文说,他曾见到张伯驹的一批书札中有写于1973年初的一首诗,其中就有"又画青山换酒钱"之句,还作小注"岁将尽,潘素赶画换钱买酒食";但张伯驹并不以此为意,他诗中更关注的是室中迎春花的开放,以及与客人下了大半天的棋局。

1971年初的一天,周笃文冒雪去看张伯驹,担心张伯驹在严寒中的身体和生活。一进门，就看到桌子上摊开的一张纸上，墨迹未干，是张伯驹新作的一首词：

浣溪沙

梦里曾于净土行，开门起看尽光明。岸边垂柳鹤梳翎。

天地与心同一白，乾坤着我并双清。万花飞散打身轻。

你看，张伯驹完全忘却了困厄的生活，心境一片纯净和坦荡。

周笃文说，这一时期，他也亲见张伯驹的一些老朋友对张伯驹进行资助，令人感动。如著名生物学家童第周教授来看望张伯驹，主动提出："我的工资比较高，可每月匀给你两百块。"快过年时，还一次给了 400 元。不久，张伯驹就写了一副联语，送给童第周："寄情在物象形骸以外；多识于鸟兽草木之名。"

大概在 1975 年之后，也是到了春节，虽然张伯驹进了中央文史研究馆，但工资依然周转不济。潘素就和周笃文商量，找夏承焘先生借了 500 块钱应急，出面当然是周笃文代劳。周笃文还记得，那时还有梅兰芳的夫人福芝芳也在惦念着张伯驹夫妇的生活，每年也会送来数百元年礼。

运筹韵文学会

早在 1957 年，张伯驹就与章士钊、叶恭绰联名致书呈周恩来总理，对古典诗歌的创作和研究提出了看法，倡议成立北京韵文学会，得到了周总理的关注和肯定。可惜的是，不久，反右派斗争开始，除了章士钊先生到香港探亲幸免遭难，这两位发起人都被错划为"右派"，韵文学会的种子未能发芽。

在接下来的几十年中，张伯驹又因所谓"反动诗词"祸端不断，但他对中国传统韵文的痴情却一往情深。1978 年以后，他又旧话重提，要成立韵文学会，于是，亲自执笔撰写了《成立中国韵文学会倡议书》：

自粉碎"四人帮"阴谋集团后，拨乱反正，政令一新，文学艺术重新恢复"双百"方针。我们一些爱好祖国遗产诗赋词曲的老年人，建议组织中国韵文学会作为继承发扬文化遗产的学术团体。中国文学有散文、韵文两类，其韵文部分包括诗、骚、歌、赋、词曲，在韵律四声五音对仗上有其特殊艺术，为世界各国所罕见。从《诗经》《离骚》起已有 3000 年历史，其后名家辈出，竞秀争流。可是近代以来一直缺乏重视，对培养人才不够，以致出现后继无人的局面。现在能从事研究写作水平的，年龄大都在六七十岁以上，这种状况如果不加以挽救，势必造成中断和失传。这既不符合党对文化遗产的政策，也不适应国际上文化交流的形势。1956 年章士钊、叶恭绰、张伯驹等人，曾一度倡为韵文学会之议，并且得到总理的首肯，将告成立，而反右事起，遂告中辍。于今事过 20 余年，旧人日已凋零，形势所迫不容延宕。我们倡议重新组织韵文学会，请国家予以支持，由老一辈作家及研究者带头执笔，发行季刊，以大中学校中青年教师及社会研究者为对象，提高其韵文水平，以保存发扬中国文化遗产。

1980 年 10 月 12 日，张伯驹又与周汝昌和夏承焘联名，致函中宣部副部长兼文化部部长黄镇。信是由张伯驹亲自执笔的：

黄镇部长：

同仁等为使中国古典诗词歌曲不致中断，拟由一些学者、作家及业余研究工作者，发行《韵文汇刊》，以供大学、中学校及社会参考研究。但发行刊物须有学会组织，经呈中宣部申请成立中国韵文学会，闻已批交贵部，拟向您面陈梗概，乞示公暇时日，以便趋谒，至为感荷。

专此即致

敬礼

夏承焘、张伯驹、周汝昌同上

一九八〇年十月十一日

去文化部送这封信，张伯驹是让外孙在寒风中骑自行车带自己去的。到文化部时还不到上班时间，张伯驹就坐在台阶上等着。10月的早晨，北京已经很冷了。8点过后，文化部党委统战部部长王莲芬赶来上班，发现一个80多岁的老者坐在这里，非常感动和不安，赶紧把他请到屋里，说有什么事可以跟她讲。张伯驹就把给黄镇部长的信交给了王莲芬。王莲芬又说："你这么大年纪了，行走不便，以后就让你的学生来吧。"张伯驹说，那就叫周笃文来吧。此后，再往中宣部送材料，到各大学找周振甫、邓广铭、王力等名家在三人联名信上签名的事，就交给了日后成为诗词大家的周笃文了。周笃文热情、年轻，他和冯统一拿着这封信，一家一家地跑，每一位老先生都很支持，痛痛快快地签了名。后来的发起名单，可以说是当代诗词精英几乎都名列其中。

学会在北京挂靠有困难，王莲芬就将此视为自己分内的事情，想方设法，多方奔走，后来又通过诗人、中宣部副部长贺敬之找到了湖南省委宣传部，挂靠到湘潭大学。等到韵文学会的事情基本办妥的时候，张伯驹已病重入院了。周笃文去医院看他的时候，潘素就让周笃文在他耳边告诉他这个喜讯。周笃文抑制着自己的眼泪，声音哽咽地告诉他："您努力了很长时间的韵文学会，现在已经批下来了，快要开会啦。"

伯驹先生点点头，已经不能说话了。

张伯驹播下的种子终于发芽、成长了，1984年，韵文学会在湘潭大学成立，创办了《中国韵文学刊》，这是新中国成立以来第一个由民间发起的有关中国韵文研究传承的学会组织。

"八七龄翁"掉臂行

2020年11月29日，一场浓雾弥漫于豫东大地。天地之间，一片混蒙。近午时，游动的雾团才渐渐散去，阳光温馨地穿透薄雾丝缕。项城的原野，呈现出少有的神秘而又多情的面容。一批来自全国各地的客人，千里迢迢，在参加周口师范学院举办的全国首届张伯驹学术研讨会之后，专程拜访张伯驹故居。在这一群客人中有一位年龄最长者，"八七龄翁"周笃文先生。

张伯驹故居位于项城市秣陵镇东街小学校园内，已被认定为河南省重点文物保护单位。这是一座孤零零的老式灰瓦房小楼，三间两层，与周围的教学楼形成鲜明的反差，经历100多年的风雨剥蚀，已显得古旧沧桑，许多灰色的墙砖，用手一抹，就有碎屑剥落。远远看去，一如老人，满面皱纹一样苍老。但它兀然凸立，默默无语，似乎显示出它那坦然、孤傲，历经时代风云变幻，依旧岿然不动的"名士"风度。

小楼内空荡荡的，已无文物，但楼板、楼梯依然完好，周笃文先生不惧年高体弱，爬上楼去。楼上光线昏暗，他肃然而立，向老师默然致意，他心中该有多少话语要向老师倾诉啊。

下了楼后，周笃文先生告诉笔者，到张伯驹故里瞻仰张伯驹故居是他的夙愿，如今，终于实现了这个心愿。刚才，他心中诗潮涌动，已作了三首诗，待晚上发出。

晚上，笔者收到了周笃文先生的三首诗：

项 城 吟

一

八七龄翁掉臂行，项城秋色最澄清。
扶筇未减寻芳兴，长记传衣授业情。

二

浓雾弥天掉臂行，长风拂面荡诗情。
中州公子遗风远，六合三才满赞声。

三

项城太昊圣人墟，节义千秋德不孤。

奋起丛公真国士，神光凛凛耀天衢。

周笃文先生的诗果然是情感充沛、真挚，情绪轻松欢快。你看，"八七龄翁掉臂行"，"浓雾弥天掉臂行"，连用两次"掉臂行"啊！"掉臂"就是甩动胳膊走路，表示自在行游貌，也表示奋起貌，但主要的还是闲适自在的样子，宋代邵雍曾有诗："侯门见说深如海，三十年来掉臂行。"

如今，周笃文先生也是耄耋老人了，但他每每回忆起张伯驹，总是一往情深。他说，他受张伯驹言传身教甚多，对先生的道德文章始终怀有极大的感念之情。

周笃文曾言："先师手泽，暮年捧读，往事萦回，不禁涕泪之无从。"

张伯驹与冯其庸的『白头之交』

冯其庸是当代知名的学者、红学家，又是书法家、画家，且长于诗词。他有一篇文章《文章尚未报白头》，在这篇文章中说："张伯驹先生，我是很晚才拜识他的，记得是70年代成立韵文学会的时候，我曾应约到他的府上拜见他。"

冯其庸生于1924年，小张伯驹26岁，相交没几年，却是相见恨晚的知音，所以他说他和张伯驹是"白头之交"。

"瓜饭楼"与"平复堂"

冯其庸的书斋名曰"瓜饭楼"，张伯驹则为"平复堂"，因得珍贵名帖《平复帖》而名之。他们各自的出身的确是极大的"两极分化"，一为苦寒学子，一为金玉公子。

冯其庸家极贫困，幼小失学，在家种地，他曾回忆道："至予父时，家已贫困，饔飧不继，时有日不得一餐者，予祖母、母亲每常向灶而泣也。每年秋荒断粮，日以南瓜度日，此予书斋'瓜饭楼'之由也。……予十岁即下地耕作，历十数年，当年予祖母见予受伤流血，常抱予而哭，予母亦独自背人饮泣。"

因此，冯其庸一生听不得任何人的抽泣之声，因为早年他常常在母亲的抽泣中醒来。第二天的粮食又没有着落了，母亲躲在厨房里，独自一个人难过。年幼的冯其庸心中不免一阵阵彻骨疼痛。

即便是如此贫穷，冯其庸读书却十分勤奋、刻苦。他起名"奇雄"，教语文的方老师认为名字不要太露，于是改为"其庸"。毕业时蒋校长为其留言"其名为庸，其人则非庸也"。

张伯驹的青少年时代，则是"忆长安，春夜骋豪游，走马拥貂裘。指银瓶索酒，当筵看剑，往事悠悠。三月莺花已倦，一梦觉扬州"的公子岁月。

人生之差异就是如此之大，而当他们相识时，则两人同为学富五车的学问大家。

冯其庸结识张伯驹时，正在中国艺术研究院工作，院址即在前海西街，下班从柳荫街走，可以过张伯驹的家门口，张伯驹就住在后海南沿，开门就是碧波，对岸就是词人成容若的住处，所以冯其庸常常下班经过张伯驹门口去看看他。张伯驹有事找冯其庸时，就让他10多岁的外孙女送信到冯的住处。冯其庸说，他曾保存有张伯老给的多封便信，但几经搬家，却一封也找不出来了，甚为憾事。

在筹建全国韵文学会时，张伯驹让两位朋友专门去找冯其庸商量此事。冯其庸十分赞成，就随同这两位朋友到后海南沿张伯驹的家里。他记得张伯老家住房面积非常小，是一间南北的房子，窗口书桌上堆了一些书。张伯驹看到冯其庸非常高兴，但说话不多，都是同去的朋友闲谈。

红楼因缘

1975年以后，冯其庸调到中国艺术研究院工作，开始校注《红楼梦》的工作，所以有空时就去看张伯驹，与他共同探讨《红楼梦》的问题。张伯驹对于《红楼梦》的理解常有新意，对冯其庸也是一种启发。有一次，张伯驹拿出他刚写的几首有关《红楼梦》作者曹雪芹故居的词让冯其庸看。词曰：

临江仙

立冬日，董意适邀游黑龙潭看红叶，并访白家疃传说曹雪芹故居

西北层峦叠嶂，东南沃野平川。九城阛阓隐云烟。寒鸦残照影，霜叶晚秋天。

斯地或非或是，其人疑佛疑仙。痴情千古总缠绵。心花生梦笔，脂砚写啼笺。

浣溪沙

一

秋气萧森黄叶村，疏亲远友处长贫。后人来为觅前尘。

刻凤雕龙门尚在，望蟾卧兔砚犹存。疑真疑幻费评论。

乙卯八月晦日，往访西郊正白旗传为曹雪芹故居……是日同游者有萧钟美、夏瞿禅、钟敬文、周汝昌、周笃文、李今及室人潘素等。时西风渐紧，黄叶初飘。

二

象鼻山西有小村，荒凉矮屋掩柴门。旧时居处出传闻。

天外飞霞思血泪，风前落木想神魂。伤心来吊可怜人。

村在象鼻山之西。曹雪芹居处虽出于传闻，而思及雪芹之身世，对景顾影，殊可怜也。

冯其庸看了这几首词，感到张伯驹情真意切，有些话又是词意双关的，既是咏红咏曹，也关联着自己的心声，如"天外飞霞思血泪，风前落木想神魂。伤心来吊可怜人"，真是既痛逝者，行自念也。为什么这样说呢？冯其庸认为张伯驹是一位"绝假纯真"的"真人"，也是一个"恨人""痴人""伤心人""可怜人"，难怪张伯老要"对景顾影"了。他以自己的身世，到了北国，想到了道君皇帝和吴汉槎，这是极自然的事。面对《红楼梦》的悲剧情

节，面对曹雪芹的绝世文采，面对着传说中的曹雪芹遗迹，能不发生共鸣吗？冯其庸对张伯驹谈了自己对这几首词的看法，张伯驹感叹地说了一句："知我者，其庸也！"从此，张伯驹越发与冯其庸亲近了，他们之间已没有了年龄的差距。

联语寄趣

在与张伯驹的交往中，冯其庸记忆最深的就是张伯驹曾先后送给他两副联语，一副是嵌名联，一副是集唐人诗句，形容他们的交往。

1978 年农历戊午年的元旦，也就是春节那天，张伯驹忽然写了一副联语，叫人送给冯其庸：

> 其鱼有便书能达；
> 庸鹿无为福自藏。

上款是"其庸先生雅属"，下款是"戊午元旦张伯驹时年八十又一"，图章是"伯驹长寿""丛碧八十后印"。这是一副藏头对，"其庸"两字藏在上下联的第一个字，上联是说多通书信，下联是祝福吉祥。冯其庸接到这副对子，非常高兴。隔了一段时间，张伯驹又送冯其庸一副联语：

> 古董先生谁似我；
> 落花时节又逢君。

上联用的是《桃花扇·先声》的第一句，下联用的是杜甫诗《江南逢李龟年》中的最后一句。冯其庸仔细琢磨这副联语，觉得大有深意：古董先生实际上是张伯驹自指，因为他是收藏家，自然就是古董先生，真实贴切；下句的"君"当然是指冯其庸，但这个"落花时节"并不是指自然的季节，而是指张伯驹的晚年。两句连起来就是说，我这样热爱古董，也搞了一辈子收藏的人，到了晚年，又遇到了冯其庸这样的知音，真是莫大欣慰。

张伯驹是一个感情丰富，但又不轻易表达的人。冯其庸每次去看张伯驹，往往是进门后，冯其庸说了几句话，两人就相对无言了。有时张伯驹翻出些旧年照片或诗词让冯其庸看，有时就相对默坐，夫人潘素也不大插话，二人这样习惯了，也就莫逆于心了。

这两副联语，见证了张伯驹与冯其庸的特殊情义。

《浣溪沙》追思情长

2007年初冬，笔者受项城市政协的委托，着手编纂《张伯驹先生追思集》，以献给2008年初春将要举行的张伯驹诞辰110周年纪念活动。为《追思集》作序的作者就确定了冯其庸先生。冯其庸当年已80多岁，满头白发，虽行止祥和稳重，但身体其实已大不如前。但听完笔者的陈情，竟没有任何的推托，虽一再说"作序何敢"，但又执着地表示，一定要完成作序义务，以表思念之情。

时令已是严冬，天寒地冻，且元旦将至，笔者不难想象冯其庸先生作序的难度与用心，但绝对想不到的是，当2008年元旦的钟声敲响之时，冯其庸也于瓜饭楼写完了序言的最后一节。想不到这篇序竟长达15000余字。这哪里是受托作的序啊，分明就是一篇深情的长篇回忆文章，回忆了和张伯驹的晚年之交，深憾自己"文章尚未报白头"，但又充分地评价了张伯驹一生各个领域的文化贡献。

特别感人的是，作为序言的结束，冯其庸连作了三首《浣溪沙》：

浣溪沙（三首）
读《丛碧词》《春游词》敬题张伯老

绝世天真绝世痴，虎头相对亦参差。人间真个有奇儿。

拱璧连城奉祖国，弥天罪祸判当时。此冤只有落花知。

才气无双折挫多，平生起落动山河。至今仍教泪滂沱。

国士高风倾万世，魍魉魅魑一尘过。春游词笔郁嵯峨。

读罢春游泪满巾，分明顽石是前身。黄金散尽只余贫。

眼里茫茫皆白地，心头郁郁唯情醇。天荒地老一真人。

2007 年 12 月 24 日至 2008 年元旦后一日于瓜饭楼

这何止是一篇序啊，分明是无尽的思念之情和感人之作。"文章尚未报白头"，其实，看这三首词，分明是"文章已然报白头"！

张伯驹与『雅为党人』的宋振庭

张伯驹曾说，共产党里他有两个朋友，一个是陈毅，另一个是宋振庭。由此可见宋振庭在张伯驹心目中的地位和重要性。其实，可以说，陈毅主要是张伯驹精神上的朋友，给予张伯驹的也主要是知识上、精神上的理解和同情，使张伯驹感到温暖，感到一个共和国的元帅原来也是这样平易和知心。而宋振庭则不同了，可以说，宋振庭是张伯驹在一个相当重要、相当长的历程中一个遮风挡雨的领路人和照顾者、保护者，甚至是与张伯驹朝夕相处，在生活上、工作上都是不可或缺的朋友，更是张伯驹精神上、知识上的知音和同道。有人说，张伯驹北上长春是他晚年生命的新一轮勃发。张伯驹的好日子在长春约略有 4 年光景，可以说，如果没有宋振庭，或者他遇不到宋振庭，他这 4 年的日子或许就是另一番景象。

张伯驹出关始末

1961 年 10 月，张伯驹来到了吉林。

张伯驹是怎样到东北去的？最流行的说法就是 1961 年，陈毅在北京见到了来京开会的吉林省委书记于毅夫，便请于毅夫给自己的朋友张伯驹帮个忙，安排一下工作。于毅夫当即答应下来，并嘱吉林省委宣传部部长宋振庭具体办理。于是，吉林省文化局安排张伯驹到吉林省博物馆工作，后任第一副馆长，而潘素则任吉林省艺专教师。但这一说法和张伯驹本人的叙述并不一致。

现在，在一些讲述张伯驹生平的书中，大都出现了宋振庭邀请张伯驹但未注明年月日的一封信。信中说："伯驹先生并慧素女士……若伯驹先生身体允许，可否考虑来吉林工作。又：慧素女士可一同调来吉林，在省艺术专科学校任职。"显然，这封信所述，与张伯驹亲自撰写的两份材料所述去吉林的经过与原因是不一致的，也难以考证其真实性。

那真实的情况是什么呢？

张伯驹在 1978 年 5 月 1 日亲笔写的《五十年来我的情况 》一文中明确写道："六一年吉林省艺术专科学校约我爱人潘素讲授国画。潘素因我年老无人照护，不肯去。后吉林省宣传部约我夫妇同去。"

现在，我们已从当年吉林艺专尚健在的原副校长耿际兰那里得知，张伯驹去东北实际就是因为该校聘请潘素，而因潘素不同意一个人去吉林，于是，学校同意张伯驹一同前来，并准备安排张伯驹在学校教书法。这件事与陈毅并无关系，因为张伯驹自 1957 年被打成右派以后，直到去东北之前，并未见过陈毅。其实在这 4 年里，陈毅也真的不了解张伯驹被打成右派及被打成右派后的生活情况。在这样并不知情的情况下，陈毅怎么会不先了解一下张伯驹的具体情况，就会单方面去给他安排工作呢？这也不符合常情啊！

伯乐宋振庭

张伯驹到了吉林艺专以后，宋振庭很快也知道了这一消息。他知道张伯驹是一个大收藏家，如果能把张伯驹安排到刚刚建立没几年的吉林省博物馆，则更能发挥张伯驹的作用，而吉林省博物馆也更需要张伯驹这样的人才。于是，宋振庭就征得于毅夫的同意，把张伯驹调到了吉林省博物馆。

那么，宋振庭究竟是一个怎样的人呢？宋振庭，1921 年出生于东北边陲延吉市一个底层个体手工业工人家庭，原名叫宋诗达，一个很有诗意、很有文化的名字。果然，他虽初中毕业，却酷爱学习，自学成才，并且先后当过市委书记、省委宣传部部长、省委常委、省革委会副主任（副省长）、中央党校教育长等职。他曾经的秘书刘景录曾用这样的话来比况宋振庭："在同样级别的领导干部里面，宋振庭是读书比较多的人；在读书多的人里面，宋振庭是党政职务比较高的人。"更重要的是，宋振庭是一个有着文人风骨、士人情怀的高级官员，更是一个懂得文物的人。

20 世纪 60 年代初，他曾带人在北京琉璃厂采购书画，在一家店里发现几十张张大千的作品。当时，张大千人在台湾地区，头上顶着"反动文人"的帽子，其作品无人问津、售价低廉。宋振庭对随同人员说："张大千的艺术在将来会有让你们想象不到的大价钱。"他断然决定，买下能见到的张大千和另一位画家溥心畬的所有真迹。

一次，宋振庭在旧货市场上看到传世名画《归庄图》，要价 700 元，他一时掏不出这笔钱，又怕珍品流失，就卖了自己和妻子的两块手表，凑足数目，买回这幅画，后来又按原价转让给省博物馆。你说，这样一个懂文物的领导，还会不把张伯驹当成一个宝贝和人才来对待吗？

宋振庭把张伯驹安排到吉林省博物馆后，还对博物馆党支部书记、副馆长王承礼说，张伯驹的右派帽子不要到处说，内部掌握就行了，看能不能给他先设个既不违反要求，又能发挥他特长的位置，将来解决了他的右派问题之后，再行新的安排。王承礼经过认真考虑，在博物馆专门为张伯驹设了一个"副研究员"的岗位。

1962 年，经过宋振庭等相关人士的努力，张伯驹的右派帽子被摘掉了。于是，宋振庭和省文化局局长高叶一致同意，让张伯驹做省博物馆第一副馆长，而此时省博物馆并没有馆长。王承礼欣然同意。其实王承礼也是一个非常理解知识分子的党员干部，他本身就是著名的渤海史专家、东北史考古学家。他对张伯驹早有所闻，一直非常尊重，在工作上热情配合，在生活方面也照顾得非常周全。虽然职位在张伯驹之后，但他把张伯驹做不了、不擅长的日常管理工作都井井有条地抓了起来。在政治上，王承礼非常理解张伯驹，他曾说过，张伯驹涉世不深，旧政治、新政治都不太懂，"我是支部书记，从事业出发，他是人才，对他要爱护、保护着点，招呼着点"，"宋振庭对他照顾，我也比较照顾"。这一番话，朴实、家常，却充满着对人的理解和热忱。

张伯驹生活和工作上的春天又一次来到了，他在长春期间，曾三次乔迁，一次比一次条件好。而且张伯驹搬到哪里，宋振庭、高叶、王承礼等人的脚步就跟随到哪里，他们经常或去张伯驹家，或去省博物馆，在一起读书赏画、谈古论今，气氛十分融洽。通过与宋振庭的多次交流、交心，张伯驹从内心深处完完全全地认可了这个懂自己、懂文化的人。人生得遇知己，难也；人生得遇如此知己，运也！更何况宋振庭一直对自己执弟子之礼呢？

献出《百花图》

在宋振庭印好的白纸居多的文化书页里，张伯驹毫不吝啬地书写着属于自己的篇章。他慷慨地无偿捐献了数十件家藏珍品，较有代表性的有元代仇远的《自书诗》卷、宋末元初颜辉的《煮茶图》卷、宋代赵伯啸的《白云仙峤图》卷、元代赵子昂的《篆书千字文》卷、明代薛素素的《墨兰图》轴、唐人写经《大般若波罗蜜多经》、唐人楷书册等。甚至，他把自己最心爱的《百花图》也捐了出来。

1964 年至 1965 年，张伯驹主持编辑《吉林省博物馆藏画集》时，发现博物馆收藏的画作中唯独缺少宋代的真迹，这就好像一条河流突然断流一样，让某种文化的流传无法得到延续。蓦地，他想到了那幅宋代杨婕妤的《百花图》。

早在北京生活期间，张伯驹就把自己收藏的晋、唐、宋、元的诸多真迹、名迹捐给了故宫博物院，只给自己留下了一件自娱的《百花图》。1958 年至 1959 年，时任中共北京市委书记处书记、分管思想文化战线工作的邓拓曾通过不同的途径多次找到张伯驹，甚至两次单独宴请张伯驹夫妇，一方面闲话叙旧，另一方面希望他把《百花图》留给中国历史博物馆。

《百花图》是已知的我国现存最早的一件女性画家的作品，曾著录于《石渠宝笈》初编、《书画记》及张伯驹的《丛碧书画录》中。画卷于乾隆时期入藏清内府,清亡后由北京辗转流于长春,后被张伯驹收藏。面对邓拓的迫切心情,张伯驹迟迟没有答应,最终还是留下一句话,"画随人走",《百花图》被张伯驹带到了长春。

张伯驹曾写过一首《瑞鹧鸪》词,其结句为"白头赢得对杨花","杨花"即指此卷。他曾这样说过:"我终生以书画为伴,到了晚年,身边就只有这么一件珍品,每天看看它,精神也会好些。"这就是说,《百花图》是他想老年自娱的一件珍品了。

面对吉林省博物馆藏画的断流,张伯驹最终忍痛割爱,毅然把自己收藏的最后一件珍品《百花图》捐给了吉林省博物馆,成为该馆的镇馆之宝。

宋振庭曾握着张伯驹的手,激动地说:"谢谢你,张老先生,你使我们的博物馆成了富翁了。"说完,两人会意大笑。

《春游琐谈》惹风波

在长春,张伯驹见到了老朋友于省吾,通过于省吾,先后结识了罗继祖、单庆麟、裘伯弓、恽宝惠等学者。张伯驹建议,利用星期天,每周大家聚一次,可以把自己的文物藏品,无论金石书画,拿出来互相观赏一下;每次见面,每人可写一篇笔记,题材不限,既可词章、典故,亦可风俗、考证。大家欣然同意,这就是名动一时的春游社。当张伯驹提出这一设想时,宋振庭二话没说,指示王承礼在博物馆二楼专门辟出一块地方,留给大家聚会。时间一长,张伯驹就把大家的文章编成了一辑一辑的小册子。从1962年开始,到1965年前后,张伯驹收录了36人的363篇文章,组成了6卷,并定名为《春游琐谈》。他在序言中解释了取名的缘由:"昔,余得隋展子虔《游春图》,因名所居园为展春园,自号春游主人。乃晚岁于役长春,始知'春游'之号,固不止《游春图》也。"

《春游琐谈》涵盖的面是很广的,历史、文化、艺术的诸多领域均有涉猎。张伯驹曾在《也算奇缘》一文中说,在长春期间,他与朋友合写了6集《春游琐谈》,为一部笔记体裁的书。鲍盛华先生曾在《先生向北》一书中对张伯驹在东北这一时期的生活有一段十分生动的记述："此时的张伯驹心情舒畅，他由衷喜爱的生活方式在长春的寓所里重新获得，当年北京宅院前的门庭若市又回来了，老先生谈笑风生，与老友新朋论金石、书画，谈考证、词章，说典故逸闻，讲风俗、游览，可谓纵横古今，连接中外。他更将自己对唐宋书画的理解，京剧业内的旧闻，甚至自己经历的北洋军阀时期的一些旧事的来龙去脉，等等，和盘托出，其他人也都毫不保留地讲述着自己关于考订的心得以及了解到的新鲜知识。"

然而，不期然间，这种文人的聚会和这本小书不但给张伯驹带来了一次大麻烦，也给宋振庭带来了一场风险，几乎酿成灭顶之灾。当时宋振庭敬慕张伯驹的为人和学识，也常常参加春游社的活动，这种活动类似文人周末的沙龙聚会。

到了"文化大革命"的年代，春游社被打成了"反革命组织"，吉林省公安厅郑重其事地立案要"侦破"，并要宋振庭交代与春游社的关系，逼问宋拿过什么机密文件给春游社的人看过。这弄得宋振庭哭笑不得，他坦然告诉公安厅的人："这些人是非线装书不读的人，给他们文件，他们看都不愿意看的。"又说："张伯驹过去跟于右任、蒋鼎文、傅作义都是很好的朋友，但过去都不为他们干事，现在何苦搞反革命呢？"公安厅的人哪里会听宋振庭的肺腑之言。前前后后整整审查了3年，结果当然是不了了之，但却把宋振庭这个朋友给害苦了。

风雨情真

1966年"文革"爆发，张伯驹、宋振庭各自以不同的角色受到批判和斗争，他们的"春天"都变成了"冬天"。

"文革"中，上级要张伯驹写交代。张伯驹自然要交代与宋振庭的关系，于是他写了两条，第一条一句："他说我不懂政治，要帮助我。"第二条两句："宋振庭说我不是搞政治的，是才子名士、统战对象，我认为是知己。其实，才子名士是文化革命对象。"这两条交代说明什么呢？一是说明宋振庭的确把他当成了党外朋友、民主人士，处处帮助他、保护他；同时也可看到他们确实是知己，感情很深。二是不承认自己是才子名士，认为才子名士是革命对象、阶级敌人。而宋振庭把自己看成是才子名士，不就是包庇了革命对象吗？这两条交代岂不对宋振庭帮了倒忙？张伯驹果然是实话实说，毫无心机。

1979 年夏，正是改革开放的第二年，宋振庭也调到了中央党校工作，他回忆起自己在东北和张伯驹相处的日子，不禁百感交集，挥笔写下了一首诗：

> 旧两京华忘年交，生死途穷历两朝。
>
> 文采风流遗一世，孤标阅世忘羽毛。
>
> 千金一掷不回首，心存前贤睨儿曹。
>
> 大劫之余惊身在，一杯冷酒话通宵。

张伯驹看到这首诗后，也不禁感慨万千，想到在"文革"中，宋振庭对自己那么好，自己却在上边的逼迫下，违心地作了什么"交代"，去揭发了宋振庭。而今回首，世事沧桑，恍然如梦，于是也挥笔和了一首诗，就用铅笔写在一张纸上，诗为：

> 雪霜久历岁寒交，几换沧桑梦旧朝。
>
> 世事何睁双眼目，人生不过一毫毛。
>
> 好花并气称君子，浩劫成灰剩我曹。
>
> 今日相逢杯酒在，千金休放话长宵。
>
> 伯驹和韵并书，七九年岁暮

1980 年 4 月，春满大地，百花盛开，宋振庭知道张伯驹爱赏花，便约张伯驹夫妇一同前往颐和园赏花，张伯驹自然是欣然应邀，夫妇俩一早打扮停当，精神爽快，有说有笑地和宋振庭来到颐和园。在姹紫嫣红、满目灿烂的鲜花丛中，张伯驹夫妇和宋振庭留下了一张珍贵的合影照。这张照片洗出来后，张伯驹又在照片的背面规规矩矩地用毛笔题下了一首诗：

> 修过沧桑又几年，劫灰灭处话前缘。
>
> 东风吹到人间世，万蕊齐开直上天。
>
> 伯驹题，书于兰花边合影

这幅照片和诗，成了张伯驹和宋振庭生死交情的永远见证。

友情不灭

宋振庭调到中央党校工作，来到了北京，他仍然没有忘记他的老师和朋友张伯驹。有一年冬天，宋振庭由刘景录陪着来到后海南沿张伯驹家中，看望张伯驹。室内陈设简陋，客人坐在凳子上，屋里生着炉子，烟熏火燎。张伯驹却言谈自若，没有丝毫的失落感，一副平和、恬淡的神色，不俗不恶不卑的节操和人格魅力尽显其中。

此次探望后不久，张伯驹就请了牛满江、许麟庐、夏魁连、吴素秋、姜铁麟等人作陪，宴请了宋振庭。宋振庭欣然赴宴，并作诗一首：

> 群贤毕至后海前，盛情似春不知寒。
>
> 新雨如旧侃切切，待我深过桃花潭。

还有一件事，也足以看出张伯驹对宋振庭的特殊感情。张伯驹有一个在天津工作的朋友叫张牧石，是诗词家、票友，也是知名的治印家。有一年张伯驹给张牧石写信，信中说："又，吉林省宣传部长宋振庭闻我言，北方治印家惟君第一，欲得弟台治印二方。此人雅为党人，乃我道中人，与我交好甚笃。治印二方：一'宋振庭印'，一'长白山氏'。名为白文，号为朱文，必然得心应手也。"在这封信中，张伯驹对宋振庭的感情、评价以及宋振庭的文人风趣都可以看得一清二楚。他们的关系就是如此微妙与深厚。

张伯驹去世以后，宋振庭送上一副挽联：

爱国家，爱民族，费尽心血，一生为文化，不惜身家性命。

重道义，重友谊，冰雪肝胆，赍志念一统，豪气万古凌霄。

这一挽联可以说是说透了张伯驹的一生和为人。

20 世纪 80 年代初，《张伯驹潘素书画集》整理出版，宋振庭欣然为画集作序。他在序中说："当这本画集能出版的时候，我心里除了怀念伯驹老以外，我更怀念陈毅、张茜同志。我只想说一句话，陈老总：我总算做完了你交给我办的一件事——为实现你的好朋友张、潘二先生的夙愿，为出版这个画集，做了一点点我该做的事。"

宋振庭作完这篇序后不久，1985 年 2 月，也去世了。

张伯驹与寇梦碧和孙正刚

在张伯驹一生的经历和词作生涯中，天津是他早年生活过因而情有独钟的地方，同时，他在天津也有几位同声相应、同气相求、亲密无间的词友，这就是张牧石、寇梦碧、孙正刚。

这篇文章就专讲寇梦碧和孙正刚。

寇梦碧与张伯驹号称"词坛双碧"（均取其名、字后一字），孙正刚则与周汝昌被人称为张伯驹的"左膀右臂"。

情系天津，词坛"双碧"

寇梦碧（1917—1990），字泰逢，号梦碧，天津市人，曾任天津教育学院教授及天津大学讲师、天津市文史研究馆特约馆员，主持津门吟坛50余年，被称为"一代词家"，人们评价他的一生"倚声抵死为生计，天水悠悠一碧存"。

寇梦碧自幼时便聪慧、灵通，好读书、好提问，7岁便开始创作诗词，常常出口成章。他特别喜爱南宋大词人吴梦窗与王碧山，于是自号"梦碧"。

1942年，寇梦碧执教于崇化学会，专讲宋词，听者如云。1943年，他在东门外南斜街创建了梦碧词社。那时候，寇梦碧与周汝昌、孙正刚三人有"津门三才子"之称，遐迩知名。他时常主持词坛雅集、唱和，主持创办了《梦碧词刊》。1946年秋，他又发出一则典雅的征友启事，启事中称：

"余耽情声律,冥心孤往,久与社会隔绝,愿征同好者为友。"这一征友活动,更使梦碧词社广交天下朋友,扩大了天津词社在北方京津一带的影响力。至1947年,梦碧词社社友已达40余人,其中有周汝昌、孙正刚、李金藻等名家。每逢周日,社友们济济一堂,论文论艺,情真意切,其乐融融,颇极一时之盛。

1950年,张伯驹在北京成立了庚寅词社,自述为"三日一大宴,两日一小宴"。于是,京津两地社员互为通信社友,唱和优游,往来不断。寇梦碧、周汝昌、孙正刚等人干脆也以梦碧词社社员的身份加入了庚寅词社,于是张伯驹、寇梦碧两位社长便被称为"双碧"。

张伯驹早年生活在天津,曾住南斜街及五大道,对津门一往情深。1972年,张伯驹曾填词《人月圆·壬子中秋在天津》:

南斜街里髫龄事,回首梦当年。焚香祝酒,听歌丹桂,看舞天仙。

离乡辞土,一身萍梗,满目烽烟。依然此世,青春不再,明月还圆。

这首词上片回顾了自己大半生的经历,充满着对幼年时期天津生活的美好回忆和情感,下片是说自己离开天津后一身萍梗,漂流不定,经历坎坷,如今已青春不再,人至暮年,但还希望着美好的生活。

寇梦碧看了这首词,也作了一首《人月圆·中秋与机峰、牧石琴雪斋待月》:

今宵共启灵台锁,飞梦驾三鹅。乘风直上,广寒高处,共浴金波。

荒荒古恨,运斤吴质,扬镎纤娥。裴回云路,人间天上,一例愁多。

作者在这首词中展开想象的翅膀,想象自己与张牧石、陈机峰等人飞天而上,恰似三只仙鹅一样,游荡在荷花摇曳的仙池之上,与仙人共渡金波。但天上广寒世界也不是完美的,吴刚还不是照样难回人间吗?下片又从梦境回到人间,感叹人间如同天上,因此张伯驹美好的天津生活及此后的坎坷都是人生的常事,不必为此介意。

词作往还，旧雨情深

张伯驹和寇梦碧的词作交往是比较早也比较多的，仅在《张伯驹词集》中，就集有八九首。1961年，张伯驹去了东北长春，到天津已多不易，但仍和寇梦碧保持着词作交往。1965年除夕，张伯驹还写了一首词《高阳台·和机峰、梦碧、牧石。甲辰除夕》，开首即说："春意先梅，风姿待柳，何迟归去姗姗。"就是说，春天就要到了，梅花已先开放，柳枝也要生出青丝了，而我为什么还迟迟难归，不能和朋友们相聚呢？下片结尾三句则说："只桃潭、旧雨深情，犹自相怜。"这几句话是用"桃花潭水深千尺，不及汪伦送我情"之典，来形容自己和梦碧这些词友旧雨的深情相知。

1971年是农历辛亥年，这一年是张伯驹生计最为艰难的一年，从长春返回北京，没工作、没工资、没户口，到了重阳节时，生计仍无着落，但他照旧想到了天津的词友，连填了两首《朝中措》以和张牧石、寇梦碧的赠词。他在给张牧石的词中写道："独立苍茫，问有愁来多少，深如江水难量。"可见愁之多多。在此心境中，他又写下了《朝中措·和梦碧辛亥重阳》：

> 插萸落帽事难留，心上总如秋。乡梦方回北塞，雁声又过西楼。
>
> 漫开黄昏，任飘红叶，放下帘钩，幸少无情风雨，旧愁不并新愁。

1974年，张伯驹已被聘为中央文史研究馆馆员，生活终于有了着落。张伯驹在西安也医好了眼疾，众词友十分关切张伯驹的眼疾治疗，纷纷写词问讯，张伯驹一一作词答和，于是，又和梦碧词一首，以答谢梦碧的关切之情，词为《点绛唇·和梦碧贺余目复光》：

> 棠棣生花，秋波不剪双瞳掩。登楼凭栏，千里看还懒。
>
> 斫去浮云，射出光如电，还吾眼，地警天眩，难破包身胆。

上片叙述了患白内障时看不清远物的烦躁心情，下片描绘眼睛复明之后的欢欣与豪情。

挚友正刚，恰似左膀右臂

张伯驹和孙正刚相识相交，是起于 20 世纪 40 年代末，一是因为孙正刚也是天津梦碧词社的社员，二是因为孙正刚是周汝昌的同学，与周汝昌常常做客于承泽园（展春园），被人称为张伯驹的"左膀右臂"。

孙正刚（1919—1980），原名铮，号晋斋，天津人，燕京大学国文系毕业，历任天津师范学院、天津教育学院讲师，曾跟随顾随学词。20 世纪 40 年代，孙正刚就与寇梦碧、周汝昌有"津门三才子"之称，遐迩闻名。1950 年，他们三人又同时加入张伯驹主持的庚寅词社，号为"津门三君"。

孙正刚主张作词要"五声俱备"，著有《天上旧曲》《人间新词》，并有词学研究著作《词学新探》。孙正刚也爱收藏，藏名家印章逾千方，因而闲号"千印长"。

张伯驹与孙正刚的交往，主要体现在词作唱和上。20 世纪 60 年代初，孙正刚和周汝昌都参与了张伯驹在长春主持的《春游琐谈》的写作。可惜，孙正刚于改革开放初期的 1980 年即溘然去世，可谓英年早逝，令人扼腕。

1964 年，农历甲辰正月，张伯驹曾去天津，与孙正刚晤谈后并以《春游词》手稿赠予正刚，孙正刚填词以谢：

水 龙 吟

甲辰正月十一日，丛碧主人来津，晤谈之余以春游词手稿见贻，敬题此解

少时歌舞升平，老来一纵春游辔。新邦绝域，热肠冷眼，怎生料理。忍续离骚，休赓孤愤，且从宾戏。尽瘦金书圣，秋笳怨客，论倜傥，须难似。

十载人间睥睨，喜重逢，倍增豪气，中唐以降，声家八代，余衰谁起，动我清吟，添君旧稿，朝饥顿已。待辽东尘倦，京华梦稳，主耆英会。

这首词上片是对张伯驹遭遇游荡东北命运的同情与安慰，下片是赞美张伯驹的词作不愧为唐宋词以后的佳作。

在《张伯驹词集》中，可以看到他和孙正刚和作频密，仅《丛碧词》中就有十几首。较早的一首是作于1949年中秋时的《人月圆·己丑中秋与正刚、敏庵燕园岁月》：

分明镜里楼台影，夜气幻山河。清光依旧，年年长好，秋意偏多。

前途休问，相逢客里，无酒无歌。与君不睡，今宵同赏，明岁如何？

这一年正是北平刚解放，而孙正刚等人刚刚毕业，很可能离开北平谋职，前程无定，分别在即，秋意即是指此，因而词人的心里充满着对前程不知如何的惆怅。

1950年，庚寅腊尽之日，张伯驹访周汝昌和孙正刚归来途中，即咏一词以和正刚：

鹧 鸪 天

庚寅腊尽日访敏庵、正刚，步雪归来，途中口占和正刚除夕词原韵

两岁平分半送迎，夜阑白发对灯青。颜如庭雪消多许，愁似炉烟叠几层。

花旖旎，酒懵腾，醉时还作暂时醒。人间难了悲欢事，旧去新来尽此生。

一腔访友归来后的舒心与感慨的情绪交错在一起。

1961年以后，张伯驹出关东北，他所居住的展春园也已转手，不复存在，

但他还时常回想着当年和周汝昌、孙正刚在展春园欢聚的情景，思友心切，便填词一首：

水调歌头
寄玉言北京，晋斋天津

回首已成梦，此夜展春园。四外无声无影，只有水潺湲。烂醉不须杯盏，狂舞不须箫鼓，心境两清寒。人籁答天籁，天上即人间。

地全非，时亦换，月犹圆。五国城头觱角，何计验刀环。长念周郎顾曲，更念孙郎作赋，对影忆当年。昔日看今日，渐到夕阳边。

这首词中的玉言即指周汝昌，字玉言；晋斋即指孙正刚，字晋斋。

上片写展春园中的狂欢已成过往的梦境，下片是诉说朋友远隔天涯，举目远望，何等萧索之景。更有趣的是，词中的"周郎顾曲""孙郎作赋"，表面上说周瑜、孙权，在这里却借指周汝昌、孙正刚，巧借了周瑜、孙权之名，深情赞扬了周汝昌、孙正刚的才华不凡。

张伯驹在长春10年，其词作集为《春游词》，翻检此集，可见张伯驹与孙正刚唱和不断。1970年，张伯驹回到北京，生计艰难，不久西去西安，依女儿度日。1972年初，再定居于北京，生活始得安宁。但无论是何种情况，身居何处，他和孙正刚的词作唱和始终频频。

1974年，张伯驹去西安治眼疾，孙正刚作词问病，伯驹便回词《沁园春·戏和正刚问目疾》。1975年，张伯驹已治好了白内障，又写词《蝶恋花·和正刚》二首，其中一首云：

雾里看花花隔雾，赖有金鎞，刮目浮云去。新侣年年成旧侣，看花犹是当年树。

昨日寻芳香滞履，只是多风，不湿沾衣雨。今日重来还小住，白头人似青天鹭。

这首词首先说眼疾已好，风景依旧，但老朋友一个个凋零谢世，令人伤感；下片述说了自己的心情还很安逸，只是头也白了，像青天鹭一样。全词流畅，情绪疏放，颇耐人寻味，一股浓浓的生活趣味、朋友之情充溢其间。

这一年，张伯驹和作孙正刚词极为频繁，几乎几天一首，又往往一调多首，如他填的《瑞鹧鸪》，一连作了三首，其中一首云：

此生天赐已非廉，世上穷奇半饱谙。才觉寒消图九九，更看春满径三三。

莺歌燕舞都无赖，酒债诗魔了不堪。消渴漫思甘露饮，文章有价亦空谈。

同年，孙正刚虚岁刚好 57 岁，作自寿词一首，寄与张伯驹，张伯驹看后，即和一首：

瑞 鹧 鸪
和正刚五十七岁自寿

百年半受岁华侵，世味人情强自任。皱面风来看水面，赏心花放悟天心。

春婆入梦醒常慢，秋士逢辰恨更深。独倚高梧栖小筑，凤雏眼外尽凡禽。

这首词中把 57 岁说成"百年半受"，是说年已半百，已经看透了世事人生，对于世事的风云变幻和人生的波折已经看惯，不再烦恼，天心乐观；下片是说孙正刚这样的人才正像凤凰，非梧桐不栖，正是平凡庸人之外的才子，这是对孙正刚赞赏和祝寿的喜庆之语。可惜，仅仅过了 5 年，1980 年初，孙正刚遽然去世，英年早逝，令人惋惜。

张伯驹闻听孙正刚去世的消息，扼腕痛惜，便写下了悼念孙正刚的两副挽联：

一

两地念交游，花好聚吟栖凤筑；

卅年余梦想，月明同步展春图。

二

秦玺又何存，莫向曾名千印长；

晚钟空自响，不堪再忆五清图。

挽联下，张伯驹又加注云："前数岁去津看海棠，正刚约聚其家酒赋词，梦碧、机峰、牧石、绍箕皆与焉。其女名凤，室号楼凤小筑，今楼空人去矣。卅年前中秋，正刚、汝昌同于展春园踏月，回思已如隔世。"

天津再聚，兴会无前

"文化大革命"期间，形势变幻尤为剧烈，即便是在传统文化受到空前严厉批判的情况下，天津寇梦碧等人的词作活动也没有完全停止下来。每逢周三，在海河金汤桥下的长堤边，社友们秘密聚会，留题分韵，诗钟联句，坚持不衰。其中诗钟、诗谜、诗会之作汇集成册，名曰《七二钟声》。1971年9月，"九一三"事件发生后，国家政治、文化的环境都有所宽松，天津的诗词创作活动也就更加活跃。恰好1972年初，张伯驹被聘为中央文史研究馆馆员，生活安定，心情安逸，便几乎年年来天津与张牧石、寇梦碧、孙正刚等人相聚，白天去人民公园看海棠，张伯驹则称人民公园为故李氏园。在此，他们留下了诸多脍炙人口的诗词佳句。

鹧 鸪 天

天津金钢桥花园对海棠

无限妖娆拥紫云，迷离眼外看横陈。虽经烧烛难为夜，不到倾城不是春。

词一叠，酒三巡，这时未醉已销魂。自家镜里知妍丑，遮面羞来对美人。

对于咏海棠，张伯驹真可谓百咏仍不尽意，例如：

小秦王（四首）

癸丑天津旧总督署公园同梦碧、机峰、牧石、绍箕看海棠赋

堂皇节署变名园，上国屏藩梦北门。
疑是华堂来命妇，严妆绝艳一销魂。

七十年来换物华，雨中忆折一枝斜。
颠狂不是余年事，即在童时已爱花。

老来只作看花吟，已少风情惜寸阴。
欲藉芳茵随一醉，犹嫌酒浅负杯深。

嫩红浅粉问如何，可似衰颜借酒酡。
眼底花繁犹不见，无香岂更恨偏多。

白天，寇梦碧、孙正刚等人陪张伯驹看海棠，晚上他们仍聚在一起打诗钟。张伯驹就有一首词描述打诗钟的情形：

卜 算 子
题《七二钟声》和梦碧

策杖踏青时，刻烛摇红候。风雨西窗击钵吟，人醉残杯又。

扇底写桃花，席上歌杨柳。钟鼓长鸣七二沽，迸作潮声吼。

和天津词友的交流使张伯驹晚年生活充满了更多的乐趣，张伯驹去天津的次数更多了，每年赏花归京，又盼望明年早来，和词友相聚。1974年，他又写了一首词，再次表达了和词友相聚的欢快情景：

南 乡 子
与天津词客集栖凤小筑

栖凤小楼中，词侣联吟烛刻红。借问孟光谁得匹？梁鸿。款接殷勤主客同。

杯酒且从容，旧雨无多梦也慵。更盼明年花事好，重逢。等待东风换北风。

然而，这样的岁月没有几年，1982年初，张伯驹不幸因感冒不治而谢世，天津词友纷纷填词悼念。寇梦碧对于失去"一碧"（指"丛碧"）倍感痛心，遂作诗《怀丛碧》：

楚塞秦川足下看，天风万里蹑青鸾。

词人豪兴空千古，梦里蓬舟笑易安。

显然，寇梦碧给予张伯驹以极高的评价："词人豪兴空千古，梦里蓬舟笑易安。"

1984年，中国诗坛，万紫千红，张伯驹所念念不忘的中国韵文学会在湖南长沙成立。天津词社也正式成立，寇梦碧任首任社长。1989年，为了词学一脉的延续，寇梦碧又主持成立了梦碧后社。他用一生的努力，和张伯驹一起，使庚寅词社、梦碧词社成为中国传统词正宗一脉的典范，闪烁出中华传统文化的流光溢彩。

张伯驹与周采泉和胡蘋秋

1971 年 10 月，张伯驹曾给周恩来总理一信，信中第一句便是"伯驹自清末寓居北京已六十六年"。此后至其辞世又 10 余年，他也大都在北京和天津度过，因此，与其交游及过从甚密者大都是生活在京津的文化人士。只有周采泉生活在杭州，他与张伯驹诗词唱和较多，可谓心心相印的朋友，但现在还没有看到过他们相聚过的材料。至于胡蘋秋，更是一位未曾与张伯驹谋面，甚至在性别上也误导了张伯驹的奇才词人。

交友周采泉，南北词坛留佳话

周采泉（1911—1999），浙江省鄞县人，原名周湜，笔名是水、稀翁。一生勤于耕耘，著作等身。中国当代诗词、楹联大家，曾任杭州大学教授、浙江省文史馆馆员。人们评价他是"诗词联赋经纶手，恭俭温良宽厚人"。他曾按张伯驹同一韵，作《小秦王》100 首。人们评价他的楹联更是"联联切人切事，语语精光四射"。

这里且看他的《读先父家居诗恭题两首》：

一

检点楹书淡淡哀，家居读罢笑颜开。

回头七十五年事，身是先君抱里孩。

二

露电光阴岁月驰，古今代谢竟如斯。
欲知当年咿唔态，看取曾孙学语时。

这两首诗如话家常，流畅通晓，却道出了人事代谢的规律，并可品味出浓浓的孝道浸润其间。

张伯驹结识周采泉是因为周采泉于 1963 年在福建南平创办的《乐观词坛》上发表诗词，张伯驹看到了周采泉的诗词作品，十分赞赏，遂互相通信，成了知音。

现在，我们所能看到的张伯驹和周采泉的唱和诗词是张伯驹《雾中词》中的《瑞鹧鸪·和周采泉咏柳絮》八首。《雾中词》是张伯驹 1973 年词作的结集。毫无疑问，这八首咏柳絮的词应作于 1973 年。但我们现在却看不到周采泉的原诗，只能领略张伯驹词的华彩美韵，且看其中的一首：

泊絮门前乱一围，轻尘细雨共霏霏。玉钩垂箔春情懒，银粉弹弓雪意肥。

似泪还须和泪看，非花也应当花飞。可怜总是随流水，难得升天到碧微。

这词写得多美啊，作者把柳絮的随风飘飞喻为和人一样的命薄，寄予深深的同情，同时也有嘲讽柳絮轻薄的含义。全词感情缠绵，真是妙词。

有必要说明的是：张伯驹这几首和周采泉咏柳絮的词被收入《雾中词》，并于 1985 年集入《张伯驹词集》，由中华书局出版。周采泉看到这几首词后，却找不到自己的原作了，于是，他又填了两首《瑞鹧鸪》，并加了小引，甚是有趣。下面，就摘引其中一首吧：

瑞鹧鸪

追和张丛碧丈咏柳絮

小引：予与丛碧先生为神交，谊在师友之间，平时唱酬较多。今《张伯驹词集》问世，就中有《瑞鹧鸪》二题共九首，均为和予咏校絮之作，而簏衍中却失去二题原稿，因步原韵补和，恨不能起九泉而求证也。

咏絮（平起）

伤春伤别减腰围，乍过三眠雪又霏。落水已无随水意，化萍分享鸭儿肥。（鸭儿食萍而肥）

无情物是有情种，缘到尽时各自飞。能得词人常挂齿，浑忘身世比人微。

1973年初，张伯驹患白内障，看东西如在雾中，因此他这一年的词集便称为《雾中词》。1974年初，张伯驹赴西安女儿家，在西安治疗眼疾，引起许多朋友关心，不断问询，其中就有周采泉。张伯驹治好了白内障，恢复了视力。周采泉知道这一消息后，就作词寄给张伯驹致贺，词为：

瑞鹧鸪

贺张丛碧（伯驹）丈翳除复光

不曾叹老不愁穷，只恨青瞳淡月胧。一自金篦施妙术，豁蒙欣看晚山浓。

烟云往日纷过眼，选胜探奇指顾中。拨雾见天齐致贺，唯公冰鉴最能工。

张伯驹收到周采泉的词后，又收到其他词友的祝贺词作，就一一作词

回复词友的问候和祝贺。他给周采泉和了一首词《瑞鹧鸪·周采泉来诗贺目复光,答和》:

> 层楼更上目难穷,山色迷离日色胧。晶镜带来明月满,金镦刮去翳云浓。
>
> 九轮事尽观身外,一可君惟在眼中。佳士东南闻已久,论交岂是有私公。

这首词的上片是说眼疾已好,"金镦刮去翳云浓";重点在下片,下片是感念朋友的关心,说自己是"九轮事尽观身外,一可君惟在眼中",就是说,天下俗事碌碌,尽可置之不理,而我心目中最看重的,就是我们的朋友情感,采泉词兄即是我的挚友。

其后,我们能够看到的就是1976年冬,即刚刚粉碎"四人帮"后,全国人民欢欣鼓舞,一扫"文革"阴霾之时,周采泉给张伯驹寄去了一盆水仙,并附词《金缕曲·咏水仙》一首。张伯驹收到水仙并看到采泉词后,便和词《金缕曲·和采泉词家韵》。张伯驹自注云:"1976年冬,北京花肆无水仙可买,周采泉自杭州寄京两头。1977年元旦花放,一茎十朵,而采泉词亦到。"张伯驹这首词中有一句"千里传书清鸟使,梦到西湖咫尺",意思是说,这水仙就像信使一样,传来了周采泉的一片心意和问候,也使自己又想起了当年西湖旅游的情景。

周采泉给张伯驹寄水仙,投桃报李,张伯驹就给周采泉寄梅花。周采泉收到梅花后,就给张伯驹回赠了一首诗:

从碧词宗邮寄红梅步韵申谢

神交海内半忘年,记得春游一段缘。
遥寄陇头花数朵,鲜红直是火中莲。

从周采泉所说"步韵申谢"一语看，当是张伯驹寄梅花时，有一首诗或词一同寄给周采泉的，可惜这首诗或词的内容我们还没有看到。

更巧的是，不久后的1977年初，是张伯驹的八十寿辰。张伯驹的朋友，也是词友的黄君坦，为贺张伯驹八十寿辰，作《金缕曲》"垲"字韵词，经由他的首倡，夏承焘、刘海粟、周汝昌、徐行恭、陈声聪、周采泉、忻焘、彭靖、王焕墉等的推动，再加张伯驹自己的赓和，最终形成了20世纪70年代后期一次罕见的联吟盛况。

黄君坦的《金缕曲》为首唱，初起几句为"放浪形骸外，慨平生，逍遥狂客，归奇顾怪"，末几句则为"好好先生家四壁，谱红牙，了却烟花债。休错认，今庞垲"，通篇显示张伯驹的风神笑貌。

周采泉向来不填词，这次则破习而作，且末韵"垲"字不易讨巧，于是再三迭之，竟成四首《金缕曲》。其词之二云：

> 跃马榆关外。记春游、风尘说剑，虞初志怪。按视杨宾行历处，深觉柳边不坏。得饱看、林原雪海。重向京华休倦翮，认旧居，燕垒依然在。挑虎刺，街头卖。
>
> 遥知张绪应无改。庆元宵、寿星伴月，文星同届。才与寒云相伯仲，甫罢祭诗深拜。按红牙、黄垆兴慨。挥斥铜山如粪土，勇收藏，不避高台债。天籁阁，媲光垲。

马大勇先生在评黄君坦、周采泉等人10余首唱和词时说："这是唯一'瞄准了'张伯驹'春游'经历的作品，从而也就瞄准了张伯驹跌宕人生的第一转折点。上片结末'挑虎刺'三字用谢肇淛《五杂组》中事，实则悲愤无已，精神气力不同凡响。"

这里的"挑虎刺"是一个典故，《五杂组·事部四·二技致富》云："有以钉铰为业者，道逢驾幸郊外，平天冠偶坏，召令修补讫，厚加赏赉。归至山中，遇一虎卧地呻吟，见人举爪示之，乃一大竹刺。其人为拔去。虎衔一鹿以报。至家语妇曰：'吾有二技，可立致富矣。'乃大署其门曰：'专修补平天冠，兼拔虎刺。'"

"春游"东北，铩羽而归，是张伯驹一生中最落拓的一段经历。回到京城，成为"黑人黑户"，无法生存，山穷水尽之时，遇老友章士钊相助，指点其直向周恩来总理写信求生，无异于"挑虎刺"之奇遇兼偶遇，其精神气力果然是不同凡响。

周采泉用张伯驹此生经历之大转折而贺其八十寿辰，获众人好评。而张伯驹不愧为词坛奇才，也立作四首《贺新郎》，以和周采泉兼和大家。其第一首云：

> 苍狗浮云外。几经看、纷纭扰攘，离奇古怪。百岁光阴余廿载，身岂金刚不坏。登彼岸、回头观海。粉墨登场歌舞梦，算还留、好好先生在。犹老去，风流卖。
>
> 江山依旧朱颜改。待明年、元宵人月，双圆同届。白首糟糠堂上坐，儿女灯前下拜。追往事、只多感慨，铁网珊瑚空一世，借虚名、欠了鸿词债。今丛碧，昔庞垲。

张伯驹在这首词中，回顾了自己在"苍狗白云"，世事变幻无常的时代变迁中的奇特经历，充满感慨与自嘲，说自己是今天的丛碧，昔日的庞垲。

这庞垲原是清代康熙时人，籍贯河北任丘，工诗文词翰，善小行楷，曾官至福建建宁知府，著有《丛碧山房文集》八卷，69 岁时去世。张伯驹的字"丛碧"就出自"丛碧山房"。而在其诗人、书法家身份这一点上，又与张伯驹颇为相似，张伯驹以庞垲自比，颇为欣慰，也正与周采泉词末句"天籁阁，媲光垲"呼应。

张伯驹与周采泉高雅真诚的交往与诗词唱和，成为南北词坛上的一段佳话，也显示了他们那一代名人文士心地的单纯与交往的优雅。

唱酬胡蘋秋，秋碧词采足千秋

张伯驹结识胡蘋秋，起因还是周采泉和胡蘋秋的诗词交往。

1963 年，中国的文艺界在经过"三年困难时期"之后，政治环境较为宽松，各种文化活动都呈现出恢复和活跃的景象。这时，杭州的周采泉开始在《乐观词坛》上发表词作。在该刊上发表词作的词人中，有一位叫作胡蘋秋，此人之词十分婉约娴雅，而周采泉又把"蘋秋"颠倒误看成"秋蘋"，便误认其为女词人了。胡蘋秋也就将错就错，好在长期票演旦角，对于才女心情、言情语态，素有揣摩，不难进入角色，于是即以女性身份、口吻继续在《乐观词坛》上发表词作。其才思之敏捷，词藻之丰赡，学养之深厚，意境之新美，往往令读者拍案叫绝，刮目相看，认为蘋秋人奇、才奇，一时之间在江南词友中引起了轰动。

这里，有必要介绍一下胡蘋秋。胡蘋秋（1907—1983），原名胡邵，别署芸娘，安徽合肥人，早年任职于张学良军某部，18 岁入段祺瑞执政府秘书厅任科员，21 岁入东北军何柱国部，28 岁官至骑兵军少将秘书处长。曾亲历九一八事变、西安事变等重大军政活动，又曾随何柱国密访延安，得与毛泽东晤谈。1949 年投诚，任西南军区京剧团导演，20 世纪 60 年代初为山西省晋剧院编剧。蘋秋少习京戏，以王瑶卿私淑弟子称民国军界名票之首，最擅旦角，世人因有"亦弁亦钗"之谑语。

胡蘋秋还是一位极有才情而又勤于吟咏的诗词家，20 世纪 50 至 80 年代即存诗近 3000 首，词逾 2000 首，数量可观，惜未刊行，知者极少。马大勇先生曾说胡蘋秋"诗喜韩昌黎、李义山、黄山谷与龚定庵，词取径梦窗而兼及白石、美成、飞卿、大鹤诸家，路数较宽，广通声气、交游遍天下或亦因此……诗坛交往中亦曾数度'变身'女性诗家，制造诸多误会，也留下不少美谈，与张伯驹者即为最显赫之一例，而先于此以'芸娘'之名与周采泉、庄观澄斗诗，引至'西子湖上几于家蘋秋而人芸娘'之盛况也尝脍炙人口。如此游戏人间，变幻色相，当代词人中亦仅见矣"。

福建南平陈守治，字瘦愚，也是一方贤达，早年曾参加过张伯驹在北京组织的秭园诗社，这时看到了周采泉与胡蘋秋的词作，也立时倾倒，便赋《蝶恋花·代柬芸娘女词家，请加入乐观词坛》：

> 绮岁声名高八斗，咳唾珠玑，腾播骚人口。唱彻霓裳三叠后，翻看箫谱填词又。
>
> 我是武夷山下叟，北望并州，天末频翘首。交到忘年称畏友，劝君入社休摇手。

胡蘋秋即刻和词《蝶恋花·和陈瘦愚先生》：

> 能吸西江斟北斗，一纸风行，碑在词林口。不栉偶随逢掖后，下车冯妇凭河又。
>
> 差似小红依石叟，曲误尊前，鬖鬞甘低首。不弃寒闺容小友，添香侍砚垂纤手。

这首和词可谓清丽典雅，尽显一个才女的口吻、风度。"斗、口"韵《蝶恋花》词一出，又在词坛上激起好评。

这时，远在长春的张伯驹正从《乐观词坛》上读到了周采泉、胡蘋秋、陈瘦愚等人的"斗、口"韵《蝶恋花》词，若有所思，认为胡蘋秋的词清新婉丽，于是也写了一首词《蝶恋花·柬胡蘋秋词家》：

> 笑挟江河杯酌斗，不栉才人，吐唾珠玑口。寂寞词林千载后，当年漱玉而今又。
>
> 半世春游成一叟，却对梅花，输与东风首。愿结岁寒图里友，扬镳分作雌雄手。

张伯驹在词中高度赞许胡蘋秋的过人才情，认为是李清照再世，因此愿与其结为词友。胡蘋秋也夙知张伯驹的不世词才，而且对京剧又忝居同好，也不遑多想，便同声相应，尽情酬唱。不久，张伯驹又把自己的词集《丛碧词》寄赠胡蘋秋，蘋秋读后，即作《沁园春·题丛碧词》为报：

> 满纸秋声，胡为胡来？敢以质君。记甘州自寿，生平磊落；《西河》吊古，才略风云。万卷蟠胸，万金结客，公子清名天下闻。风流处，有好花圆月，檀板金尊。
>
> 红桑换世移人，拟皂帽辽东自不群。系故园心眼，几开丛菊；暮年志气，犹向风尘。赤县神州，去鬵玉臂，但铸新词情便真。人间福，被先生占尽，往事休论。

这首词的确是对张伯驹生平、心性的深切理解和对张伯驹目前处境的深情宽慰，句句知心，字字入情。

张伯驹即作和词《沁园春·答胡蘋秋题〈丛碧词〉》：

> 天外飞鸿，书到辽西，但愿识君。忆延秋坛坫，分曹坐雨；展春园墅，按拍停云。焦尾焚琴，断肠弄笛，流水高山久不闻。销魂际，算歌怜玉树，酒泣金尊。
>
> 忽来空谷佳人，似鸣凤翔鸾迥出群。羡阳春郢上，曲高白雪；名泉历下，韵出红尘。风月评量，兰荃契赏，一字千金意最真。吾何幸，得平生知己，余事无论。

以清词丽句写知己之感，真是快心称意，人所共鸣。

于是，你来我往，唱和益多，相知益深。丛碧是词中知己，想象无尽；蘋秋而深入角色，欲罢不能。二人相互唱和，情意缠绵，虽"文革"也未间断，后积稿四巨册，名为《秋碧词》（二人酬唱合集，其名取蘋秋之秋、丛碧之碧）。胡蘋秋有关张伯驹的词还有不少，这里且再录其《浣溪沙·和丛碧回京》数首：

犹胜翟公罗雀门，为君争洗渡辽尘。夕阳款款欲黄昏。

只为钟情沉绮业，非关病酒怯金樽。不堪把玩百年身。

鲍老郎当酒座边，巢由那可外尧天。而今文垒亦烽烟。

大冶能教胎骨换，群生奚赴鼎炉前。烹鲜谁复恤悠然。

寥落词坛几过从，一年容易又秋风。边尘浣袖感辽东。

小住为佳休钵肾，大难来日欲蒿瞳。天涯一例作飘蓬。

在 8 年暌违之后，1974 年，张伯驹的朋友张牧石（在天津工作）才知真相，告诉张伯驹，说胡蘋秋是位 50 多岁的男子。而性情笃厚的张伯驹开始并不相信，后来确知胡蘋秋庐山真面目之后，只有付之一笑。虽说是付之一笑，却也未免心有余憾。这是场曾使张伯驹迷坠的情梦，及至梦醒，依然长时间留恋不已。正如他的词友寇泰逢所说："虽葳蕤之锁已开，而芭蕉之心犹卷。"后词曲家把他们的故事编撰成昆曲《秋碧词传奇》时，张伯驹赞赏说："三绝于今成鼎峙，桃花扇与牡丹亭。"他竟然把他和胡蘋秋的传奇故事，拿来与孔尚任的《桃花扇》、汤显祖的《牡丹亭》两部传世名著媲美，并誉为"三绝"，幽默中显露出真情。

《秋碧词传奇》之"秋"，指胡蘋秋；"碧"指丛碧，是张伯驹的字。由天津陈宗枢编剧，苏州王正来制曲，剧本脱稿于 1971 年，正值"文化大革命"时期，上演是绝对不可能的。如今环境完全变了，但不知剧本流落何处。

1982 年张伯驹逝世后，胡蘋秋曾以词挽之，结句为"琴可碎，涕如雨"，可见胡蘋秋永失知音之痛。有人感叹说，在那个士林备受摧残的时期，还有这样一段故事，确为值得称道的词坛佳话。

其实，男性将其作品托名为女辈之作，或代某女之作，这种事历来较多，今世亦不乏其例。就胡蘋秋而言，他的词作不是模仿女子，而是在于体会中国女性的本质和意蕴，力求传达中国女性，特别是中国才女的温柔、含蓄、高雅和对爱情、幸福的追求与忠贞。今天就张伯驹与胡蘋秋的唱酬来看，张伯驹唱酬的对象虽不是真的，但他当时的感觉，所寄托的感情，所创造的作品，却是真的。胡蘋秋才女的身份虽不是真的，但他虚拟代言的感情，所创造的作品，也无疑是真的。他们唱和的作品中对自然风物和人生感受的描写与抒发，那些美丽的词情和意境，还是可读可感的。不然，也不会引起彼此强烈的共鸣。还是伯驹先生的《小秦王·和蘋秋》说得好：

> 小词悱恻蕴深情，绝胜莺歌燕语声。
> 字里有香兼有色，更从何处觅倾城？

伯驹先生当时那样热衷是可以理解的。夫人潘素虽是南国佳人，知音能画，但可惜不擅诗词，先生内心深处，不无遗憾。虽夙有吟侣，却也大半凋零，独立苍茫，不无孤寂之感，以至"忽来空俗佳人，似鸣凤翔鸾迥出群"，便自然而然"得平生知己，余事无论"了。张伯驹的确是在词作唱和、情感交流上遇到了同行和知音，而这种真正的知音无须分出男女。

对于张伯驹与胡蘋秋的交往，天津词人，也是张伯驹朋友的寇梦碧在其词集《蘦天剩谱》中有《沁园春》一首论及此事，其序云："甲辰秋，张伯驹丈于福建乐观词坛得见胡蘋秋女史词，清新婉丽，曾投函于胡，倍致倾慕，双方遂相唱和，情意缠绵，积稿四巨册，名之秋碧词。实则胡固一丈夫，早岁工为荀派青衫，博学多通，其易弁为钗者，特词人跌宕不羁，故弄狡狯而已。陈宗枢兄曾为编昆戏秋碧词传奇，余为之序，结语云：'霓裳此日，举世惊鼙鼓之声，粉墨他年，一笑堕沧桑之泪。'孰意时逢河清，丈遽而下世，此戏遂亦成广陵散绝矣。"序文已佳，词更跌宕可喜：

沁 园 春

三千世界，十二辰虫，作如是观。甚忽南忽北，兔能营窟，时钗时弁，狐竟通天。宛转秋心，蔓腾春思，蘋末风生井底澜。千秋恨，枉惠斋才调，一例蒙冤。

也曾爨演梨园，奈生旦，相逢各暮年。笑优孟场中，虚调琴瑟，叔虞祠畔，浪配姻缘。纸上娇花，床头病骨，打碎葫芦定爽然。凭谁力，待唤醒痴梦，勘破情关。

张伯驹与周采泉和胡蘋秋的交往是如此罕见，只见其鲜花相投，诗词传情，却终未相见，可谓中国词坛上一段奇特的佳话，足以传之千秋！

张伯驹与朱家溍曲终情在

张伯驹于 1956 年向国家捐献的八件书画文物珍品中，有一件是宋代蔡襄的《自书诗》册。这册书法被宋人称为"本朝第一"，蔡襄也与稍后的苏轼、黄庭坚、米芾并称"宋四家"。张伯驹一生的收藏事业不但与这件文物结下了不解之缘，同时，这件文物对张伯驹一生的书法成就也有极大的影响。而在这一系列的奇缘中，就离不开亦是中国文物收藏大家、捐献大家朱家溍父子的传奇与贡献。但张伯驹却与朱家溍长时期中数次相见不相识，直到 1951 年张伯驹 54 岁，朱家溍 38 岁时，他们才结束了"淡淡如水之交"的状态，而述说起蔡襄《自书诗》册一事来，他们大有相见恨晚之感。

朱家溍与蔡襄《自书诗》册的奇缘

这件事似乎与张伯驹并没有什么直接关系，但如果没有这一番奇险的经历，那么，张伯驹的收藏事迹，特别是其书法艺术特色的演变过程可能就要改写了。因此，介绍张伯驹与朱家溍的交往，就必须先介绍朱家溍。

朱家溍（1914—2003），字季黄，笔名贞吉，浙江萧山人，是宋代理学家朱熹的第 25 代世孙。其父朱翼盦，名文钧，1902 年作为中国第一批公费留学生就读英国牛津大学，毕业归国后任财政部盐务署署长。由于家学渊源，早在故宫博物院成立之初，朱文钧即被聘为专门委员。书香门第的朱家，除了四壁图书，也陆续收藏了很多各类文物。

出生在这样的家庭环境中，朱家溍幼承家学，1941 年毕业于辅仁大学国文系。新中国成立后，朱家溍先后任故宫博物院副研究员、研究员，国家文物局鉴定委员会委员，同时兼任梅兰芳的艺术顾问，1988 年被聘为中央文史研究馆馆员。

朱家溍对古代美术史、明清历史、戏曲表演艺术造诣很深。京剧在朱家溍一生中也占有重要地位，他早年曾跟随杨小楼先生学戏，并常登场。翁偶虹曾评价朱家溍的表演道："家溍兄幼即嗜剧，尤喜金戈铁马之声，鼙鼓将帅之作，身躯颀伟，歌喉爽锐，剧非全幅而窥豹一斑。73 岁高龄，扎硬靠，登厚底，刀枪并用，身手两健，犹能传杨派（杨小楼）之神，示杨派之范。"

同时，朱家溍同张伯驹一样，也是捐献大家。他曾遵照父母遗嘱，与兄弟共同将珍藏的古拓本碑拓 700 种、善本书 2 万册、明清紫檀木家具、宋元书画和其他珍贵文物，分三次捐赠给故宫博物院等单位，是新中国成立以来公认的捐赠文物数量多、质量最好的捐赠者之一，备受各方赞扬，文化部曾颁发奖状。

那么朱家与蔡襄的《自书诗》册又是怎么回事呢？《自书诗》册是宋代蔡襄手写的一部诗稿，或五言或七言诗共 11 首。蔡襄，福建仙游人，字君谟，北宋著名书法家。蔡襄的书法学王羲之，浑厚端庄，婉约淳淡。北宋的大文豪欧阳修和苏东坡都非常推崇蔡襄，说他的书法是当世第一。

蔡襄的《自书诗》册曾经宋代向水、贾似道，元人陈彦高，明人管竹间，清代梁清标秋碧堂、毕沅经训堂等鉴藏，后来进入清宫。《自书诗》册在清宫内府一直保存到清末宣统皇帝溥仪时期。1920 年前后，被太监偷盗出宫，卖给了地安门的品古斋，品古斋的老板又把这件书法以 5000 块大洋的价格转卖给了朱家溍的父亲朱文钧。令人称奇的是，1932 年的一天，朱文钧外出办事，不小心把保险柜的钥匙丢在书桌上，等他回到家中，才发现《自书诗》册竟然不翼而飞。原来是被家中雇佣的一个叫吴荣的人给偷走了。吴荣拿着偷来的国宝跑到琉璃厂的赏奇斋兜售，因为朱文钧珍藏《自书诗》册的事，整个书画收藏界都知道，所以赏奇斋老板一看就知道是赃物，只给吴荣出价 600 元，并威胁如不答应，就马上报警，吴荣只好答应。赏奇斋掌柜又把上述情况告知琉璃厂的同行，并转告朱文钧。朱文钧知道这一情况后，认为最好的办法是先不要追究吴荣，尽快把《自书诗》册赎回来。所以，除偿还了赏奇斋 600 元垫款外，朱家又赠掌柜 1000 元作为酬劳。这件文物失而复得之后，朱文钧仍后怕不已，因为蔡襄传世书法很少，他害怕国宝在自己手中毁掉，岂不成了千古罪人吗？于是他立刻出资委托故宫博物院用最新的技术珂罗版影印出版，以传后世。1937 年，朱文钧先生病逝，蔡襄的《自书诗》册就由他的子女收藏。

这一切，都为张伯驹与朱家溍的相识相交，埋下了足够的情感因缘。

张伯驹结缘朱家溍

1940 年，朱家溍的祖母去世，因为朱文钧已经去世 3 年多了，祖母的丧事就由朱家溍办理。但当时正是日伪时期，北京沦陷，朱家溍家中经济状况十分拮据，为了筹措丧葬费，朱家后人就请傅增湘代为转卖此卷。傅增湘作价 35000 元，由惠古斋的柳春农亲自将此卷送于张伯驹。张伯驹也早知《自书诗》册的价值，当即收购下来。对于这一经过，张伯驹在《宋蔡忠惠君谟自书诗册》一文中有清楚的记载：《自书诗》册"由惠古斋柳春农持来。时梁鸿志主南京伪政，势煊赫，欲收之，云已出价四万元。时物价虽涨，然亦值原币二万余元。而朱家索四万五千元，余即允之，遂归余"。

《自书诗》册对张伯驹的书法影响很大。他日日摩挲玩味，爱不释手。在得到蔡襄《自书诗》册之前，张伯驹一直在学习钟繇和王羲之，他老感觉自己的字体呆滞，缺乏王羲之的神韵。当看到蔡襄书法后，他豁然开朗，才逐渐找到了学习王羲之书法的要领。张伯驹开始专心临摹钻研蔡襄《自书诗》册，最终形成了春蚕吐丝、燕雀飞翔一样的"鸟羽体"书法。对此，张伯驹又说："余近日书法稍有进益，乃得力于忠惠此册。假使二百年后有鉴定家视余五十以前之书，必谓为伪迹矣。"

张伯驹日日临摹《自书诗》册，也知道朱文钧、朱家潜的家学渊源和此册的历险过程，但就是没有想到要见一下此册原来的主人。

其实，早在张伯驹收购此册之前，他就已经数次见过朱家潜，也有人从中介绍过，但他们就是形同路人，没有沟通。

那是1934年，朱家潜21岁。他因为家里经常收藏书法名画及各种器物，所以和琉璃厂各种古玩铺的老板都非常熟悉，也常到琉璃厂去。有一次，在惠古斋，他遇见了张伯驹。当时朱家潜正在低头看一幅高澹游《万峰秋霁图》卷，忽然听见柳春农自言自语地说："张大爷来了……"说着话就迎了上去，进来的是一位细高身材，30多岁，在戏院里朱家潜也常遇到的那个人。朱家潜也听到别人说过，他就是张伯驹。

张伯驹进到屋里，也没有和朱家潜打个招呼，只是一言不发；朱家潜只顾看画，也没主动搭理进来的人。柳春农看到张伯驹和朱家潜两人都没有互相认识说话的意思，就笑容满面地给介绍了。于是，他们互相寒暄了几句，但就是应付，语气中也没有什么感情味儿。张伯驹说话声音太小，好像也不爱说话似的，所以，朱家潜也没有热情。妙的是柳春农就施展他作为一个文物商的周旋本领，想让两位文物爱好者建立起感情，话是说得满面春风，眉飞色舞，可张伯驹和朱家潜就是碰撞不出火花，朱家潜坐了一会儿就走了。

第二次是在张孟嘉先生家里，孟嘉先生是一位画家，又是长朱家潜两辈的一个亲戚。他藏有一幅明末清初画家王时敏的《晓岚图》轴，一幅清初王石谷的青绿山水长卷。张伯驹就是来看这两件东西的，恰好朱家潜也在，但张伯驹却旁若无人，只顾看他的画，朱家潜只好坐坐就走了。此后，两人见了面也不过点点头而已，就这样淡淡如水之交。没几年，就是抗战爆发，接着是解放战争，在十几年间，他们再没见过面。

京剧两票友，演出成知音

事情就是这么怪，缘分也是这么巧。他们谁也没想到，是共同的京剧爱好，终于让他们结成了知音。

1951 年，正是抗美援朝战争时期，故宫博物院的业余京剧团举行义演，参加演出的有一部分是故宫的职工，同时也有专业演员。一次上演《长坂坡》，朱家溍饰演赵云，演出后正在卸装的时候，朱家溍忽然看见张伯驹走进了后台，他冲着朱家溍大声说："真正杨派的《长坂坡》！现在演《长坂坡》，赵云没有能够上杨派的，只有你这一份。"张伯驹那个高兴味，那个真诚和热情，又是旁若无人似的任情流露，和朱家溍最初几次见到的张伯驹，简直是判若两人。

朱家溍看张伯驹这么爽快，这么夸奖自己，也不禁被其感染，连忙回答："你过奖了，我很想听听你有什么意见。"朱家溍一边洗脸，换衣裳，一边和张伯驹谈着杨小楼。这时候刘砚芳先生也加入了谈话，于是三人就一同散步到景山东街马神庙路南的一个四川小饭馆吃夜宵，边吃边谈。那种融洽和兴奋，完全看不出是张伯驹真正第一次和朱家溍说话，好像是非常要好的朋友，谈起了一个双方都感兴趣的话题一样，其乐无穷。偶然间，话题转到了蔡襄的《自书诗》册上。张伯驹说："谢谢您啊家溍先生，也谢谢您父亲，为国人保存了这么件珍品。"朱家溍也不客气，说道："伯驹先生，你这谢谢也太晚了，我家都转让给你 10 多年了，你也多次见过我，今天才想起来谢谢啊？"说罢，二人相视大笑，就像是朋友调侃打趣似的。接下来，朱家溍又讲了一遍他们家收藏《自书诗》册的经过，以及失而复得的传奇，直听得张伯驹连连惊叹，说道："这情况，你怎么不早给我说呢？"说罢，二人又是会意大笑。过往的一切都成了回忆和逸事。

席间，张伯驹还说想参加几次京剧义演，朱家溍也素知张伯驹票友的大名，真是喜出望外，表示没有问题。二人当即商量妥当，定好了戏码。从下一个星期开始，共演出四次：第一次是朱家溍演《青山石》，张伯驹扮吕洞宾；第二次是朱家溍演《拿高登》，张伯驹压轴演《打棍出箱》；第三次是张伯驹演《摘缨会》，朱家溍扮演唐皎；第四次是演《阳平关》，张伯驹演黄忠，朱家溍演赵云。就这样经过一段时间来往，他们原来那种淡淡如水的关系变成了莫逆之交。

曲终情在，遗响千秋

经过舞台上的共同演出，他们相知愈深。张伯驹常到朱家溍家，朱家溍也到他家去，见了面，就谈戏剧或者谈古书画。朱家溍还是一个书画家，也是传承的家学，他的画清秀俊雅，蕴含着浓厚的书卷气。更难能可贵的是，他也是一位古书画鉴赏家，这一点也让张伯驹对这个年轻人刮目相看。还有一件事更令朱家溍名声大振。

原来，在20世纪30年代，在校对故宫书画文物时，有一幅北宋时的《听琴图》被判定为明朝人仿制的赝品，因为那时候的鉴定人员认为北宋的画师们不可能具备十分高超的写实能力。就这样，明明被《石渠宝笈》三编记录在案的《听琴图》被打入另册。时光飞转，到了1949年春，已在故宫工作的朱家溍在故宫库房里发现了一个贴着封条的大箱子，一打听才知道，这里面是被判为历代赝品的画卷。他向领导申请打开箱子，逐一过目，锻炼自己的眼力。当他打开这一幅古色古香的《听琴图》时，不禁大吃一惊，经过再三确认，他提出这幅画《听琴图》就是北宋真迹，而且有可能就是宋徽宗的御笔。

朱家溍的判断是有根据的，"听琴图"三个大字铁钩银画，潇洒不已，正是宋徽宗赖以成名的"瘦金体"。生动传神的场景，绝对不是伪作者能够仿造的，更有力的证明是，画面的题字和钤印与北宋宣和内府的收藏是完全一致的。

朱家溍的发现，立即惊动了故宫博物院的专家，经过反复研究，最终确认它就是传世国宝《听琴图》。

但张伯驹和朱家溍谈得最多的还是京剧。他们认为，自四大徽班进京以来，经过谭鑫培、汪桂芬、孙菊仙及杨小楼、余叔岩、梅兰芳等名角掀起的两次高潮之后，京剧已成了强弩之末，似乎临近曲终人散的地步。为了振兴京剧，他们觉得有必要在京剧界成立一个学术性的团体，名字就叫作"北京京剧基本艺术研究社"，社址就是张伯驹的家（当时住李广桥东街

18 号，即现今的后海南沿 26 号）。凭张伯驹当时的声望，京昆两界的著名人士，如载涛、刘曾复、叶仰曦、钱宝森、王福山、迟景荣、梅兰芳、于连泉、荀慧生、奚啸伯等都大力支持研究社的成立与活动。

研究社的社长是爱新觉罗·载涛。载涛先生是皇族溥仪的七叔，是由张伯驹聘请的。载涛当时是全国人大代表，他在京剧方面的知识也是非常渊博的。他既没有王爷的架子，也没有人民代表的架子，更没有京剧大师的架子，有的只是一位大学者的风度和一位老人的慈祥。

张伯驹任研究社的副社长，活动场所就在张伯驹家的客厅。研究社下设三个组：昆曲组、皮黄组和音乐组。研究社还制有徽章，白底红字，上面写着"北京京剧基本艺术研究社"。

研究社的活动很丰富，有演出，有排练，如音乐组就经常演奏十番乐，十番乐是以打击乐器为主的丝竹乐，演奏起来热闹而动听。

研究社还常常举办京剧知识讲座，奚啸伯和阿甲也都在讲座上讲过课。

1955 年，研究社还在中国京剧院的小剧场演过一次《祥梅寺》，后来又排《安天会》，但未能上演就掀起了反右派斗争，研究社的活动也就停止了。

1957 年，张伯驹被划为右派分子，在家赋闲，思想苦闷、抑郁，1961 年去了长春。"文化大革命"期间，朱家溍也被下放到"五七干校"劳动。就这样，在长达 20 年的时间里，朱家溍和张伯驹基本失去了联系。只是有一年，正是"文革"后期，朱家溍从干校回京，可巧张伯驹也从长春退职回来。一个晚上，张伯驹来到朱家溍家，两人相望，恍如隔世，那一夜二人互相倾诉了近 20 年间彼此的经历和感受。

1976 年"文化大革命"结束以后，传统戏曲恢复上演，这一富有魅力的纽带又把张伯驹和朱家溍联结在了一起。劫波过后再聚首，真是别有一番滋味在心头。1977 年 3 月，张伯驹八十大寿，朱家溍拟寿联，并请戏剧家许姬传手书："几净闲临宝晋帖，窗明静展游春图。"1980 年，朱家溍演出《麒麟阁》。张伯驹和李万春、许姬传、梅绍武、王金璐、吴小如等朋友都坐在第一排，谢幕后他们都到后台向朱家溍祝贺。张伯驹走在最前面，笑着说："始望不及此，谁想还能有今天。"那天演过之后，朱家溍出差去了武当山。在这期间,夏淳还在剧协为此次演出开了一个座谈会。朱家溍回来后就听了座谈会的录音,张伯驹热情的发言内容很丰富,还提出希望让朱家溍演《状元印》。

可惜不久,朱家溍就听到了张伯驹辞世的噩耗,昨日密友,顿隔天渊。

朱家溍常常怀念张伯驹,感叹初始见面无话可说,淡淡如水的关系能发展成无话不说、志同道合、互为关心的知己,真是缘分不浅。

1992年,张伯驹逝世10年之后,朱家溍还写了一篇文章《我和伯驹道兄》。在这篇文章中,朱家溍说:"自1951年以后成了知己,在我最倒霉的时候,他不避嫌疑来看我。在他倒霉的时候我也同样关注他……伯驹是个乐天的性格,他在最穷困的时候,我们见面聊天,谈古书画,谈老戏,谈杨、梅、余,还是照旧兴高采烈,大有'回也不改其乐'的意思。"朱家溍在这里说的"在我最倒霉的时候",是指从1951年"三反"运动开始,直到1974年"文革"后期。1952年,朱家溍曾被隔离在东岳庙看守所,1954年才解除隔离。1958年被下放到宝应县曹甸乡劳动,1969年又被下放到湖北咸宁"五七干校"。1978年才回故宫博物院。他这一辈子也是风风雨雨,颇多灾难,和张伯驹的命运大抵一样,所以才是惺惺相惜啊。

朱家溍还说,张伯驹"在他手头富裕的年代,对于认识的人,如果有困难,他常常解囊相助,这种习惯一直持续到他自己已经不是有钱的人了,但遇到年节,对于他认为应该帮助的人,还是勉强地点缀点缀。1956年我知道他还一次向知交借了400元,说有急用,可巧我又亲眼见到他的用途,就是帮助几个人。这种性格很像《儒林外史》中的杜少卿,杜十七爷"。

张伯驹与欧阳中石师生情长

师生兼戚谊

张伯驹先生是欧阳中石的老师，同时，他们之间还有着亲戚关系呢。事情须从京剧四大须生之一的奚啸伯说起。奚啸伯（1910—1977），满族，北京人。他自幼爱好京剧，唱老生，宗谭派，曾向余叔岩学过戏，代表作有《白帝城》《苏武牧羊》等。他先后任过北京市京剧团四团团长，石家庄地区京剧团副团长。欧阳中石是奚啸伯先生的学生，其唱功可媲美奚师，并与奚啸伯有着30多年形如父子的生死情缘。这样，欧阳中石和奚啸伯的女儿就以兄妹相称。

同时，欧阳中石先生也是张伯驹的学生，也跟张伯驹学过戏，更佩服张伯驹的词作才华，也跟张伯驹学填词作诗。而张伯驹的女儿张传綵的夫婿是楼宇栋，这样，欧阳中石自然也与楼宇栋相熟起来。说来也巧，奚啸伯女儿奚延玲婚事的牵线人正是欧阳中石，是他促成了楼宇栋弟弟楼宇烈和奚啸伯女儿的婚事。这样，欧阳中石也就和张伯驹一家成了亲戚。楼宇栋、张传綵夫妇的孩子们喊欧阳中石为舅舅。亲戚间关系十分亲切，交往频密。以至于奚啸伯临死之前，还对一个儿子说："……我最不放心的是延玲，身体多病，你欧阳（中石）师哥为她找到了满意的对象，我也放心了。"

为《红毹纪梦诗注》作序

《红毹纪梦诗注》是张伯驹晚年的一部著作。1974 年，张伯驹双目白内障刚刚治愈，但仍不大出门，闲暇之时，又回忆起自 7 岁所观乱弹昆曲和其他地方戏，以及自己能演之昆乱戏，写下了七绝 177 首，又补注绝句 22 首，名《红毹纪梦诗注》。这部书可谓从看戏、学戏，到演戏、论戏，论剧坛掌故、剧人动态写起，兼及社会风貌，每首诗后都附有或详或简的注释，具有"以韵语记常事"的特点，不但是一部优美的诗集，而且为戏剧界留下了极其珍贵的史料，对研究京剧历史及民情风俗的演变有重要的参考价值。

这部书出版的时候，欧阳中石作了序。这篇序言谈了自己参与并见证这部书写作的整个过程，其间有着张伯驹和欧阳中石的切磋情景，师徒二人情真意切，配合默契，讨论认真。许多故事充满着温馨的情趣。

欧阳中石在序言中一开始即说："张伯老是我的长辈、老师。一九三七年一出绝响《空城计》，余生也晚，地不予所，无缘躬逢其盛……多年而后，幸得识荆，又承垂爱，教授不吝倾囊，盘桓左右更忘年齿之悬殊，遂深感伯老实是'"闻"之俨然，即之也温'、品才可尊、纯真可亲的大方之家也。"

张伯驹写作开始后，往往每写一篇，便召欧阳中石到他家中，津津有味地讲述写这一首的体会并一再吟咏刚刚作过的诗。例如，张伯驹写了余叔岩演《战樊城》一剧的诗：

> 演来凛凛又威风，甩发扔枪见武工。
>
> 看到后场精彩甚，抱鞭夹铜更开弓。

张伯驹情不自禁地为欧阳中石表演起来，一边表演一边解说，腰腿手眼并用，再次展现了当年余叔岩在舞台上的动作。欧阳中石怕张伯驹有所闪失，就在旁边搀扶着他。

欧阳中石还在序中特别指出，余叔岩先生当年之所以为艺术界一代泰斗，成一时之法绳，还与其多年与张伯驹相交甚厚有关。欧阳中石说，余叔岩选聘琴师，往往先经过张伯驹把关，然后再由余叔岩相邀得成。这是因为张伯驹懂得韵律，琴师操琴只有韵律过关了，才能为余叔岩伴唱，否则，余叔岩的唱腔也就缺乏音韵之美了。

另外就是张伯驹诗词用字的准确性及把诗词的韵律用到余叔岩的唱词和唱腔方面，都使余叔岩的唱腔更为优美自然。张伯驹为余叔岩的唱段增添了许多新词，一是丰富了唱词和内容，二是使余叔岩的唱腔韵律更加婉转和谐。

例如，余叔岩演唱《沙桥栈别》"提龙笔"一段二黄慢三眼。余叔岩承老师谭鑫培积习，常以此段吊嗓，也很得意自己的唱腔，后来，一位友人就将这一段灌入了唱片。但余叔岩听了以后，才感到有些问题，于是，就请张伯驹修改这一唱段，张伯驹就增加了新词"四童儿，鞍前马后，涉水登山"，又重新谱了曲，才使这一唱段的意思、韵律更加完美。

再如《斩马谡》，诸葛亮下场念对儿"虎入深山禽兽远，蛟龙得水又复还"，其"得"字虽然差强人意，也可以唱，但总是感到不太理想，唱得勉强。于是，张伯驹就将"得"字改为"失"字。这样一改，既意义允当，念起来也朗朗上口，比"得"字发音短促好唱多了。为什么会这样呢？欧阳中石说，那时的演员文化水平往往不高，为了理解剧本的含义，提高唱词的准确性，常常聘请一些文士名家加以辅导，这样才能提高艺术水平。余叔岩先生当年的成功，其中就有不少张伯驹的心血啊！

情真意切赞伯驹

欧阳中石先生有两首纪念张伯驹的诗，流传很广，特别是其中"地裂天倾心似水，穷通不改大家风""曲折高低声入耳，从容谈笑自生风"之句，更是为人们所传唱，既读起来朗朗上口，韵律欢快，又非常传神地再现了张伯驹的神采和才华。

那么，这两首诗是欧阳中石在什么时候写的呢？说来也是一个故事。

那是 2007 年 11 月，张伯驹的家乡项城市正在筹备次年纪念张伯驹诞辰110 周年的活动。市政协决定编一部《张伯驹先生追思集》，以资纪念。为此，便委托笔者前往北京去约请欧阳中石先生为本书题签书名。笔者如约来到了欧阳中石在首都师大校园的家里，欧阳中石先生听笔者说明了来意，十分爽快并动情地说："我写，张伯驹先生是我的老师。"

想不到第二天下午，欧阳中石便打电话让笔者过去。当笔者到他办公室后，欧阳中石不但拿出了刚刚题签的书名，而且说："恩岭（笔者）先生，您约我题写书名，再次唤起我对张伯驹先生的回忆。我最佩服张伯驹先生一生的性情和人格，是那样超脱，无论什么样的境遇，都不会改变他对传统文化的执着和热爱，他一谈起戏剧或填词，就忘记了一切不快，这一点是很少有人能够做到的；再就是先生的学问和智慧，那真是叫人佩服得五体投地，不可思议，只有用奇才去形容他。有人说中国的文化今后再发达，也不会再有张伯驹了。这话不错，张伯驹是不会重复的，于是，我就写了这两首诗。"

说着，欧阳中石展开一幅宣纸，上面书写着两首诗。笔者首先被欧阳中石的书法吸引了。字若核桃大小，极为匀称，通篇看去，仿佛是飞龙走凤，流畅而奇绝，整篇诗文显然是一气呵成，毫无雕凿之感。每个字又是那样飘逸而沉稳，刚健而温润，灵动而厚重，显示出欧阳中石特有的风格和气度，令人欣赏到着迷的境界：

张伯老颂（二首）

一

襟怀落落意融融，一任烟云化碧空。

地裂天倾心似水，穷通不改大家风。

二

珠玑信手碧丛丛，翰墨随心字字工。

曲折高低声入律，从容谈笑自生风。

欧阳中石一边深情地看着自己写的诗,一边解释着他写这两首诗的经过和感受。他说:"从昨天晚上一直到今天早晨,我还在琢磨这两首诗,我还在默念。'襟怀落落意融融,一任烟云化碧空'这一句我想了很久。许多世事的烟云、文物收藏的烟云,他都没有放在眼里,随它过去。'地裂天倾心似水'——我记得1976年地震的时候,第二天早晨我一早赶到他的家里,没有想到他已经很自然地把躺椅、矮桌子都摆在了河边。有茶、有笔墨在他手下。我说'地裂山倾心似水',就是指他在地震时也是心平如水,更莫说经过多次运动的折磨了,那可真是'地裂山倾心似水,穷通不改大家风'。这是我的感受。"

欧阳中石停了一会儿,又解释他的第二首诗。他说:"对张伯老的学问,我是这么写的:'珠玑信手碧丛丛,翰墨随心字字工。曲折高低声入律,从容谈笑自生风。'最后这一句,我改了好多次,每次想到这些的时候,他的音容笑貌都在我的面前。他那么从容,一切大事都不放在心上,面对长空毫无愧色,而是非常自若。我敬佩他,由衷地尊敬,所以我说这就是我对伯老丛碧公的称颂。"

欧阳中石写这两首诗,已经过去10多年了。如今,欧阳中石先生也已驾鹤西去,昔时他与张伯驹相识的往事还历历在目,还是那么生动与鲜活。

云山苍苍,江水泱泱,先生之风,山高水长。

人们常说，一个成功男人的背后，必然有一个优秀的女人。不错，在人们津津乐道、十分景仰的一代名士张伯驹身后，的确站立着一位堪称绝代佳人的女人，她就是潘素。张伯驹常在词中把自己和潘素比喻成梁鸿与孟光，把自己与潘素称作"神仙眷侣"，这话是不虚的。但即使是神仙眷侣的漫长生活中，其实也是充满着美好、单纯、幸福和波折、磨难、考验的。

传奇其实就是美满

在人们谈及张伯驹时，首先提到的，要么是他的收藏与捐献，要么就是他的传奇婚姻。由此可见，在人的一生中，婚姻的位置和影响是多么重要。

张伯驹认识潘素之前，已经娶过三个夫人，但都不是他文化艺术上的知音，也称不上美女佳人。而潘素，则满足了他倾心向往和追求的这两个条件。

潘素的父亲是潘智合，其母沈桂香。潘家原是名门望族，只是到了潘智合这一代，才家道中落。潘素原名潘白琴，又称潘妃，13 岁时生母去世，继母对其不亲，幸亏她自幼习音律、学绘画，天资聪颖，弹得一手好琵琶，尤其是身材亭亭玉立，眼睛如秋水般清澈，真是明眸皓齿，秀色可餐，具有一种迷人的魅力。更令人称道的是，她骨子里仿

211

佛透出一种孤傲和贵气，令人艳羡而生畏。16 岁时，便成了上海青楼艺人，弹得一手好琵琶，也能挥毫作画，遂名满江南。

20 世纪 30 年代初，张伯驹 30 多岁，正任盐业银行总稽核，时去上海分行审账。工作之余自然是要逛逛文化娱乐场所，听听京剧，听听音乐的。据说，张伯驹第一次看到潘素，听她弹琴，就惊为天人。于是，提笔为她作了一副嵌名联："潘步掌中轻，十步香尘生罗袜。妃弹塞上曲，千秋胡语入琵琶。"这副联语称誉潘素的弹奏似汉朝王昭君奏《塞上曲》，又将潘素那身材、步态和优美的琴声惟妙惟肖地呈现出来。

接下来是更加惊险的传奇，说一个国民党中将臧卓把潘素软禁在一品香酒店，是张伯驹请了他的义气哥们孙曜东，找了一辆轿车，趁臧卓不在，"奇袭"酒店，救出潘素，终使姻缘得成的。其实这里面传奇成分很大，后来，据曾任项城市文化馆馆长的刘运星先生说，潘素曾亲口向他述说过她和张伯驹相识相恋的经过，她说："我父亲游手好闲，不务正业，认识的人很多，其中也不乏知名人士，经人介绍也认识了张伯驹。初开始张伯驹每次到我家总是谈些诗呀，词呀！稍后我才得知张伯驹是个宦门阔公子，又是个大才子，与其他公子少爷确实不一样，不抽大烟，不喝酒，不嫖女人，专心研究诗词做学问，品德高尚。慢慢地，我对他产生了爱慕之心，后来我们就订了婚。"

这一段话，平实无奇，才是最可信的，传说毕竟是传说，但民间传说的想象力也真是可以把传奇编织得几乎天衣无缝啊！

"神韵高古""绘事后素"

张伯驹在其所著《素月楼联语》中，曾有这样一段话："余室人潘素时习绘山水，余则专写梅兰。社稷坛开绘画展览，余伉俪作品均参与。有人见之曰：张丛碧绘画不如潘素矣。夏枝巢闻之，因得上联云：'张丛碧绘事后素。'竟成妙对，为一时掌故。""张丛碧绘事后素"，成了一副联语的上联。下联呢？下联即"谭篆青割烹要汤"。后来，张伯驹又刻了一枚闲章"绘事后素"。可见，张伯驹也乐意以自己的画艺比不上潘素，来称赞潘素画艺之高妙的。

有人曾说，张伯驹与潘素，让人羡慕的不仅仅是爱情！那让人羡慕的还有什么呢？就是张伯驹先生既为一代名士，同时又是杰出的诗词大家、书画家、收藏家和戏剧家；潘素呢，她不仅是蕙质兰心的美女，也是一位杰出的女画家，而且是山水画家。夏枝巢先生曾说，历来女子只是画花卉、仕女图、写诗词，从来没有能画出山水画的。由此可见潘素的不凡。

原来，潘素和张伯驹结婚后，张伯驹看她有艺术天赋，就为她聘请了名师，朱德甫教她画花卉，夏仁虎教她古文。后来，又请苏州名家汪孟舒教她绘山水画，从此，潘素专攻青绿山水。

在名师的指点下，潘素进步很快，张大千、陈半丁、刘海粟等大师都是她的朋友。他们常在一起观赏古代绘画珍品，渐渐地，潘素取长补短，吸取众人的艺术养分，形成了自己的画风。她的画在继承唐代绘画的基础上，独树一帜，意境清朗、深邃，感情丰富饱满。她的作品无论是神韵气势、构图章法，还是对各个局部隐显、藏露、虚实、强弱关系的处理，都呈现一种整体的美感，具有于雄浑之中见清秀、于富丽之中见典雅的特色。

在潘素的绘画经历中，最令人称赞传说的是她与张大千隔海补笔的故事。

1981年，垂暮之年的张伯驹思念远在台湾的老友张大千，就由潘素绘好两幅芭蕉图，托一位香港友人转给张大千，请他任择其一加以补绘。不料张大千在两幅画上都作了补笔。其中一幅，在泼墨芭蕉的左下侧补以双目异色、毛色黑白相间的匍匐的波斯猫，并题词曰："壬戌之夏，潘素大家遥寄大作，命为补笔，时方大病初瘥，更兼目翳，有负雅望矣，八十四叟，爰。摩耶精舍。"另一幅则补画了背立的素装仕女图，题道："壬戌夏四月既望，潘素大家遥寄妙笔，命予补写团扇仕女，落笔惶恐。八十四叟，爰。摩耶精舍。"当时，分处海峡两岸的两位画家在改革开放之初，合作完成了这两幅画作，不仅对两岸统一事业作出了贡献，而且从中可以看出张大千对大陆的思念和对潘素画作的推崇。

潘素在几十年的探索和实践中，继承了唐代绘画瑰丽璀璨的时代特色和宋代绘画趣谐情真的特点，并融进了自己对山水的种种体验，形成了自己的风格，得到了诸多方家的肯定和赞赏，"神韵高古，直逼唐人，谓为杨升可也，非五代以后所能望其项背"，这是张大千于1981年对潘素《云峰春江》一作所作的评价，把她比为盛唐时期深得张僧繇真传的著名山水画家杨升，可谓备极赞誉。

1983年，潘素为北京钓鱼台国宾馆临摹完成了中国传世最古的一幅山水画——隋代展子虔的《游春图》。在一面大幅绢帛上出现了春日的青山碧水，树石屋宇，游骑画舫，以及漫步的雅士和娉婷淑女。画幅临摹得几乎可以乱真，完全保持了原作的神韵和风采，显示出画家日益精湛的造诣。

相濡以沫

对于张伯驹来说，潘素的艺术天赋固然可喜，但是更难能可贵的是，潘素对张伯驹的爱情终生贞洁不渝，真正做到了风雨同舟，患难与共。很多人对于潘素的叙述往往止步于她的婚恋传奇，其实，作为一个女性，在漫长婚姻岁月里所表现出来的非凡品格，才是更为可贵的。对于潘素，重大的危难考验至少是三次，她都挺过来了，成了张伯驹生命里不可或缺的人。

对潘素的第一次巨大考验是1941年张伯驹被匪徒绑架，命悬虎口之时。

1941年6月，张伯驹住在上海陕西北路的一个胡同，一天他去上班，途中猛然被一伙匪徒劫走，潘素知道后，如同晴天霹雳，一时惊慌失措。她时年27岁，心地单纯，仓促面对一场横祸，丈夫生死难料，其所承担的压力及面对的环境之复杂是不难想象的。她终日坐立不安，提心吊胆，每至夜深，噩梦不断。一位少妇就这样抛头露面，探听消息，打通关系，筹措款项，多方营救，且营救过程复杂多变，持续了8个月。同时，她还要精心保护好张伯驹视若生命、不许变卖的书画珍品，还要面对社会上卑劣之徒的不良居心，等等。

经过她的周旋和斗争，张伯驹终于脱离虎口，朋友们都称赞潘素夫人侠肝义胆、忠贞贤良！老画家陶心如为此泼墨作画，赞誉潘素。

潘素经历的第二次灾难和考验是张伯驹于1957年在反右派斗争中被划

为右派。这一事件对于他们整个家庭可以说是一个灭顶之灾。对一个人的定性是革命还是人民的敌人，会影响到对这个人的评价并使其失去饭碗，还会遭到全社会的唾弃以至影响到其家属、子女一生的政治成长和升学就业等一系列前途问题，是远比被绑架严重得多的一次沉重打击。所以，一些家庭在丈夫或妻子被划成右派后，为了不连累家人，就选择离婚，造成了无可奈何的悲剧。

张伯驹被划为右派以后，潘素没有离弃张伯驹，没有和张伯驹划清界限，甚至离婚，而是无声地选择了和张伯驹一起承担灾难，也没有抱怨丈夫不该在政治上多嘴惹祸，她在用妻子的爱情和温情去默默地减轻张伯驹的痛苦。

张伯驹被划为右派后，一直在家，没有工作，没有工资，生活十分困难。1961 年，吉林省艺术专科学校聘请潘素前往教学。令人感动的是，潘素这时首先想到的仍然是丈夫。她对前来邀请的人说："我很高兴去，但丈夫年迈体弱，需要我的照顾，我不能自己去。"于是，学校就聘他们夫妇一起去了长春。

但张伯驹远没料到，比划成右派更加深重的灾难就在长春等着他呢！

1966 年，"文化大革命"在全国爆发，张伯驹先是遭到批判斗争，被划为"现行反革命"，1970 年又被强令退职，敌我矛盾按人民内部矛盾处理，下放到舒兰县农村插队劳动。然而，农村又不收留，到了这时，张伯驹夫妇可谓步入绝境，呼天天不应，叫地地不灵。

可是，在这样的打击面前，潘素仍然没有退缩，无怨无悔，泰然处之，和丈夫患难与共。

这位苏州名门闺秀，即便 1941 年丈夫遭绑架后，家庭也不至于无米无炊，无家可归。而现在，他们再回北京，竟成了无工作、无户口、无收入的"三无"人员。这种人生的无奈和酸楚照样没有动摇潘素对丈夫的关心和照顾。她不离不弃，东挪西借地过起了等同于乞讨的生活。潘素后来回忆起这一段生活，她说，最难堪的还是去亲友家告借的情景，常常是驻足于亲友门前，徘徊踌躇不敢敲门，敲开了门欲言又止，最后是搪塞几句羞愧离开。这一切窘况，她都默默地承受着，不告诉丈夫。

有一次，张伯驹又身患重感冒，卧于病榻，数日高烧不退，茶饭不思。困境之下的潘素，又是请医生、抓药、煎药，又是汤汤水水，吃饭穿衣，精心调理，日夜呵护，直到丈夫病愈。

当然，张伯驹对潘素的感情也是很深的。20世纪80年代初，张伯驹曾一人去北京西郊莫斯科餐厅吃饭，喝完红菜汤后，小心地从口袋掏出小手巾一方，把抹上果酱及黄油的4片面包细心包好，然后提着小包缓缓离去。不用说，张伯驹包好的面包就是带回家给潘素吃的。要知道，改革开放初期，群众的生活还是比较紧张的，这4片小面包，在今天看来不值一提，但在当时，其中却包含着多么深厚的情义啊！这一情景恰好被画家黄永玉看到，多年后黄永玉还把此景画成一幅画《大家张伯驹先生印象》。在该画序言中，黄永玉说："夫人国画家音乐家潘素系余同行，老人手中之面包即为其带回者，情深若是，发人哀思。"

情词一生

张伯驹是一个大词人，谈张伯驹就不能不谈他的词，但在这里，姑且只谈谈他的情词吧！

张伯驹的情词颇具天性，他的情词几乎全是写给夫人潘素的。除了青年时代有几首是在自己被绑架期间写的，进入中年后，他主要是在潘素每年过生日时，写词贺寿并以此来表达他对潘素的感情。

在《丛碧词》中，有一首词，感情真挚，分外动人：

水调歌头

元宵日邓尉看梅花，是日为慧素生日

明月一年好，始见此宵圆。人间不照离别，只是照欢颜。侍婢梅花万树，杯酒五湖千顷，天地敞华筵。主客我同汝，歌啸坐花间。

当时事，浮云去，尚依然。年少一双璧玉，人望若神仙。经惯桑田沧海，踏遍千山万水，壮采入毫端。白眼看人世，梁孟日随肩。

张伯驹眼光不俗，对美更是情有独钟，青年时，他娶了"一双璧玉，人望若神仙"的潘素。他与她恩爱相敬如梁鸿与孟光，"举案齐眉"，还要"日随肩"。

他的情词中还常常展现一种相依相守的平淡与满足，如1961年赴东北之前写的一首《人月圆》：

人 月 圆
辛丑中秋，同潘素访友，步月归家

玉街踏去疑空水，双影似双鱼。冰壶澄澈，纤尘俱净，万象清虚。明年何地？家中客里，不改欢娱。无边人世，光明到处，皆是吾庐。

1971年元宵，张伯驹又作《鹧鸪天》：

鹧 鸪 天

白首齐眉几上元，金吾不禁有晴天。打灯无雪银街静，扑席多风玉斗寒。

惊浪里，骇波间，鸳鸯莲叶戏田田。年年长愿如今夜，明月随人一样圆。

此词作后，犹感情意未尽，不久又作《人月圆》一首：

人 月 圆

辛亥元宵再赋

团圞月始今宵满，人与月同圆。承平梦里，马龙车水，灯火鳌山。

齐眉对月，交杯换盏，犹似当年。红尘世上，百年余几，莫负婵娟。

时间总是流逝，青春终究老去，"画眉已秃生花笔"却不影响词人依然咏唱"剩惊波浪里，老鸳鸯，过除夕"。尤其是甲寅（1974 年）七夕，年近八旬的词人一往情深，作《鹊桥仙》一首：

鹊 桥 仙

不求蛛巧，长安鸠拙，何羡神仙同度。百年夫妇百年恩，纵沧海，石填难数。

白头共咏，黛眉重画，柳暗花明有路。两情一命永相怜，从未解，秦朝楚暮。

他对妻子的专注到了一种"贞洁"的程度。他的情词也是永远跟他回顾自己坎坷的遭遇与人格的坚守联系在一起的。同时，我们也可以看出，张伯驹晚年的情词几乎是采取一种直接宣泄的方式，用笔直切，而用情却更显沉郁切至。

张伯驹的情词是他和妻子潘素一生爱情和经历的重要内容，闪耀着鲜明的特色和风格，是他们这对神仙眷侣的见证。

主要参考资料

［1］ 项城市政协编：《张伯驹先生追思集》，紫禁城出版社 2011 年版。

［2］ 中央文史研究馆编：《中央文史研究馆馆员传略》，中华书局 2001 年版。

［3］ 张伯驹：《红毹纪梦诗注》，宝文堂书店 1988 年版。

［4］ 张伯驹：《春游琐谈》，中州古籍出版社 1984 年版。

［5］ 任凤霞：《一代名士张伯驹》，当代中国出版社 2006 年版。

［6］ 寓真：《张伯驹身世钩沉》，三晋出版社 2013 年版。

［7］ 王忠和：《民国四公子》，团结出版社 2006 年版。

［8］ 章含之：《跨过厚厚的大红门》，文汇出版社 2003 年版。

［9］ 侯宜杰：《袁世凯》，河北教育出版社 2001 年版。

［10］ 张永久：《缤纷满地落花红——项城袁氏家族文化评传》，郑州大学出版社 2015 年版。

［11］ 石楠：《沧海人生——刘海粟传》，黑龙江人民出版社 1996 年版。

［12］ 刘海粟著、沈祖安整理：《存天阁谈艺录》，中国青年出版社 2007 年版。

［13］ 梁归智：《红学泰斗周汝昌传》，漓江出版社 2006 年版。

［14］ 周汝昌：《北斗京华——北京生活五十年漫忆》，中华书局 2007 年版。

［15］ 任美霖：《名士春游闲录——张伯驹先生在吉林》，《文存阅刊》2018 年第 2 期。

［16］ 任美霖：《慧心百年素韵流芳——写在著名画家潘素诞辰百年》，《文存阅刊》2015 年第 6 期。

［17］《封面故事：张伯驹》，《三联生活周刊》2018 年第 15 期。

［18］《封面故事：王世襄与他的朋友们》，《三联生活周刊》2014 年第 21 期。

［19］《一生半在春游中——纪念张伯驹》，《紫禁城》2018 年第 3 期。

［20］ 许志绮编著：《梅兰芳》，中国和平出版社 1996 年版。

［21］ 翁思再：《非常梅兰芳》，中华书局 2008 年版。

［22］ 张建智：《王世襄传》，江苏文艺出版社 2010 年版。

［23］ 翁思再：《余叔岩传》（修订版），上海古籍出版社 2011 年版。

［24］ 吴同宾：《杨小楼传》，河北教育出版社 2001 年版。

［25］ 白吉庵：《章士钊传》，作家出版社 2004 年版。

［26］ 丁仕原：《章士钊与近代名人》，中国文史出版社 2006 年版。

［27］ 《学林漫录》（九集），中华书局 1984 年版。

［28］ 许姬传：《许姬传七十年见闻录》，中华书局 1985 年版。

［29］ 赵映林：《一心想当皇太子的袁克定》，《民国春秋》1994 年第 1 期。

［30］ 陈斐：《百岁传薪图续火——吴小如先生的学术境界和人间情怀》，原刊《传记文学》2014 年第 2 期，《新华文摘》2014 年第 11 期转载。

［31］ 章宏伟：《张伯驹研究辨谬》，《文汇报》2017 年 3 月 10 日。

［32］ 冯其庸：《墨缘集》，黑龙江教育出版社 2000 年版。

［33］ 张牧石：《我和张伯驹的忘年情——谨以此文纪念张伯驹先生诞辰一百周年》，《中国书画报》1998 年 6 月 29 日。

［34］ 王世襄：《与张伯驹先生交往三五事》，载《锦灰堆——王世襄自选集》，生活·读书·新知三联书店 1999 年版。

［35］ 董二为：《张伯驹和秦仲文在承泽园的日子》，载周口师范学院张伯驹研究中心、周口市社会科学界联合会编《文脉守望》，河南人民出版社 2021 年版。

［36］ 荣宏君：《张伯驹与徐悲鸿国画论战始末》，载周口师范学院张伯驹研究中心、周口市社会科学界联合会编《文脉守望》，河南人民出版社 2021 年版。

［37］ 周伦玲：《周汝昌与张伯驹二三事》，《文汇报》2013 年 4 月 29 日。

［38］ 靳飞编著：《张伯驹年谱》，文津出版社 2021 年版。

附　录

心头郁郁唯情醇

——访冯其庸先生小记

　　我的书架刚插上一本冯其庸先生的新作《瓜饭集》。"瓜饭集"这个书名很别致，其中确实有着令人唏嘘的缘由，这要放到下面再说。我之所以对这本书情有独钟，是因为其中一篇文章《旷世奇人张伯驹》最初是为我编的一本书写的序言，后来发表在《传记文学》上，又收入《瓜饭集》。

　　2007年深秋，我在北京为编纂《张伯驹先生追思集》跑腿，其中头等大事之一就是请冯其庸先生为该书作序。这不仅仅因为冯先生是著名的学者兼山水画家，尤以《红楼梦》研究著称于世，还因为他与张伯驹先生交谊甚深。而我对他也是久有仰慕之情的。那还是刚刚恢复高考，我才考上大学中文系的时候，"文化大革命"造成的书荒还很严重。一天上街，见新华书店门前排起了长龙，近前一看，原来是大家争购刚到的一批古典文学名著，其中有一部冯其庸先生主编的《历代文选》上、下册，我立即排进了队伍，花了两元五分钱买了一套，抚摸着厚厚的两本书，那种心情是现在的青年人很难体会得了的。

　　但是，除此之外，我与他既无交往又不知他现在何处，该从何处着手呢？我想到从查阅他的简介入手，发现他曾任中国艺术研究院副院长且是从这里退休的。于是，我就打艺术研究院的电话。这一招果然很灵，但电话那端的回话有如一盆冷水，说冯先生年事已高且身体欠佳，不宜见客。我竟一时语塞，放下电话，茫然不知所措。我思虑再三，又把电话打了过去，这一次，我说，不见冯先生是可以的，但我有一份公函和材料能请贵单位转交一下吗？对方沉默了一会儿，答复说，可以。我心中一喜，"得寸进尺"，我意外地得了"一寸"。于是，我询问艺术研究院的位置，回答说在惠新北里罗马花园。嘿！罗马花园，不用出国就可以到意大利观光一下了！

放下电话，立即行动，好不容易找到了罗马花园。接电话的先生收了我的材料，说："放心吧，一定转交。"但我怎么会放心呢？我还是想一睹冯先生的风采，我又请求道："就在这儿，请您拨通冯先生的电话，我只简单讲几句，行吗？"他略一停顿，说："好吧，你就简单讲几句。"我顿时心花怒放，又进了"一尺"。电话是冯先生亲自接的，声音低沉、稳重，略带沙哑。他说："我写的有回忆伯驹先生的文章，收在《墨缘集》中，还有伯驹先生写给我的联语，都可以找找。给你们的书写序，也行，但我得看看清样。我现在血压高，等一个星期，我身体好些了，您再来，行吧？"我赶紧说好，就挂了电话。

想不到冯先生这样爽快、干脆，没有犹豫和推托，足见其为人之朴实与诚恳。

12月11日，我再次进京，准备好了《张伯驹先生追思集》一书的清样，同时，也悄悄带上了那套已很旧了的《历代文选》。这一次北京的天气可真是冷极了，路边冻的冰坨坨，踢都踢不动。

刚刚安排好住处，我就给冯其庸先生打电话。他说还在病中，最好再推一个星期来北京。我愣了一下，赶紧告诉他，我已到了北京。他沉吟了一会儿说："既然已到了北京，那就下午来我家好了。"显然，冯先生决定在病中也要见我了。于是，我问他住在哪儿，他说在通州张家湾。

张家湾可真远，一号地铁坐到终点，换地铁八支线，又是坐到终点，再转坐公交，终于找到了冯先生的家。冯先生的家是自己一个小院，院子的木门显得有些粗糙、陈旧，但质地颇好，很厚实，门上有一小孔，就算是猫眼吧，也可以从外向里看。因为不到下午3点约好的时间，我也不按门铃，就从猫眼里观察起他院子里的风景。院子里房檐下，安放着一个慈眉善目的释迦牟尼佛头像。顿时，我觉得院子里充满了静穆祥瑞的气氛。由此也可感到冯先生对佛学深有研究，对佛祖非常尊崇。

3点一到，我按响了门铃，一位小姑娘打开门，把我迎了进去。

我先坐在他的书房兼客厅里等他。房子很宽敞、安静、整洁，环顾周围，布置得井井有条，靠东屋山摆的是一排书柜，里面大多放的是整整齐齐的线装书，而且都盛在锦匣里，颜色都已发暗，可见这些线装书的年龄也都不小了。这时我想到明代名臣于谦的一首诗："书卷多情似故人，晨昏忧乐每相亲。眼前直下三千字，胸次全无一点尘。"冯先生的书房，正是这样的境界。我坐的沙发前后摆放着翠绿的观赏植物，使冬天的屋子里充满了生气。沙发前的茶几上，放着一摞书，我随便抽出一本一看，是刚刚出版的冯其庸先生的书画集。我感到很好奇，原不知冯先生还是一位书画大家。随手一翻，集中有一巨幅折页，展开一看，是一幅气势浩茫的山水画，并有作者题诗四首，其中一首曰："画罢千峰意未赊，胸中丘壑尚嵯峨。何当化作身千亿，个个奇峰尽结跏。"一位壮怀激烈、胸怀万方的学者形象跃然纸上，其情感之浓烈，使我顿受感染。再看集中的"学画自述"，中有"予书斋曰瓜饭楼"之句，颇不解"瓜饭"何意……

不一会儿，冯先生在老伴的搀扶下走进了客厅。他是一位年逾八十的老者，体态稍胖，满头白发，梳理整洁，神色平静而安详，与我刚刚看到的其诗中的气度判若两人。他穿着一件中式棉袄，布条盘的扣鼻儿。先生很和善，他示意我坐下，不要拘谨，他也坐在离我很近的沙发上。我慌忙递上名片和《张伯驹先生追思集》清样，他接过材料，就全神贯注地看了起来。趁这工夫，我悄悄拿出相机，连拍两下，相机的闪光被他发现了，他摆摆手，示意我同他坐到一块，让他老伴为我们拍了合影，这使我非常感动。冯先生热情、平易、谦和，丝毫没有那种"名人""大腕"的架子，真乃仁者之风。

冯先生看完了材料的目录，点点头，对这本书的创意和结构表示满意。他说："为纪念伯驹先生的书作序，是我非常乐意的，虽然在病中，也要写。我和伯驹先生相识较晚，还是在'文革'后期，但我和他一见如故，很快成了朋友。张先生不愧为大学问家，他才思机敏，又平易近人。我们刚相识，他就送我两副联语。一副是'其鱼有便书能达，庸鹿无为福自藏'。这是一副藏头对，把我的名字放在各联的第一个字。另一副对子是'古董先生谁似我，落花时节又逢君'。上联用的是《桃花扇》'先声'的第一句，下联用的杜甫《江南逢李龟年》的诗句。由此，我更加佩服伯驹先生了……"

在欢乐和谐的气氛中，不知不觉过了一个多小时。谈话中，我的眼神时不时地停留在他那崭新的画集上，先生似有察觉，便抽出一本送我，我自是喜不自胜，并趁机询问先生"瓜饭楼"何意。先生若有所思，说他少年时家贫，常以南瓜充饥，故名"瓜饭楼"以记之，言罢默然。少顷，我趁机取出《历代文选》一册，告诉先生，这是我30年前排队购买的先生主编的书，时常翻阅，珍藏至今，不想今日得见先生，请签名留念。先生会心一笑，便在书的扉页上签下自己的名字。

从先生家告辞出来，北京城里已是万家灯火。

第二天，细心读冯其庸先生的画册，更觉得其书画气势磅礴，行笔横辣，独具一格，更生尊崇之情。于是，直奔国家图书馆，专门借阅有关冯其庸先生的作品，对冯先生有了更多的但仍是冰山一角的了解。原来，冯先生精于红学、古典文学研究的同时，在古典戏曲、中国文化史、中国绘画、紫砂工艺、书法、摄影、中国汉画像、武侠小说、西域史地等领域也建树良多。特别是先生曾十次入疆，三次登上帕米尔高原最高处，终于找到了玄奘从印度取经回国入境的山口古道，引起国内外学术界的轰动。

过了两天，我往冯先生家里打电话，想询问一下是否已找到他曾发表在《墨缘集》中回忆张伯驹先生的文章和张伯驹先生亲笔写给他的联语。接电话的是他女儿，她说，就在我上次离开他家的第二天，爸爸就住进了医院，不过爸爸告诉她，让我不要着急，在病中也要办好我"交办"的事情。我听了这番话，非常感动，冯其庸先生把我的请求当作是"交办"的事情去认真对待，这么谦虚、谦和、热情。由此也可看出他与伯驹先生的感情之深。

又过了两三天，我再打电话，这次是冯先生接的，他说刚出院，让我第二天去他家。我心里十分高兴，一是先生身体已无大碍，二是我能拿到材料了。第二天，我如约而至，冯先生将已复印好的材料亲手交给我，并告诉我他正准备写序。接着，他又问我："你跟天津的张牧石先生联系了吗？他也是一位大家，他一生研习书法、篆刻、倚声诸艺，成就卓著，同伯驹先生交谊颇深。"经冯先生这样一提醒，我十分高兴。为使冯先生好好休息，我便匆匆拜别。坐在返城的公交车上，欣赏着窗外冰冻萧索的景色，心里却如沐春风。

元旦刚过，我就收到了冯其庸先生如约寄来的《旷世奇人张伯驹》一文和词作三首。展卷就读，满纸生辉。冯先生在短短的 10 多天里，抱病作序，长达 15000 余字，而且字字含情，见识精深，对张伯驹先生的学问、人品、爱国情操和艺术成就进行了阐述和升华，是一篇论述性和艺术性融为一体的力作。这哪里是一篇为人作序的应酬之文，分明是冯先生心血的凝聚。冯先生又填词《浣溪沙》三首，情真意切，风格沉郁而雄浑，具有涵盖人生、天地之气象。三首词是这样的：

一

绝世天真绝世痴，虎头相对亦参差。人间真个有奇儿。
拱璧连城奉祖国，弥天罪祸判当时。此冤只有落花知。

二

才气无双折挫多，平生起落动山河。至今仍教泪滂沱。
国士高风倾万世，魍魉魑魅一尘过。春游词笔郁嵯峨。

三

读罢春游泪满巾，分明顽石是前身。黄金散尽只余贫。
眼里茫茫皆白地，心头郁郁唯情醇。天荒地老一真人。

读罢全诗，令人顿起尊敬、肃然、悲壮、感慨之情。文如其人，这三首词正体现出冯先生学问的宏博、为人的朴厚、情感的深沉，如果用词中的一句话"心头郁郁唯情醇"来形容冯先生在我心中的感受，也是非常恰切的。然而其中有一句我不懂，"虎头相对亦参差"。于是，我又打电话，向冯先生请教。冯先生说："我国古代画家顾恺之号虎头，人称顾虎头。顾恺之既善画又长于诗词，然而，就连顾恺之这样的大家比起张伯驹来，亦相差甚远。"听了冯先生的解释，我再次为冯先生的博学而感佩。是啊，冯先生潜心于学问，寄情于诗书，结缘于翰墨，行旅于天下，任持自性，七十余载，终成其"儒林风雅"。哪里像时下一些所谓艺术家，沉不下心来做学问，一味追逐浮华和名利，稍有名气，便炫耀于人，恃才傲物。对于我来说，此生既远远达不到前者的高度，也缺乏后者的小聪明，但我还是愿意像冯先生那样，甘愿一辈子在学问的崎岖中默默地跋涉。

如今，两年多的时间过去了，冯先生的音容笑貌还时时浮现在眼前，我却很少打电话给他，唯恐打扰他平静的生活，但时常翻阅先生的《瓜饭集》，不就是最好的思念和祝愿吗！

最后，还需要补记的是，以上还是我于 2017 年以前写的文字，而先生已于 2017 年去世，至今又过去了几年，这篇文章，我还时常翻看，已成为对先生永远的追思。

柳絮时节访"红楼"

——访周汝昌先生散记

4月的北京，正是柳絮飘飞时节。我走在纷纷扬扬、翩翩起舞的柳絮之中，思绪不禁沉浸到《红楼梦》中"柳絮词"的境界之中："粉堕百花洲，香残燕子楼。一团团逐队成毬。飘泊亦如人命薄，空缱绻，说风流……"

正在感叹之时，已到了红学大家周汝昌先生住的小区。春节前我曾三上北京，终因天冷，恐先生劳累着凉未及造访。这一次，我决心拜访周汝昌先生，一睹大家风采。

周汝昌先生住在叫作"红庙"的地方，真是天意巧合，周先生一生和"红"字结下了不解之缘。我按响了周先生家的门铃，轻轻踏进周先生的客厅，客厅并不大，家具也普普通通，书柜、沙发几乎占满了客厅的空间。周先生刚刚过了九十大寿，一幅红底金字的"寿"字还挂在一侧的书柜上，满室生辉，灵光岿然，似乎那些吟坛俊彦为周老祝寿诗词的音韵仍绕梁如缕。

周汝昌先生的女儿告诉我，老先生还在休息。于是，我下了"红楼"，立在蒙蒙的柳絮中观赏风景，等待周老休息后的"召见"。

"嫁与东风春不管"的柳絮，确如雪花一样，轻轻地落在我的身上，使我有一种"程门立雪"的感觉。

待我再敲开门后，周老已醒来，只是身体略显瘦弱和苍老，稀疏的白发向后梳着，饱满宽阔的额头显示出哲人的睿智风度，面容清癯但有神。他的听力、视力也较弱，但弄清我的来意后，顿时来了精神，仿佛又回到了当年和张伯驹先生切磋诗艺的氛围中。

周老说："在我和张伯驹先生几十年的交往中，深感张老一生有着始终不渝的三大情结。"周老一边说，一边示意他女儿把他在今年纪念张伯驹先生诞辰110周年座谈会上的发言稿找来。这个发言稿是由其女儿周伦玲在会上代读的，我当时听着就觉得这个洋洋大观的"发言"畅如流水，辞意俱佳，不太可能是一个视力较弱的老人亲自写的。于是，我问："周老，这个发言稿是不是您女儿根据您的'指示精神'加工整理的？"周老说："非也，完全是'原生态唱法'，是我自己的口述。"周老的幽默让我们一起笑了起来。

周老接着说："张伯驹先生长我 20 岁，我二人是名副其实的忘年交，但岁月的差异却丝毫不会影响我们的共同文化情缘。从数十年来深交之所知，先生之兴趣与造诣集中在三大方面：一是词的创作；二是书画收藏；三是京剧之爱好与实践。这三者可以说是张伯驹先生一生的三大情结。而这三者表明的是什么呢？就是中华民族传统文化独具特色的三大表现。因此，如果让我给张伯驹先生做一个个人的文化评量和定位，那么我要说，他实际上是一位中华文化非比寻常的弘扬与捍卫者。"

听了周老这一番精湛的评说，我问："一般纪念张伯驹先生的文章，以及今年故宫座谈会所谈的内容，为什么大都是谈张伯驹的书画收藏与捐献呢？你为什么把词的创作排在张伯驹先生三大情结的第一位呢？"

周老听完我的问话，非常高兴，夸我说："你真会问，你这个问题带有普遍性和代表性，正好问到了点子上。"周先生顿了顿，好像在打腹稿。周老继续说："伯驹先生一生不惜倾家荡产，不畏身死魔窟，收藏书画珍品，而后悉数捐给国家，这正是先生弘扬与捍卫中华文化的义举。这方面的事迹早成历史佳话，且具有传奇色彩，易于人们津津乐道，久传不衰。而对张先生词作艺术价值的深刻了解，那就得深入研习他的词作，得下真功夫，这就不是可以口口相传那么简单的了。其实，张先生一生最看重而且深感欣慰的还是他的词作。他曾说过：'文物，有钱则可到手，若少眼力，可请人帮忙，而诗，完全要靠自己。'事实也正是这样。冯其庸先生对张伯驹词作不就有'读罢春游泪满巾''春游词笔郁嵯峨'的评价吗？所以，研究张伯驹，不读他的词作是不行的。"

不知不觉中，谈话在轻松和谐的气氛中进行了两个多小时，早超过了采访半小时的计划。我这时赶紧从公文包中抽出一张稿纸，递给周老，并说："周老，昨天我看了周笃文等大家贺您九十大寿的词作，我也不怕丢丑，献上一首拙诗，祝您健康长寿。"题目是《贺周汝昌先生九十华诞并怀伯驹舅父》，诗曰："红庙北里慕红楼，三月柳絮话春游。曾读玉老惊世语，方悟伯驹识风流。丛碧词情丛丛碧，石头诗意石石柔。追思舅父已仙逝，且待'红楼'寿千秋。"周老接过我的诗，说："能写就好。"他一边说一边拿过一本书来，我一看崭新的封面，正是我想求而不好意思张口的他的新著《北斗京华》。他说："我也送你一本书，做个纪念吧！"他一边说一边俯下身子，在扉页签上"周汝昌"，每个字都大如核桃，笔迹有些吃力。从这三个大字上，已不难看出周老待人的真诚和病中题字的艰难。周老签了字，又在名字下边郑重钤下他的印章。我手捧书册，激动的心情难以言表。这时，我又想起了照相留念，但他女儿说，医生说过，周老在休养期间不宜拍照。于是我就站到周老的书架旁，映衬着那醒目的"寿"字，请他女儿给我拍了一张珍贵的照片。

我下了"红楼"，已是"夕阳一点如红豆"的傍晚时分。春风徐卷的柳絮仍在"红楼"四周多情地翻飞。我急切地翻开《北斗京华》，恰恰看到第4页上周老的一首诗，正可作为本文的结语："紫陌红楼十丈尘，万家烟树瓦销鳞。春城依约宫墙柳，锦绣京华事事新。"

长忆京华王世襄

——访王世襄先生小记

看到王世襄先生辞世的消息，心中不禁隐隐一震，久久不能释然。虽然我与他仅有过一次短暂的接触，却留下了永远的深情。

对于王世襄，我是早知其名的，他虽是著名文物专家、学者，却又是一个很有趣的"玩家"，一个令人不解或不屑却"玩"得痴迷不悟，"玩"出了成就的大家。人们更乐于这样描述他：放鸽家、斗虫家、驯鹰家、养狗家、烹饪家、美食家、书法家、诗词家、明式家具家……一句话，"中国第一玩家"。我很仰慕他，但从没想过有缘见到他。

能够见到他，零距离地接触他，完全是一个偶然。因为他是张伯驹先生的朋友，2007年秋，为编纂《张伯驹先生追思集》，我自然有了拜访他的念头，而真正见到他，却经历了戏剧性的过程。

2007年11月28日，北京已经很冷了。这一天，我早早来到了中央文史研究馆，因为王世襄先生是他们的馆员，他们可能会帮我联系王先生。不料接待我的唐处长却面露难色，说，恐怕不行，王先生已经90多岁了，身体又不太好，前几天的"博学"论坛他就没能参加。

走出文史馆大门，心里失落得很，也不再坐公交车，无精打采地一路沿长安街走回旅馆。回到旅馆，我再一次翻看王世襄先生的简历：中国文物研究所研究员。我心里顿时一亮，急忙找到一个公用电话，很快拨通了文物研究所的电话，说想联系王世襄先生。接电话的人又把电话转到文物所老干部处，答复很干脆：不行，老先生不宜见客。我说："我可以不见王世襄先生，只是想和他说几句话，行吗？"对方说："好吧，我把电话接通，你简单讲几句吧。"电话接通了，正是王世襄老人接的，他声音很微弱，说："既然你很想见我，又是为伯驹先生的事来的，你就来吧。"真是"山重水复疑无路，柳暗花明又一村"。这时，文物所的人又在电话中安排我，去见他不要超过 15 分钟，否则对他身体不利。我一一答应，挂了电话。

一路上七拐八拐，果真来到了王世襄先生的家门口。门开了，是王世襄老人亲自开的，他微微弯着腰，招呼我坐下。他已是满头白发，面容有些憔悴，显然还在病中。家中就他一人，他说儿子出去了。他坐下后，说："让我吃完饭。"可不，这时正是中午 12 点多。我只记着办自己的事，早忘了别人吃饭的时间。他坐在沙发上，面对着我端起一碗饭，碗底正对着我，看不见是什么饭，估计是米饭，但茶几上没有菜，只有一个瓷碗，盛着剥了皮的烤红薯，上面撒着一些黑豆豆一样的东西，说是叫"豆豉"。大师的午饭就这样简单，简直不敢相信这就是一个被称为烹饪家、美食家的人的家常饭。先生吃完饭，开始叙述他和伯驹先生的交情，讲来兴致勃勃，又满怀深情。他说，60 年代，他常骑车去看伯驹先生，一次正值伯驹画兰花，二人便从画兰谈到养兰。养兰很麻烦，他自己却年年养得几盆好兰花。伯驹爱兰却耐不住性子养兰，自己就年年选一盆上好的兰花送他，直到"文革"开始。

王先生一边说一边给我找资料。我环顾一下四周，显然这一间是王先生的卧室兼书房，被褥掀着，可能是知道我要来才匆忙下床的。房间也不大，也是到处堆满了书，比欧阳中石先生的书房还要乱。看来，学富五车的大家的书房都是这样子了。

过了一阵子，王先生抱来一摞书，放在面前，用放大镜浏览目录和页码，然后，翻开书，在某页夹上纸条，夹完纸条，又用放大镜把我给他的材料认真看了一下说："张先生让我为伯驹先生题词，是应该的，但我现在写字，手都颤抖了，恐怕难以命笔。这样吧，你就把这本书中，也是我的笔迹，是为张先生的画作题写的一首诗，拿去发表吧，以表示我对伯驹先生的怀念之情。这些夹纸条的，也是我写过的有关张伯驹先生的文章，都是可以复印的。"于是，我赶紧抱着书，下楼去复印资料。

待到复印了资料回来，轻轻推开房门，王世襄先生还在仔细地审阅着我送给他的资料。他低着头，拿着放大镜，静静地看着，丝毫没有觉察到有人走进屋里。看到这情形，我也不说话，轻轻地掏出照相机，留下了老人沉浸于思考中的瞬间。这是一个永远定格于我回忆中的令人感动和尊敬的瞬间。一个著名的文博大家，一个患病的耄耋老人，对待一个从不相识的晚辈，也是这样平易和随和，而一旦进入深思的境界中，又是这样专注。

王世襄一生研究的事物很广泛，许多被人看作是玩的东西，在他眼里却是艰深的学问。他曾说，人生价值不在据有事物，而在观察分析，有所发现，使之上升为知识，有助于文化研究与发展。或许，这就是学者王世襄与他人不同的地方。王世襄先生一生的经历坎坷而传奇。1945年抗战胜利后，王世襄在北京、天津收回大量重要文物，仅入藏故宫博物院的就达1770件，后又从日本东京押运善本书107箱回国。不料"三反"运动中竟被定为"大盗宝犯"，更可悲的是1957年又成为"出洞之蛇"被划为"右派"。难能可贵的是，经过这两次打击，先生不但没有消沉，反而更加坚定地走自珍道路，也就是堂堂正正、规规矩矩做人，决不自寻短见，专心于有益传统文化的写作。此后半个多世纪中，研究、保护多种传统文化并撰述成书40余种，对文物研究、民族文化传承有显著贡献。世襄先生一生可谓"真人"，他曾说"此心可对天日"。

照相机的闪光惊动了世襄先生。他略略有些不好意思地笑笑，示意我坐在他对面的沙发上，和我闲聊起来。他问了我的年龄、工作情况，然后拿出一本沉甸甸的装帧精美的图书《锦灰不成堆》送我。他说："这是刚刚出版的，也是我的封笔之作，书名'锦灰不成堆'，自然是饾饤之作，惭愧惭愧。"接过这本书，我又惊又喜，只是不同意"封笔之作"的说法，但他淡淡地一笑："这是规律，我已老了……"我打开《锦灰不成堆》，恰好看到一张王世襄先生与其老伴在芳嘉园北屋窗前的一张合影，照片中的王先生正值中年，风度翩翩，体态潇洒，神色深沉、平静而自信，不愧为学者风度，与我面前迟缓、苍老的王先生形同两人。说话间，有人开门进来，是他的儿子，高大魁梧。我赶忙站起来，问好之后，又拿出相机，想请他拍一张我与他父亲的合影，不料他指了一下门后贴着的一张"告示"，上书四字：谢绝拍照。于是，我知趣地收起相机，显然，大家各有各的"古怪"，只是我不知道，这是王先生的意思呢，还是他儿子的？反正这个"告示"给我留下了永久的遗憾……

从王先生家告辞出来，看了一下手表，整整一个半小时，我心里很过意不去。在赶回旅馆的路上，我急不可耐地欣赏着王世襄为张伯驹画作的题诗："银锭桥西宅不宽，黄花红叶耐霜寒。分明自写双清影，寄与词人作画看。"显然是随口吟出的一首小诗，却自然流畅，又贴切画作。这使我马上想到他曾作过的一首小词《浣溪沙》，那是一首写给客人的"请柬"："千万烦您央及他，明朝一块到吾家。墙边桃树正开花。若肯来时来莫晚，看花休待夕阳斜。还须吃盏杏仁茶。"这首小词更是充分流露出主人的风格,风趣、幽默、博雅，看似打油、戏言，却是不易写的。

如今，两年多的时间过去了，我还时时想念他，一个生活朴实，看起来和大街上的老头儿没有什么差别的文博大家，竟然说走就走了。而当我看到报纸所登他辞世的时间是 11 月 28 日时，我心里更是莫名地一惊，两年前这一天，正是我第一次也是唯一的一次走近他的生活的一天。莫非这就是天意吗？这个普通的日子，更加重了我心中的悲痛。

"艺术人生"秋实园

——访张牧石先生小记

结识张牧石先生还是由冯其庸先生介绍的。2007年冬，我在北京约请冯其庸先生为《张伯驹先生追思集》作序时，他问我："你跟天津的张牧石先生联系了吗？他也是一位大家，一生研习书法、篆刻、倚声诸艺，成就卓著，现为天津市文史研究馆馆员，同伯驹先生交谊颇深。"由此，我知道了张牧石先生。

从北京回来之后，我赶紧往天津打电话，请人帮我联系张牧石先生。过了两天，我得到了张牧石先生的电话号码。电话打过去，正是张牧石先生接的，他明白了我在编纂《追思集》的意思后，在电话中动情地说："我和伯驹先生交往30多年，我们的忘年之交，主要是在词学上，他时有词作必先寄我。先生每次来津，都住我家，并由我陪同去看海棠花……为纪念伯驹先生，我是一定要题字、作诗的，我明天就寄去。"

第二天，张牧石先生便打电话告诉我，题字和诗作已经寄出。不几日，张牧石先生的来信收到，展信一看，就觉得牧石先生用篆书题的"张伯驹先生追思集"是下了功夫的，精美无比，可惜我不懂篆书艺术，无法评价。牧石先生的诗作更是情感沉郁而真挚，催人泪下。诗是一首七绝："画眉能几思京兆，绝世风流岂入时。宁复李园春再展，海棠留梦忍追思。"此诗第一句我读不懂，还有落款中的"强圉""大渊"也不知何意，只好打电话向牧石先生请教。牧石先生说："画眉能几思京兆"，是一个典故，"张敞画眉"。汉朝时，京兆尹张敞为官没有官架子，每天都为妻子画眉毛，而且技艺娴熟。张伯驹先生当年很喜欢这个典故，便自号"京兆"，但伯驹先生这个别号，知者不多。接着牧石先生又说，"强圉"意为丁，"大渊"意为亥，合起来就是丁亥年，指2007年。先生的解释使我恍然大悟，又颇为惭愧，深感自己古典文化常识的浅薄。在电话中，我又表达了前往天津拜访他的愿望，他欣然同意。

2008 年暮春时节,我终于来到了天津。下车后,我坐个三轮车,一边观光,一边去寻牧石先生居住的小区"秋实园"。一路的街景并不怎么"惹眼",倒是沿途的拆建工程正干得热火朝天,一台消防车正用水龙喷向楼房轰然倒下而扬起的滚滚尘烟,情景颇为壮观。

"秋实园"里倒是很美、很静,绿草茵茵,红花点点,环境颇为幽雅。

敲开张牧石先生的家门,一位略显瘦削的老人热情地把我迎进去。老头儿高个却不驼背,身板挺拔,精神矍铄,充满着活力。最令人稀奇的是,已年届八十的老人竟满头黑发,这使我想到一句俗语"人间平等唯白发,圣人头上不曾饶",老天怎么就饶了牧石先生呢?我看家中只有他一人,室内显得有些空落、清冷,便询问他家中情况。他说,老伴已经过世,但他并不感到孤独,每天都有客人来,或研讨艺术,或求书法,或请篆刻,生活过得很充实。

牧石家的墙壁"装饰"果然与众不同,悬挂的条幅上钤印着大大小小、形态各异、黑红相间的印章,显示出篆刻家独有的艺术特色。

张伯驹先生曾称誉他和陈巨来为篆刻界中的"南陈北张",但牧石先生自称"不敢与陈巨来相提并论"。

我落座后,便开门见山:"张老,我知道您和张伯驹先生交情甚厚。我见过他给您手书的嵌名联'牧野鹰扬开地阔,石头虎踞望天低',不仅把您的名字拆开巧妙地各嵌入上下联的第一字,而且对仗工稳,意义绝佳,把您的形象和气魄都神化了。"

张牧石听着神情怡然,很是受用。"对,这就是张伯驹先生的才华,也可说是天才,无论何人的名字,他都能随口吟出一联,且用典得当,含意深远,使一个普通的名字由'丑小鸭'变成'白天鹅',但天才是以勤奋和博览为基础的,张先生 20 岁时已通读二十四史,且能熟背《古文观止》,细说《资治通鉴》,试问今人,几人能够!"

牧石先生说得津津有味,我听得如醉如痴。张先生呷了一口茶。我又问:"您说您和张先生是忘年交,是怎么个交法?"

　　"我比张伯驹先生小30岁，但他待我一如朋友，且性格直率，不拘小节。"牧石先生颇为感慨地说，"有一年火车到天津已是半夜，他就砸大门喊醒我，和我坐谈到天明，其直率真挚可见。有一次他来天津看海棠花，正逢我五十晋一寿辰。张伯驹先生知道后即兴口占一阕《卜算子》，并作书法赠我：'节到海棠天，有客迎三径。酒浅能教意更深，乐事添清兴。恰是半开时，向晚风初定。春色无边去又来，人与花同命。'词意可谓咏人与花并胜。张伯驹就有这样的本事，赋词，张口就来，从不打草稿，且字字工稳，不由人不佩服。"牧石先生说完，找出这首词作墨宝的复印件赠我。同时，先生找出一册《张牧石艺略》送我，并签上"恩岭先生持念"字样。我接过册子，立即欣赏起来。册子并不厚，内容却颇为丰富，有书房留影、舞台剧照、晨练英姿，照得都很艺术，特别是那舞台扮相，扮的谁，我不知道，但风流倜傥，貌胜潘安；晨练剪影更是"金鸡独立"，英气勃勃，背景是巍巍大厦、碧水之滨。照片之后便是书法、绘画、篆刻、诗词等。书法体式各异，神采纷呈，但我却缺乏审美能力，还是绘画大致能看出些门道，大多是水墨写意花鸟画，工笔极少，仅有一幅《猫蝶图》，令人称绝，特别是那猫的毛，光润整齐，历历可数。

　　我翻阅着《艺略》，一边赞美，一边感叹：什么叫"艺术人生"？这才是"艺术人生"。生活中充满了美好，充满了艺术，生命也就充满了诗意，充满了追求和价值。物质生活享受固然是重要的，但只有真正在艺术的熏陶中得到心灵净化，才算是真正的人生。

翰墨随心，仁者之风

——访欧阳中石先生散记

请名家题写书名，对于一本书的编者自然是意义非同寻常且又不易的事情。也因此之故，我意外地有了一次拜访欧阳中石先生的机会。

2007年秋，项城市要编一本纪念乡人张伯驹先生诞辰110周年的文集《张伯驹先生追思集》。题写书名的最佳人选当然是欧阳中石先生，这不仅仅因为欧阳先生在书法界享有盛誉，是中国传统文化艺术方面的知名学者，还因为他恰好是张伯驹先生的学生。

这个重任就由我具体执行，但能否完成，有点缺乏自信。到了京城，我未敢"轻举妄动"，冒昧打扰，而是请也是乡人、在京工作的时任中国硬笔书协副主席的张宝彤先生帮忙，宝彤先生很爽快，让我等候消息。

第二天下午，突然接到宝彤先生的电话，他说欧阳先生刚下课，请我立即过去。于是，我匆匆带上资料，直奔首都师大。下车后，我在路边整整衣冠，平静了一下心情，然后按响了欧阳先生住宅的门铃，宝彤先生已在那里，他把我介绍给欧阳先生。我说："欧阳先生，项城市领导让我转达对您的问候！"这是一句标准的官腔，一下子把欧阳先生逗乐了，他微笑着说："谢谢！"欧阳先生看我紧张，又说："不要着急，都是自己人，坐下慢慢说。"这一句平易的家常话果然使我的心情放松下来。坐下后，我赶紧递上《张伯驹先生追思集》清样。欧阳先生也坐了下来，开始认真阅读我给他的资料。趁这工夫，我悄悄掏出相机，也顾不得选景，就按下了快门。欧阳先生好像浑然不觉。趁这个空儿，我开始打量欧阳先生的容貌和他的书房。书房实在太小了，一个个书柜立在四周，也不规矩。桌子上，甚至地板上，到处堆满了书，有些拥挤。拥挤的小屋里，又挤满了客人，有站着的，有坐着的，一个个风尘仆仆。就在这些人的静静"包围"中，欧阳先生细心地看着材料。我看他年纪也近八十了，头发花白，中等身材，略瘦，只穿着一件毛衣，并没有我想象中的"学者派头"。看上去，就是一个平平常常的老头，但精神很好，谈吐流利幽默。欧阳先生浏览了资料，抬起头来，和蔼地说："张先生，你的意思我明白了，张伯驹先生是我的老师，我对他非常崇敬，为张伯驹先生做点事，我义不容辞，欣然从命！资料留下来，等我细看一下。"言毕，又笑言："张先生，我明天就'交卷'行吗？你明天下午3点来取。"先生此言让我喜出望外，显然，欧阳先生很理解出差在外之人的急切心情。我赶忙说："中，中。"一不小心，土腔土调的河南话冒了出来。在大家的欢笑声中，我和宝彤先生告辞而出。

第二天下午，我如约而至。一进门，又是宾客满座，都在排队等着和欧阳先生谈话。欧阳先生一边站起，一边对大家说："都别急，我先办张先生的事。"这时，秘书取来欧阳先生题写好的书名和诗作《张伯老颂（二首）》，欧阳先生又一句句轻声地念给我听："襟怀落落意融融，一任烟云化碧空。地裂天倾心似水，穷通不改大家风。"欧阳先生略一停顿，又读出了第二首："珠玑信手碧丛丛，翰墨随心字字工。曲折高低声入律，从容谈笑自生风。"欧阳先生读得很认真，唯恐我哪个字不认得。那神态，就像和一个老朋友在互相切磋诗艺。念毕，在大家的一片叫好声中，我把题词和诗稿收起。这时，我又壮着胆子说："欧阳先生，我想和您合个影，行吗？""行，行！"欧阳先生和气地回答，并把相机递给他的秘书，把我拉到身边。合了影，我赶紧说："大师太忙，我就告辞了。"欧阳先生又笑了："我不是大师，也很忙。"说笑中，我赶紧下了楼。一路上，心里高兴得真想唱。真没想到，像欧阳先生这样曾上过中央电视台《艺术人生》栏目的书法大家，任大学教授、博士生导师、中央文史研究馆馆员等职的大师，竟是如此平易。更使我佩服的是，先生的两首诗作是一夜间作出来的，且音韵婉曲、流畅、沁人心脾，情感真挚而崇高，可谓自然天成，正可用诗中的一句"翰墨随心字字工"来评价。显然，如果没有深厚的文学修养和如泉的文思，是不会很快写出来的。

再次见到欧阳先生是2008年初春在故宫博物院召开的纪念张伯驹先生诞辰110周年的座谈会上，席间，得知先生还与乡人、著名音乐家赵沨先生多有交往，深感怀念。于是，我向先生请求，适当时候，再次打扰先生，先生又爽快应允。

阳春三月，我又一次来到首都师大，校园里正是"百般红紫斗芳菲"的怡人景象。叩开欧阳先生的房门，我已没有了陌生、紧张的感觉。开门的是欧阳先生的老伴，欧阳先生仍然坐在那个我已熟悉的书桌前，被上下左右堆放着的图书簇拥在狭小的空间里。

欧阳先生说，唐朝诗人李白曾引谈士言"生不用封万户侯，但愿一识韩荆州"，赵沨就是韩荆州一样的人物。欧阳先生停了一下，问我："你知道韩荆州其人吗？"我摇摇头："不甚清楚，请先生赐教。"于是，欧阳先生动情地讲了起来："韩荆州就是唐朝荆州刺史韩朝宗。他一生职务不高，但热心荐拔贤士，深得人们的理解和赞赏。李白对他非常仰慕，认为人生的价值，不在于地位的高低，也不必一定要封万户侯，只希望能结识韩荆州这样的知音，得到他的理解。这说明人生在世得到知心朋友的不易和可贵。一个人的人品不在于他的职务高低、显赫与否，也不在于他的功劳大小，而在于他的心底是否善良和助人为乐。只有这样，才是真君子，才能赢得人们的尊重。赵沨就是这样，一腔热心爱国，一片诚心识人。如果没有赵沨的热心帮助和努力，首都师范大学就不可能设立中国第一个书法博士点，我也不可能成为第一个书法博导。在这一点上，赵沨先生功不可没。"

听到这里，我问："赵沨是个音乐家，这和书法博士的设立有什么关系？"

"这你就不明白了，"欧阳先生说，"赵沨先生阅历丰富，博览群书，知识面很广。他对中国的书法艺术也有很深的领悟。书法和音乐都是艺术的一个种类，艺术特质有着许多共通的地方。书法也是一种非常精妙的艺术。书法涵盖了各种文学艺术的因素，同音乐的韵律委婉、豪放都有相通之处。汉字是一门点线艺术，那具有力度的竖画，具有劲健感的横画，具有潇洒感的撇画，具有舒展感的捺画，具有坚毅感的方画，具有流媚感的圆画，这些线条的运动节奏，形成势，而表现为骨力，墨色的淋漓挥洒则积蓄着韵，表现出'气'，通过骨势、气韵的流动变化，写出作者情感的波动、个性的阴阳刚柔、人格的刚正邪佞和理想的追求。"

欧阳先生这番宏论，真使人眼界大开，胸襟为之一阔，原来书法与音乐还有如此奥妙的内在联系。但我仍不明白，赵沨先生与首都师大的书法博士点有什么直接的关系。

"那是在 1993 年，赵沨先生正任国务院学位委员会艺术学学科评审组召集人。这一年，我提议在首都师大设立书法博士点，但是，在讨论书法这个艺术学科是否有必要获得硕士学位和博士学位的会议上，专家们产生了争议。因而，赵沨的发言就成了左右局势的关键性意见。

"赵沨先生在发言中，凭着渊博的知识和真知灼见以及他雄辩的口才，旁征博引，'舌战群儒'。他说，不要简单地看待书法，书法艺术既涵盖了许多艺术门类的特质，又成了表达诸多内容的美好形式。书法艺术是我们中华民族特有的艺术瑰宝，这是西方世界所没有的。在首都师范大学设立书法博士点，是一个创举，对传承我国的书法艺术具有非同寻常的意义。如果允许举双手赞成的话，他就举双手赞成。于是，在赵沨先生富有说服力的发言影响下，大家一致同意在首都师范大学设立中国第一个书法博士点。"

欧阳先生满怀深情地说完这番话，又补充说道："我原来并不认识赵沨，赵沨先生不是对我，而是出以公心，怀着对国家、对艺术的责任感说这番话的，由此，我更加敬重他。"

我们正谈着话，又响起了敲门声，这次进来的客人是从山东来的，是欧阳先生的老乡。客人落座以后，一边自我介绍，一边递上一摞装帧精美的图书，送给欧阳先生，说是自己的"拙作"，请欧阳先生指正。欧阳先生笑着，接过书，连说不敢当。客人又继续说，此次造访欧阳先生，主要是慕其大名，请其为自己的新书题写书名，并从家乡带来些土特产，请先生品尝。不料欧阳先生头也未抬，一边翻看书稿，一边平静地说："先生的书稿是什么内容，我还不清楚，怎么能随便写字呢？"先生一边说，一边把书稿送还作者。我坐在旁边，不由得一震，对先生更生敬佩之情。不逢迎，不附和，不拿名气送人情，真乃高风亮节，难能可贵！

从欧阳中石先生家里告辞出来，只感到满园春色扑面而来，我的心灵再次受到一次深刻的洗礼：要做艺术家，更要首先做人，就像欧阳中石先生这样。